室内设计基础

「第3版」

这一本就够

[英] 苏珊J. 斯洛特克斯 编著
[Susan J.Slotkis]
殷玉洁 译

FOUNDATIONS OF INTERIOR DESIGN

[third edition]

中国青年出版社

图书在版编目（CIP）数据

室内设计基础：第3版 / (英) 苏珊 J. 斯洛特克斯编著；殷玉洁译. --北京 : 中国青年出版社，2019. 11
书名原文：Foundations of interior design (third edition)
ISBN 978-7-5153-3861-3

I. ①室... II. ①苏... ②殷... III. ①室内装饰设计一建筑史一世界 IV. ①TU238. 2-091

中国版本图书馆CIP数据核字(2019)第267031号

版权登记号：01-2018-6908

室内设计基础：第3版
（英）苏珊 J.斯洛特克斯（Susan J. Slotkis）编著
殷玉洁 译

出版发行：中国青年出版社
地　　址：北京市东四十二条21号
邮政编码：100708
电　　话：（010）50856188 / 50856189
传　　真：（010）50856111
企　　划：北京中青雄狮数码传媒科技有限公司

责任编辑：张 军
策划编辑：杨佩云
封面设计：北京京版众谊文化有限公司

印　　刷：山东百润本色印刷有限公司
开　　本：787×1092　1/16
印　　张：16
版　　次：2020年4月北京第1版
印　　次：2020年4月第1次印刷
书　　号：ISBN 978-7-5153-3861-3
定　　价：79.80元

本书如有印装质量等问题，请与本社联系
电话：（010）50856188 / 50856189
读者来信：reader@cypmedia.com
如有其他问题请访问我们的网站：www.cypmedia.com

谨以此书献给我的母亲，我的挚友，

毫无疑问，也是我人生中最棒的老师——伊夫琳·斯洛特基斯（Evelyn Slotkis）女士，

我从她那里学到了家的真谛。

目录

第三版序言

《室内设计基础》面向所有有抱负的室内设计师，为他们填补专业入门与实践应用间的知识空白。目的在于为室内设计专业读者提供扎实的基础，有助于他们在结束一至两个学期或相关课程的学习之后继续深造，并为专业实践提供参考。这个目标似乎已经实现，但内容仍需改进，读者也对此表示欢迎。新版在原有内容基础上进行了更新，进一步增强了文章的可读性和读者参与性。

《室内设计基础》进一步延续了前两版的核心主题，即室内设计的前提是在服务模式下进行的，这不是进行创造的过程，而是解决问题的过程。如今，读者在学习室内设计专业知识的同时，还需要认识并了解人的因素，因为这与设计解决方案息息相关。前两版问世之后，人们对室内设计有了更高的期望，希望借此提高居住安全性，改善身心健康。因此，让读者了解并理解设计方案会对用户产生何种影响更为重要。服务模式的设计方法需要设计师具备社会责任感，这一理念或信念贯穿全书始终，而不局限于某一章节。通过本书的学习，可以锻炼读者对于后代发展及资源利用（包括人力资源）的批判性思维。

新版本内容涉及可持续产品和可持续发展实践方法。历史发展趋势及重大事件的重要性不可忽视，其使得室内设计风格和解决方案具有文化多样性。新版本提供的设计范例应用范围广、风格种类多。从美国的乡村到摩登的迪拜，无论是个人设计还是团队协作，所有设计项目及应用均展现本地化及全球化特色。

本书内容全面，讲解通俗易懂，攻读两年学位或四年学位的读者、高中毕业生和面临职业选择的人皆可使用。本书采用实用的方式呈现内容信息，列举理论与技巧的应用实例。

本书以插图和案例分析的方式，一一呈现了许多供职于大公司的设计师或独立设计师的作品。案例包含美国及其他国家的大小型项目、简单与复杂项目以及住宅项目与承包项目。

第三版结构

本书共分9个章节，内容安排循序渐进，从室内设计史到入职准备，逐渐深入。授课教师可根据实际需要调整章节顺序。第1章为行业概述。通过引证室内设计的历史渊源，介绍了该领域的重要人物以及影响室内设计的趋势，如立法和可持续性。第2章强调在可持续性设计整体框架内的有社会责任感的设计。读者通过学习理论知识，了解人的因素、全球连通性以及设计决策对个人、社会以及环境带来的影响。本章还介绍了室内设计师在健康、安全、幸福感及环境管理方面的责任。第3章着重回顾了设计理论的基本原理，包括美学、设计要素以及原则。第4章描述了将设计构思、概念思考及解决方案转化成设计图纸的方法，包括手绘和计算机绘图技术。

第5章到第9章涵盖了构建室内空间所需的各种材料、应用及技术。从采光和照明系统，到建筑材料、陈设以及内部装潢。注重空间个性特征，艺术品及配饰搭配要能体现设计概念。大体上来说，这3章基本囊括了所有建筑材料和家具、固件设施及设备（FF&E）等相关知识，

对新型生产技术、有特色的可持续设计、创新型材料、产品及应用予以详细说明。同时，还提供了用于解决住房需求问题的多种方案。全面

看待室内设计的物化性，鼓励读者对未来的家居用品进行批判性思考，而非天马行空的想象。

使用指南

每一章首先进行内容概述，最后以本章小结、主题相关的词汇术语表和附加练习结束。

“热点聚焦”部分包括室内设计师和行业专家的简介或设计与创新的讨论。全书除了大量的表格、列表、图表外，“仅供参考”部分也能够帮助读者理解并记忆重要概念。读者可以参照书中的地图去理解影响设计的历史事件。室内设计属于视觉领域范畴，所以本书格外注重插图的选择。全书共有600多张插图，大部分为彩色照片，为的是更好地阐释概念、介绍材料和说明项目。

教师资源

教学指南包含大量素材，可供教师备课及授课时使用。每章都包含附加练习及课后作业。问题和答案用于强化信息和鼓励读者思考与讨论。测试栏可以用来评估读者对知识点的理解程度。

教师还可以使用PowerPoint演示文稿为课堂教学与讨论提供框架，再现书中那些影响深远的艺术作品。教师可以根据专业标准矩阵确定的章节标准，制定课程目标和授课计划，使其符合CIDA标准要求。

致 谢

我对多年来给予我帮助的人心存感激。这么多年来，你们给予我鼓励，为我提供信息，在室内设计甚至是人生中的挑战方面给我建议，我感激不尽。ASID、IFDA、IDS和NKBA的同事，包括室内设计师、建筑师、销售商和供应商，以及与A＆D社区相关的其他人，总是乐于与我分享他们的知识和专业技能。虽然我的后援队伍组织稍有些松散，但这些同事于我都是莫大的帮助。我很高兴能够联系上以前的学生，用他们在校时的作品来作为A级别作品展示范例。

我尤其要感谢那些无私为本书提供高质量专业图片的设计师和摄影师。我坚信读者会喜爱他们的佳作。此外，我也希望读者能够意识到与专业团队合作的重要性。我非常珍惜多年来与顶尖专业人士之间的友谊，多亏他们鼎力相助，本书才得以顺利完成。

感谢出版商评论员对第二版做出的评价与反馈，感谢芝加哥艺术学院的理查德·卡色萨恩（Richard Kasemsarn），斯蒂芬斯学院的萨拉·贝斯（Sarah Bass），玛丽蒙特大学的苏珊·赫尔格兰德（Susan Hergenrather），肯德尔学院的萨拉·贝丝·蒂莫（Sarah Beth Timmer），东田纳西州立大学的克丽丝蒂·D.朱利安（Kristi D. Julian），东新墨西哥大学的谢兰·多齐尔（Cherylann Dozier）及英国德蒙福特大学的丽贝卡·格拉夫（Rebecca Graaff）。

感谢此图书的策划编辑诺亚·施瓦茨贝里（Noah Schwartzberg）、开发经理约瑟夫·米兰达（Joe Miranda）、艺术开发编辑伊迪·温伯格（Edie Weinberg）、照片研究员塞巴斯蒂安·格兰特（Sebastian Grant）、生产经理克莱尔·亨利（Claire Henry）及项目经理克里斯托弗·布莱克（Christopher Black）。

感谢在我设计、教学、写作过程中一直支持我的家人、朋友和同事。他们的支持与理解对我至关重要。

苏珊J. 斯洛特克斯

2017年

布鲁姆斯伯里出版公司由衷地感谢参与本书出版的编辑组成员。

组稿编辑：诺亚·施瓦茨贝里

开发经理：约瑟夫·米兰达

助理编辑：基力·库德娜（Kiley Kudrna）

艺术开发编辑：伊迪·温伯格

照片研究员：塞巴斯蒂安·格兰特

专职设计师：埃莉诺·罗斯（Eleanor Rose）

生产经理：克莱尔·亨利

项目经理：克里斯托弗·布莱克（Christopher Black）

第一章

室内设计行业

内空间设计的概念源于人类最早期的活动，但直到18世纪，室内设计才显现出明显的职业特色。20世纪中期，人们开始将室内设计与建筑业和室内装饰区分开来。本章首先介绍了促进室内设计行业萌芽的主要因素，进而探讨了设计的专业化和协作性，大型建筑公司、设计公司和施工单位越来越重视这两点，与建筑环境相关的学科也不例外。本章还介绍了在室内设计方面接受教育和接受培训人员的专业多样性。

第一节　室内设计师的出现

无论是史前洞穴还是现代建筑，人类在历史上一直占据着封闭的空间。设计（基于计划的创造）和装潢（基于装饰）一直都是人类历史的组成部分。第9章对历史上的建筑物、材料、家具和风格进行了详细的描述。在这里，我们重点介绍当今室内设计行业的发展。

前工业时代

工业革命之前，除了皇室贵族之外，老百姓只有在公共场所才能见到那些结构坚固、用料考究、装修上乘的建筑。例如，在古希腊的黄金时期（公元前5世纪），供奉神灵的寺庙以及政府所在地雅典卫城都是严格按照由数学公式计算出的建筑规范建造而成，均为大理石材质。这些建筑在很大程度上经受住了时间的考验，因此，它们虽为古时废墟，却仍可被称为“经典设计”。然而对于普通住宅空间来说，情况并非如此。这些房屋由价格较低的材料（如泥浆）建造而成，加上建筑师缺乏专业知识，经年累月便破败不堪（图1.1）。

中世纪时期（公元476年–公元1453年），基督教开始萌芽，人们信奉上帝，建筑和装饰与宗教的关系更为紧密。由于当时西欧国家战争不断，疾病肆虐，舒适、私密、干净的居住环境对人们来说可谓奢求，

图1.1
帕特农神庙（位于希腊雅典卫城）（联合国教科文组织世界遗产名录，1987）是希腊文明的象征，建于公元前5世纪（*DEA/ARCHIVIO J. LANGE/德阿戈斯蒂尼出版社/盖蒂图片社*）

居住空间愈加开放，装修装饰也就变得更加简单，而有钱人家的房子却坚如堡垒。行会制度类似于今天的工会发展起来，于是有才华的工匠们除了盖房建楼之外拥有了更多施展拳脚的机会。当时虽然没有室内设计师这一职业，但这些默默无闻的行会成员却在室内空间设计领域扮演着重要的角色（图1.2）。

这一时期的设计深受近东国家，尤其是土耳其的拜占庭风格影响。东西方的融合对当时建筑装饰业的发展来说可谓是锦上添花（图1.3）。

随后室内设计经历了不同的风格时期，如文艺复兴风格（图1.4）、巴洛克风格（约1450年–1730年）、新古典主义风格（约1760年–约1830年）和帝国风格（1789年–1848年），而室内设计的主要工作则由建筑师完成。除了建造房屋之外，他们还是家具设计师、时尚引领者和项目管理人。他们联合能工巧匠打造重要的公共建筑和皇室贵族的家园。“室内建筑师”一词与18世纪晚期的新古典主义风格联系

图1.2
中世纪时期室内设计：英国德比郡的哈顿庄园（1475年）展示的闲置家具和实木墙面（*哈顿庄园提供；经爱德华勋爵许可复制*）

图1.3

拜占庭风格室内设计（教育图片/环球图片库/盖蒂图片社）

图1.4

文艺复兴风格室内设计：米开朗基罗（Micelangelo）绘制的西斯廷教堂的天花板壁画（*© Fefoff/库存摄影*）

在一起。出生于苏格兰、在英格兰执业的建筑师罗伯特·亚当（Robert Adam）和詹姆斯·亚当（James Adam）兄弟二人将设计重心放在住宅内部空间上，他们的设计理念是让每一个构思都在细节中得到体现。他们对大型项目进行监督管理，类似今天的总承包商，但更注重设计的**美学**或**美感**（图1.5）。

图1.5

1996年，奥德利思德别墅内的小型会客厅，位于英国艾塞克斯郡萨弗伦沃尔登地区。房间配有华丽的镀金石膏板，由罗伯特·亚当在1764年设计，由比亚·丽贝卡（Biagio Rebecca）装饰（*图片来自英国遗产/遗产图片/盖蒂图片社*）

18 世纪晚期至 19 世纪工业时代

18世纪晚期，英国爆发工业革命，一系列重大发明使生产方式由家庭手工作坊生产转变为工厂机器生产。（人员和货物）运输方式的改进、运输速度的提升、新工业流程以及设备的发展对建筑和家居行业产生了重大影响。设计与装饰逐渐被更广泛的消费者群体所接受，而不再是富人和名人、皇室和贵族的专属品。在随后的一个世纪，世界各地涌现出大批风格多样的材料和染料，具有更好审美品味的人以此为契机将多种元素糅合在一起，装饰师便应运而生。他们当中有本地的工人（如沙发修理工），也有来自外地的古董商或代理商。

图1.6
1994年，奥德利恩德别墅内布雷布鲁克（Braybrooke）夫人的客厅，位于英国艾塞克斯郡萨弗伦沃尔登地区。这间屋子体现了维多利亚时代晚期室内设计"繁忙"或"杂乱"的特点。虽然房间本身具有维多利亚时代的特色，但室内多件家具却体现着法国路易十五时期的设计风格。奥德利恩德别墅建于17世纪早期，是英国最著名的雅各宾式房屋，其内饰历史有近400年之久。布雷布鲁克夫人是第五位布雷布鲁克勋爵的妻子（*图片来自英国遗产/遗产图片/盖蒂图片社*）

图1.7
被称为"美国城堡"的赫斯特城堡内的客房设计。赫斯特城堡是美国著名的城堡，位于加利福尼亚州中部海岸的圣西米恩（*乔·索姆/UIG via/盖蒂图片社*）

美国小说家伊迪丝·沃顿（Edith Wharton）和英国建筑师奥格登·科德曼（Ogden Codman, Jr.）在1897年的《房屋装饰》（*The Decoration of Houses*）一书中提出了平衡进口物资量和新兴美国上层阶级需求关系的对策。其实，他们只是善于新旧结合。许多上流社会的女性作为时尚权威，在家装设计方面脱颖而出，成为当时的社会装饰引领者（图1.6和图1.7）。

20 世纪现代主义风格

20世纪伊始，建筑师和设计者开始从事现在称为"室内设计"的活动。他们的风格和感觉虽然千差万别，接受的培训和教育也截然不同，但他们却有着共同的设计价值观，那就是尽量减少装饰品的使用，尽量不去模仿历史风格。现代设计运动的特点是与过去的传统彻底决裂，寻求新颖的表现形式。重要的是，在这场运动中，一些著名建筑师的设计理念和实践并不是通过房屋建筑为人们所熟知，而是通过家居和室内设计闻名于世，其中以美国人路易斯·沙力文（Louis Sullivan）、弗兰克·劳埃德·莱特（Frank Lloyd Wright），欧洲人查尔斯·雷尼·麦金托什（Charles Rennie Mackintosh）（图1.8）、沃尔特·格罗皮斯（Walter Gropius）、艾琳·格雷（Eileen Gray）、勒·柯布西耶（Le Corbusier）和密斯·范德罗（Mies van der Rohe）为代表（图1.9）。

这一时期美国的社会装饰者基本都是自学成才的。美国人艾尔西·德·沃尔夫（Elsie de Wolfe，1865–1950）于1913年撰写了《品味饰家》（The House in Good Taste）。人们通常认为她是历史上第一位室内装潢师，也就是说与闲时涉足室内装潢的建筑师、古董商和沙发修理工相比，这是她的职业。她将这一时期的深色调转变为柔和的白色和浅色，并简化了装饰的使用。妹妹帕里什（Parrish）（1910–1994）在1933年创立了自己的公司。1962年，阿尔伯

图1.8
新艺术派，格拉斯哥风格。1901年由查尔斯·雷尼·麦金托什设计的艺术爱好者之家接待室（鲁日蒙，莫里斯/盖蒂图片社）

图1.9
范斯沃斯庄园，位于美国伊利诺斯州普莱诺，是建筑师密斯·范德罗经典的现代主义风格作品（卡罗尔·M.海史密斯（Card M.Highsmith）摄/Buyenlarge/盖蒂图片社）

图1.10
露比·罗斯·伍德的室内设计效果（美国国会图书馆提供）

特·哈德利（Albert Hadley, 1920-2012）1962年加入公司后，这家公司便以“没有装饰的外观”而闻名。露比·罗斯·伍德（Ruby Ross Wood, 1880-1950）建立了首个百货商场内的装饰部（图1.10）。

相较于其他与社会装饰者，埃莉诺·麦克米尔莱恩·布朗（Eleanor McMillen Brown, 1890-1990）毕业于纽约帕森斯设计学院（Parsons School of Design in New York City），于1923年在纽约创办了美国第一家专业提供全方位服务的室内设计公司。

第二次世界大战后，美国经济的繁荣催生出一批商业摩天大楼办公空间。建筑师弗洛伦斯·谢斯特（Florence Schust, 生于1917），1946年与汉斯克·诺尔（Hans Knoll, 1914-1955）结婚，之后两人便扩大了汉斯克诺尔家具公司的业务范围，将新的重心放在办公空间设计上，这是一个新兴的商业设计领域。他们的业务范围逐渐扩大，将空间规划功能与家具销售相结合，并将公司的名称改为诺尔联合公司（Knoll Associates）（图1.11）。诺尔夫妇还委托了许多其他现代建筑师和家具设计师进行设计，如密斯·范德罗，图1.9展示的便是他设计的范斯沃斯庄园（Farnsworth House）。

21世纪室内设计专业化

在21世纪的第二个十年里，我们目睹了室内设计行业发展的巨大变化。对21世纪的室内设计师有重大影响的趋势包括：技术进步；全球连通性；室内设计对健康、安全和公共福利的影响；对可持续设计的需求；政府监管力度加强；更广泛的研究整合，也称为循证设计；跨学科合作；社区参与。目前，许多设计公司与房地产开发商和总承包商合联手参与更全面的项目，因此建筑和设计（A&D）这个术语的范围变得更加宽泛，还包含“**设计和构建**”。

消费者开始DIY（自己动手）设计，人们的购买行为和态度发生了改变，家居用品店出现并受到大众欢迎，如Restoration Hardware (RH)、Room and Board和 Williams Sonoma。另外，Wayfair家居等线上资源也极大地改变了传统商业模式，包括设计师如何获得酬劳，尤其是在购买方面。

图1.11
1950年，弗洛伦斯·诺尔为丈夫在纽约的办公室绘制的室内设计草图（*作者的学生草图作品集*）

根据美国劳工统计局（U.S.Bureau of Labor Statistics）《2014–2015年职业展望手册）（Occupational Outlook Handbook *2014–2015*），2012年美国室内设计师的工作岗位约有54900个，其中25%是自由职业者。科技改变了许多设计师的工作方式，例如，室内设计师不再使用绘图表，而是使用复杂的计算机软件来制作2D或3D图像，2012年大多数室内设计师受聘提供专业设计服务（占30%）和建筑、工程等相关服务（占16%）。

第二节　当今室内设计行业

室内设计由早期的室内空间规划和室内装修演变而来，尽管定义各不相同，但是三者却有共通之处。

人们常常混淆室内设计师和室内装饰师的概念。一百年前，沃顿曾说过室内设计和建筑将逐步发展合并为“室内建筑”，不同于“表面的装饰应用”。

室内设计与装饰的另一个不同之处在于，室内设计考虑空间及空间规划的基本功能，本着安全有保障的原则选择空间必需品。相反，装饰仅仅是饰品的布置而已。简单来说，装饰师只进行饰面装饰工作，如粉刷、织物和家居陈设。装饰虽然增加了空间的个性化特征，给用户带来心理和视觉上的享受，但并不是满足人类最基本需求的必需品。

“室内设计”一词于1927年出现在韦氏词典中，定义为“规划和监督建筑室内设计及实施的行为及艺术”。

室内设计师根据空间需求选择颜色、照明和材料等装饰物，使室内空间具有功能性、安全性和美观性。他们能够看懂建筑图纸，且必须了解建筑规范和检验条例。

国际室内建筑师/设计师团体联盟国（IFI）在2011年的声明中表示：“室内设计师和室内建筑师根据用户的心理和生理指标决定其与空间的关系，从而改善生活质量。”

设计要符合与用户的健康、安全、福利和舒适度相关的法律和道德标准。对于今天的设计师来说，了解并达到这一水平越来越重要，这是室内设计教育的基本要求，也是专业室内设计的标准。

但是，许多本属于室内设计的范畴的项目却由其他专业的人设计完成，如建筑或工业设计领域那些才华横溢的设计师们。

例如，以设计标新立异的酒店而著称的法国设计师菲利普·斯塔克（Philippe Starck，生于1949年）就曾经学过建筑设计、家具设计、室内设计和产品设计。因在酒店设计领域做出突出贡献而闻名的美国人莎拉·汤姆林·李（Sarah Tomerlin Lee）（1911–2001）曾在广告界及新闻界学习和工作过（图1.12）。丈夫死后，她接管了他的建筑公司。克洛达赫（Clodagh）出生于爱尔兰，最初的职业是一名时装设计师，后因其融合了对环境敏感性的整体设计概念而为世人所熟知。后来，她搬到西班牙，并自学成才成为当地的景观设计师和建筑师。

图1.12
威拉德酒店大堂，位于美国华盛顿特区。由莎拉·汤姆林·李设计（威拉德洲际酒店提供）

当今室内设计师的服务内容

与前辈相比，当今社会室内设计师面临的任务更为复杂和广泛。最近一项研究建议，室内设计师应以独特的行业视角对空间进行人性化设计，让更多的人了解其与众不同之处。室内设计教育强调对空间的功能性进行评估，调查客户的需求，并让客户参与到设计过程中来。

目前室内设计师的服务内容包括：

- 帮助确定项目目的及目标。

当代设计师的见解

“当今的艺术和设计实践需要深入了解和理解全球经济、文化、政治、环境和科技等问题。”克兰布鲁克艺术学院院长克里斯托弗·斯科特斯（Christopher Scoates）

“每一栋建筑都有自己的灵魂。只要你走进去，便会知晓它的想法。”季裕堂（Tony Chi）

“家，只有超越其物质属性，满足我们复杂的需求，才是真正意义上的支柱。”克洛达赫（Clodagh）

“多年来，我一直训练自己去抓住发现美的那一瞬间，搞清楚到底是什么在吸引我，并把这些方法应用于设计中。”文森特·沃尔夫（Vicente Wolf）

“我称自己为文化塑造者……因为在我看来，这就是设计的作用，它塑造人类行为。一切都需要设计。未来的美学世界将跨越所有的美学学科，使设计、艺术、建筑、时尚、美食、音乐融合在一起，增加我们的体验，给我们的物质生活和非物质生活带来更大的乐趣。我们大家要集思广益，努力实现艺术与生活之间的无缝衔接。”卡里姆·拉希德（Karim Rashid）

- 分析客户的需求、目标、生活和安全要求。
- 提出合适、实用、美观的初步设计方案。
- 划分、组织和安排空间以适应其功能。
- 考虑空间的功能性和美观性。
- 根据当前建筑安全规范，制定与室内空间相关的文件和设计规格。
- 绘制插图和效果图。
- 通过适当的媒介开发并递交最终的设计建议。
- 为非承重的内部结构、材料、饰面、空间规划、装潢、固定家具以及设备提供图纸和规格要求。
- 监督和管理设计方案的施工与安装。
- 根据规定要求在机械、电气和承重设计等技术领域，与提供专业服务的部门和有执照的从业人员合作。
- 作为客户的代理人，准备有关合同文件并具体负责招标事宜。
- 项目实施期间对设计方案进行评审和评估。
- 选择并指定固定家具、家居陈设、产品、照明解决方案、材料和颜色。
- 购买产品和家具。
- 设计和管理定制家具的生产和内部细节。

专业细分

专业室内设计师的服务内容非常繁杂，但他们也有各自主攻的行业和领域。广义上，室内设计项目可以分为两大类：住宅设计和非住宅设计（或商业设计）。每一类别包括许多分支。下面将详细列举室内设计师的工作场合。

住宅设计侧重于规划和指定私人住宅使用的内部材料和产品，这意味着室内设计师的工作场所是另一个人的固定居住环境。通常个人与设计师签订合同，对自己的家进行室内设计，但样板间设计除外，因为在这种情况下，室内设计师虽然创造出了类似“家”的环境，但实际服务对象却是房地产开发商或者管理办公室。同样，许多公司还会请室内设计师为员工设计休息空间，供他们临时加班使用。辅助生活的领域一般是为老年人而设计的，兼具住宅设计和非住宅设计的特点。尽管这些区域属于个人生活空间，但设计工作却由管理代理公司承包。

住宅设计包括以下子类别。

- 示范公寓
- 退休住房，55岁以上在职老年住房，独立生活
- 住宅小区
- 公寓、公寓式旅馆、合作企业
- 家庭娱乐区设计
- 浴室设计
- 厨房合集（图1.13 a）
- 家庭办公室设计
- 娱乐及保健房间设计（如家庭水疗、桑拿、游泳池和健身区）
- 存储设计
- 儿童房（图1.13 b）
- 奢华区域，如酒窖

非住宅设计师服务的对象是承包设计服务的企业，而非个人。非住宅设计的室内空间可以是永久固定的，也可以是临时搭建的，在这个空间内可以进行各种活动，如工作和娱乐。

非住宅设计包括以下子类别。

- 公司设计。包括员工和行政办公室、会议室、电话会议中心、工作站、计算机站、培训设施、搬迁、或企业公寓（图1.14 a）。近年来，非住宅室内设计还包括翻修和企业员工就餐环境设计。
- 娱乐设计。包括内饰、照明、声音或其他服务于电影、电视、视频、剧院、演唱会、赌场及主题娱乐公园的技术手段。
- 设施管理。包括大型企业运营的组织管理。擅长这一领域的设计师关注安全与健康问题；照明与声学需求；安排维修；协调办公室规模的扩大、缩小和重置。这需要与室内设计师、建筑工人、工程师和商业决策者之间进行大量的专业方面的沟通。
- 医疗保健设计。包括医院、医疗和牙科诊所、精神病院、诊所、救护中心、辅助生活、客栈、临终关怀医院、康复中心和疗养院（图1.14 b）。继续护理退休社区（CCRC）融合了住宅设计和医疗保健

图1.13 a

厨房设计（约翰·巴斯卡列罗和丹尼斯·米勒联合提供）

图1.13 b

为儿童设计的现代彩色房间（照片/《红色封面》/尼古拉斯·拉姆尼尔）

设计的特点，设计理念是尽量满足老年人在集群环境中的各种需要，实现从独立生活到接受管理的平稳过渡。继续护理退休社区一般包括独立生活、辅助生活和特殊护理或失智单元几类（图1.14 c）。

- 酒店和饭店设计。包括宾馆、汽车旅馆、饭店、乡村俱乐部、高尔夫球场、度假村、游轮、酒吧、休息室和夜总会，以及娱乐设施（图1.14 d和e）。
- 机构和政府设计。包括学校、政府大楼、监狱、社区中心、机场、火车站、礼拜场所、避难所、博物馆、体育场、竞技场和图书馆（图1.14 f）。
- 零售店和商店规划设计。包括专卖店和百货商店等。
- 超市、商场、购物中心、展示厅、画廊、快闪店、贸易展览、展示和陈列（图1.14 g和h）。

经济发展推动着住宅设计和非住宅设计的发展。目前，酒店和医疗保健类的设计需要逐渐增大。除室内设计师外，许多相关职业也愿意招收在室内设计方面有部分或完整学习经历的人。有些室内设计的学习者更喜欢交替使用两种学科的知识与技能。相反，有些人接受教育、培训并在相关行业工作后，又补充学习室内设计方面的知识。这些相关行业包括历史保护、布景设计、视觉营销和展示、展示或零售，以及房地产销售的房屋售前装饰（图1.15）。

从事上述任何一种子类别行业的室内设计师从业时都要遵守特定的行业方向、框架和伦理道德。四种比较常见的设计方法是通用设计、可持续设计、循证设计和为公共利益而设计。人们逐渐把这四种方法视为设计师工作的组成部分，而不是专业特色。

- 通用设计是基于一种与人类和设计因素都相关的独特知识体系。这种方法使更多人有机会接触到好的设计。愿意呆在自己家里的老年人也可以成为室内设计师的主要服务对象。要获得就地养老认证专家证书（CAPS），需要学习一系列特定课程。
- 可持续设计具有社会责任感，以保障子孙后代的永续发展需要为目标，重点是保护自然环境及其资源，包括人与文化。
- 许多室内设计师都选择获得领先能源与环境设计认证（LEED），认证过程由绿色建筑认证协会（GBCI）管理审查。目前有超过43000人获得了LEED认证。
- 循证设计是一种基于系统研究的设计过程，以达到预期的结果。虽然这个概念最初专注于医疗保健设计，但现已广泛应用于其他室内设计板块，包括非住宅设计和住宅设计。
- 为公共利益而设计基于这样一种理念：好的设计应尽最大可能全方位面向所有使用者。要实现这一点，可以低价或无偿提供商品和服务，并且让公众参与设计过程。

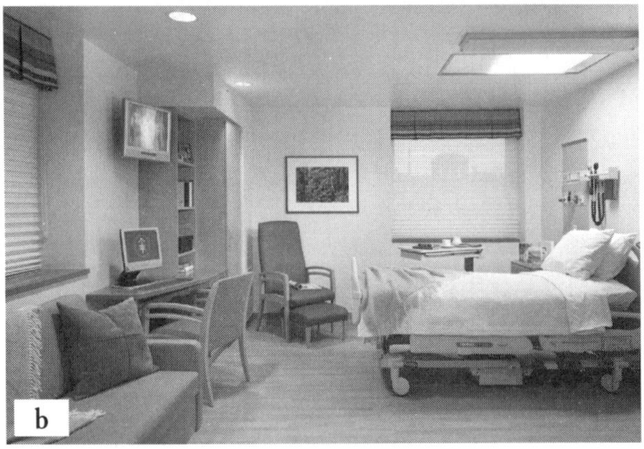

图1.14

a.由室内设计公司Carson Guest设计的公司大堂；b.纽约斯隆凯特琳医院（Memorial Sloan Kettering Hospital）的病房，由帕金斯·伊士曼（Perkins Eastman）设计；c.由由帕金斯·伊士曼设计的继续护理退休社区（CCRC）将西方的项目融入到日本文化中；d. Nhow酒店大堂；e.位于美国康涅狄格州利奇菲尔德的健身/水疗中心，由室内设计师亚历珊德拉·尚帕利莫（Alexandra Champalimaud）设计（*a：融合图像/盖蒂图片社；b：纽约斯隆凯特琳医院癌症中心病房；版权查克·崔（Chuck Choi）帕金斯·伊士曼提供/ MSKCC 设计与工程部；c：日本大冢市，太阳城。版权查克·崔. 帕金斯·伊士曼提供；d: Schraps/ullstein bild通过盖蒂图片社拍摄的照片；e：设计公司：尚帕利莫，摄影：安东尼·库克（Antony Crook）*）

室内设计专业化

与其他职业一样，室内设计领域继续朝着专业化方向发展，并遵循以下标准。

- 通过标准化知识体系学习室内设计技能。
- 按照既定道德准则提供服务。
- 绩效评估由公认的权威机构进行审查、监督或许可。
- 行业组织联系并代表所有成员，旨在促进成员间的交流、学习和实践。

图1.14

f. 位于美国新泽西州东奥兰治的阿尔西亚吉布森学院；g. 位于洛杉矶的马克·雅可布（Marc Jacobs）商店；h.巴黎美颂家居（Maison & Objets）公司贸易展会上的设计展品（f：詹姆斯·爱迪欧（James D'Addio）摄。席勒建筑公司Hiller Architecture设计；g：《女装日报》WWD/康泰纳仕集团（Conde Nast）；h：Jean Boggio for Franz，巴黎2010年美颂家居贸易展，图片/插图由法蓝瓷Franz Collection Inc提供）

专业室内设计协会

将职业纳入行业是建立起组织与其成员之间从属关的一种方式系。这些组织除了其他益处之外，还为其成员提供学习和交流的机会。美国室内设计师协会和国际室内设计协会都有类似的会员类别，集合了具有不同设计专长的室内设计师。这两个组织都将专业室内设计师定义为通过学习、实践和考试来提高室内空间的功能和质量的人。

图1.15
灯塔剧院（Beacon Theater）历史遗迹（修复），建于1929年，由美国建筑设计与城市规划事务所（BBB：Beyer Blinder Belle）为客户麦迪逊广场花园公司设计（惠特尼·考克斯（Whitney Cox）摄）

美国室内设计师协会（ASID）自1931年始由一系列其他组织演变而来。如今，ASID有近13500名室内设计师活跃在非住宅设计和住宅设计领域，行业合作伙伴包括2000多家企业、6000余名个人代表，集合了专业设计师和相关产品与服务的制造商。ASID会员还包括近5000名室内设计专业学生，ASID在美国的大学和两年制/四年制设计院校内设有280多个学生分会，并在网络机构设有多个虚拟分会。

ASID总部位于美国华盛顿特区，是北美最大的室内设计专业组织，旨在推广行业活动，最大限度地发挥职业潜力并实现职业目标。ASID负责制定行业标准和道德规范，对会员进行合理分类。

国际室内设计师协会（IIDA）成立于1994年，由三个组织合并而成。目的是建立一个国际性协会，代表世界各地的室内设计师并为他们发声。IIDA是一个专业的学习和交流协会，拥有1300名成员，有10个分会分布在世界各地。为了进一步促进成员间的交流与学习，IIDA设立了专门的论坛。

加拿大室内设计师协会（IDC）成立于1972年，是加拿大国内室内设计行业的倡导组织。IDC拥有5500余名成员，包括拥有执业资格的室内设计师、实习生（尚未通过职业资格考试）、学生、教育工作者和退休人员。此外，还有超过300家制造商和供应商成员为室内设计项目及公司提供产品和服务。

相关职业、专业及贸易联盟

许多其他的协会对室内设计师及相关领域工作者也具有一定的吸引力。设计师可能感兴趣的组织包括商店规划师协会（ISP）、酒店行政女性交流协会（NEWH）、北美国家厨房和浴室协会（NKBA）、室内设计协会（IDS）、国际室内装饰设计协会（IFDA）、国际照明设计师协会（IALD）和美国医疗保健室内设计师（AAHID）。

室内设计教育

目前，准备从事室内设计的人有多种学习机会，包括针对中学毕业生水平的课程，线上业余培训，实习，也可以通过就业、职业关联和自我学习来实现持续的职业发展。

室内设计科目学位和非学位课程，从函授学校、资格认证课程到室内设计专业的研究生课程，不一而足。有些课程是在继续教育的基础上开设的，目的并不是为了提供职业资格证书或学位。

在美国，2年制的专科学位课程、4年制和5年制本科学位课程以及研究生课程均设有室内设计和相关专业，硕士和博士有越来越多的机会继续深造。有些课程只对室内设计和相关领域本科生开放。这些学生通常需要学习一门基础课程来了解室内设计的基本原理。与室内设计相关的硕士学位课程包括医疗保健、照明、可持续发展、环境心理学和室内建筑。

许多室内设计类课程是在各类专科院校内开设的。只有大约三分之一的认证课程把室内设计视为一门独特的学科。人们通常认为室内设计是人类和环境相互关系学科的分支。随着行业的不断发展变化，室内设计教育利用多种教学手段让学生进一步了解并掌握在文化多样性的全球背景下进行一体化协作设计的方法。“各大学部分室内设计课程”提供了室内设计课程的部分列表。

许多专业协会鼓励室内设计师，有时甚至要求他们终身学习以维持知识和实践水平。

设计师可以到继续教育机构（CEUS）参加短期培训课程。这些机构开设的课程需要经过室内设计继续教育委员会（IDCEC）的审批。专业协会赞助了许多这样的课程。其他未通过审批的课程可以在研讨会和其他会议上使用。通常，这些课程涉及一些热门话题，如建筑规范的变更、商业实践问题、新产品和新技术。许多课程为网络在线课程。

协会成立的目的是提高行业教育和实践标准，其中包括室内设计教育委员会（IDEC）、室内设计协会认证委员会（CIDA）、国家艺术与设计学院协会（NASAD）和国家室内设计资格委员会（NCIDQ）。

国家艺术与设计学院协会（NASAD）和室内设计协会认证委员会（CIDA）是根据既定标准对教育项目进行评审和评估的组织，目的是对这些项目进行授权。CIDA是一个独立的志愿者组织，为室内设计课程制定标准，帮助美国和加拿大的中学毕业水平学生获得本科或更高学位。审查是应学院和大学的要求进行的，因为他们希望获得这一高水平的认证。目前共有超过150个室内设计项目获得了CIDA认证，为2万多名学生提供了服务。

IDEC的成员主要是大学老师和室内设计领域的研究人员。加大室内设计教育、研究和实践力度有助于建筑环境内生活质量的改善，IDEC的使命就是推动室内设计教育和学术研究的发展。该组织鼓励用创造性和批判性思维解决问题，扩展室内环境知识体系，提高生活质量和人类的表现。

美国许多州、司法辖区和加拿大的部分省份已经开始规范室内设计师头衔的使用，并制定了许可、认证和注册的程序。每个州的要求都是不同的，有几个州要求必须接受继续教育才能获得重新认证。

NCIDQ是一个独立的非营利性组织。虽然有几个协会只为室内设计专业人士的需求提供服务，但NCIDQ通过设置设计师专业能力门槛来保护公众利益。NCIDQ资格考试只涉及对影响公众健康、安全和幸福感的室内设计问题。已有超过25000名室内设计专业人士通过NCIDQ考试并获得NCIDQ证书。

要素

除接受设计理论和应用方面的正规教育外，未来的室内设计师还需要考虑职业成功的个人因素。这些因素包括性格特征、工作习惯、潜力、实力以及经验。

虽然室内设计师看上去富有创造性气质，但是实践操作中更需要解决问题的创造力。同样的，室内设计也是一种商业行为，有时看起来更需要管理而不是创造。而且，室内设计师有责任保障客户和公众的健康、安全和舒适。

除了天赋和技术能力，还有哪些个人特质才能满足职业需要呢？对于许多职业来说，以下是成功的必备要素：上进心，人际交往能力，刻苦程度以及管理细节、时间和精力水平的能力。对于未来的从业者来说，搞清楚个人入行前所具备的素质十分重要。这种自我思考不仅可以帮助他们确定自己是否适合这一职业，也有助于他们根据自己的水平选择相应的学习课程。本章结尾的练习是你在学习室内设计过程中需要不断自我询问的问题。

雪城大学（Syracuse University）和ASID联合开展的一项研究发现，43%的受访者认为事业成功最重要的因素是乐观和外向的性格，30%的受访者认为沟通技巧最为重要，29%的受访者则把设计技术技能放在首位。

各大学部分室内设计课程

北美的大学和学院提供一系列室内设计课程，包括以下内容：

- 住宅、办公室、医疗和酒店设计的网络课程
- 建筑、家具和内饰的历史风格
- 色彩理论和应用
- 计算机辅助绘图设计：2D和3D
- 照明理论及应用
- 纺织品和材料
- 构建方法：建筑和/或产品
- 手绘和透视图
- 展示、渲染和模型制作技术
- 人类行为、文化和环境因素
- 建筑规范和法规
- 专业实践、业务结构和道德
- 论文和研究方法：循证设计
- 厨房和浴室设计
- 景观设计
- 投资组合开发和职业准备
- 实习项目

本章小结

历史告诉我们，在过去的几个世纪里，室内空间为人类提供了临时和永久的庇护，还告诉我们满足这些原始需求的重要性以及空间个性化要求的普遍性。直到18世纪，现在被称为室内设计的职业才发展成为一个实体。英国的亚当兄弟是早期的室内建筑师。18世纪末和19世纪的工业时代为善于家居搭配的人提供了契机，从而导致社会装饰者的出现。这一趋势盛行于20世纪初，艾尔西·德沃尔夫被认为是第一位专业装饰师。20世纪初期，一些前卫的现代思想家（其中许多是建筑师）在利用新技术和新材料的同时努力回归古典主义者的简朴。当前的专业室内设计领域是复杂多样的，需要从业人员接受专业培训、掌握专业技能、具备实践经验。对技术、协作及综合服务、可持续设计和全球化的依赖日益增加，这些趋势都影响着21世纪的室内设计师。

室内设计师可提供的服务内容如下。

- 考虑空间的功能性和美观性。
- 组织空间以适应其功能。
- 选择并购买家居用品。
- 绘制插图及规划图。
- 根据适用规范创建文档。
- 与其他从业人员合作。

一个人可在任何环境内用任何方式进行室内设计。广义上，室内设计可分为住宅设计和非住宅设计两大类。在这两大类中又分为多个子类别。为客户的健康、安全和舒适负责也渐渐成为室内设计师工作的一部分。

三家最大的以室内设计为中心的专业组织ASID、IIDA和IDC为其成员和公众提供持续的教育机会和行业相关信息。其他组织机构包括CIDA、NASAD、NCIDQ和IDEC，旨在提高学生及从业者的知识水平和实践能力。

词汇表

A&D（Architecture and Design）建筑与设计

Aesthetics 美学

American Society of Interior Designers（ASID）美国室内设计师协会

assisted living built environment 辅助生活建筑环境

Certified Aging in Place Specialist（CAPS）就地养老认证专家

continuing care retirement community（CCRC）持续护理退休社区

continuing education unit（CEU）继续教育单位

contract (commercial) interior design 商用（商业）设计

Council for Interior Design Association（CIDA）室内设计协会

design 设计

design/build 设计/建造

design in the public interest 为公共利益而设计

DIY（“do it yourself”）自己动手

evidence-based design 循证设计

Green Building Certification Institute（GBCI）绿色建筑认证协会

guild 行业；协会

interior architect 室内建筑

interior decoration 室内装饰

interior decorator 室内装饰者

interior design 室内设计

Interior Design Continuing Education Council（IDCEC）室内设计继续教育委员会

Interior Design Educators Council（IDEC）室内设计教育委员会

interior designer 室内设计师

Interior Designers of Canada（IDC）加拿大室内设计协会

International Federation of Interior Architects/Designers（IFI）国际室内建筑师/设计师团体联盟

Association（IIDA）国际室内设计师协会

Leadership in Energy andEnvironmental Design（LEED）领先能源与环境设计

National Association of Schools of Art and Design（NASAD）国家艺术与设计学院协会

National Council for Interior Design Qualification（NCIDQ）国家室内设计资格委员会

pro bono 无偿服务

residential design 住宅设计

society decorator 社会装饰者

sustainable design 可持续设计

universal design 通用设计

练习：思考题

在你开始学习室内设计时，通过向自己提出以下问题进行自我评估是很有帮助的。写下你的答案并保存，以备日后参考和更新。

1. 我是否愿意为这门学科投入大量时间和精力？
2. 我想要在这个领域取得多大的成就？我是否将室内设计视为全职职业？或是一个引导我找到其他工作或职业的兴趣爱好？
3. 我想从事哪些具体室内设计专业？住宅设计、酒店、企业和医疗保健，我对哪个方向更感兴趣？
4. 无论是自主创业还是作为实习生（只有少量津贴和薪资），我是否介意在职业生涯的初始阶段收入微薄？
5. 我是否具有上进心并能够自我引导？
6. 我是否愿意与他人共事合作？
7. 我是否能够合理安排时间并具有自制力，按时按要求完成任务？
8. 我是否有进行创新设计方案的创意潜力？
9. 我是否可以通过视觉、口头和书面形式表达自己的想法？
10. 如有必要，我是否愿意在非上班时间工作？
11. 我是否对设计充满热情？

Everything
in fashion

第二章

有社会责任感的设计

有社会责任感的设计与其说是一套特殊标准，不如说是一种设计方法。这种方法有两个平行的轨道：既要利用当前的资源为当今设计，也要对未来有所期待和规划。

有社会责任感的设计注意保护自然资源，包括人力资源、土地资源和能源，也就是说，设计作为公共利益的变革推动者具有巨大潜力。

“我们负责任地使用空间。我们期望以可持续的方式将全球经济资源和自然资源融入到行业实践中来。我们为人类的健康、安全和公共福利而设计。”

一个重要组成部分是有根据的设计，即设计的基础是科学研究（基于证据的设计或EBD）而不是个人品味、风格及喜好。例如，研究表明当医疗保健设施采用自然元素设计时，患者的康复能力有所改善。这一发现印证了“生物自卫本能”的概念，即人类与自然元素间相结合的内在倾向。重视研究以确定预期结果的设计方法虽然最初是从医疗保健模式中得出的，但现在正逐渐纳入办公室、零售业务和教育设施的设计中。

工业革命之前，除皇室贵族外，普通民众只有在公共场所才能见证设计师通过行业协作以及许多其他方法来改善医疗效果，如与环境心理学家合作挑选室内颜色，对病人、医务人员和访客空间进行规划配置，以及医疗保健行业的家具选择。

无论医疗保健项目背后的设计原则是“生物自卫本能”还是“基于证据”，都可应用于其他项目，包括住宅设计。与景观设计师和建筑师的合作可能是这些项目的关键方面。

另一个用来描述有社会责任感的设计的术语是“以人为本的设计”，强调设计过程中人的参与，以及有些场合下社区的参与。构思设计和解决方案时应将文化、社会及社会价值和偏好考虑在内。越来越多的设计项目依靠跨学科的方法来获得成功和相关成果。许多类型的科学研究项目已经证明了人类需求与环境之间错综复杂的关系（图2.1）。工业心理学、环境心理学、人类学、社会心理学、老年学、儿童发展和职业治疗等专业领域的研究为设计人员提供了丰富的信息，尤其是在项目规划（编程）关键阶段。

图2.1
2015年迎来了第45个地球日。自诞生以来，它已经成为人类善待地球、保护环境的象征（甘迪·瓦桑（Gandee Vasan）/《石头》/盖蒂图片社）

谈到室内设计师的独特价值时，玛丽·科乃斯特克（Mary Knackstedt）认为室内设计师有独一无二的能力，能够指导运动和人类互动，提升官能，丰富情感，让室内空间变得更加美好。

IDEC认为有社会责任感的设计指的是室内设计师通过设计在个人、社会或全球层面的介入，利用通用性设计、包容性设计以及环保性设计，为社会、环境、经济和政治体系带来影响。理想情况下，所有的设计师、创造者和构建环境的改造者会把这种方法融入他们的设计理念中。

本章主题复杂，旨在启人深思，勇于变革。在本书开篇就提出这一概念的基本目标是为了提高人们对有社会责任感的设计的认识，而最终目标是让设计师形成富有社会责任感的设计思维模式，在潜意识中影响所有的设计决策和选择，而不是把它视为一个单独的学科。有社会责任感的设计范例在本章及全书都有体现。

第一节　人的因素

设计空间时要考虑以下概念：美观性、可调整性、适应性和可承受性，即设计的4个A：aesthetics、adjustability、 adaptability、affordability。审美情趣（详见第3章），满足居民对于视觉外观的需求。其可调整性和适应性指的是设计可以根据居住者的需求变化而进行调整和适应的灵活空间。可承受性指设计空间要面向大多数人，这意味着，好的设计同时也是用户负担得起的设计。为公共利益而设计可提供无偿服务（不向居住者收取任何费用）。本章将进一步讨论这些内容。

通用设计和包容性设计

正如第1章所定义的，通用设计方法的目的是尽最大可能面向所用情境中的所有使用者。或者，如1997年美国北卡罗来纳州立大学环球设计中心（北卡罗来那州立大学）所定义的，通用设计指的是无须改良或特别设计就能为所有人使用的产品和环境设计。

通用设计的七大原则

1. 公平性原则

设计对于不同能力的使用者来说都是有用而适合的。

2. 使用灵活性原则

设计要适合不同个体偏好和能力的使用者。

3. 简单直观原则

无论使用者的经验、文化水平、语言技能和注意力集中水平，都能轻松地理解该设计。

4. 信息可觉察性原则

无论环境如何和使用者的感知水平如何，设计都能有效地将必要的信息传达给使用者。

5. 容错性原则

设计应降低由于偶然动作和失误而产生的危害及负面后果。

6. 低体力消耗原则

设计应被有效而舒适地使用，同时降低疲劳感。

7. 尺度空间可接近使用原则

提供合适的尺度和空间以便于接近、到达、操控和使用，无论使用者的身材、体态和移动性如何。

资料来源：北卡罗来纳州立大学环球设计中心
www.ncsu.edu.

“通用设计的目的是为了简化生活方式，让尽可能多的人以低成本或更少的成本使用优质的产品、便捷的交通和良好的建筑环境。通用设计有益于各个年龄段具有不同能力的人。”

该中心还列举了通用设计的七大原则，请参见“通用设计的七大原则”。

通用设计的概念基于一套知识体系，这套知识体系结合了不同领域的科研成果，包括生理学、制造业和科学技术。与注重残障问题的无障碍设计相比，通用设计的范围更广。由于自然衰老、意外事故、疾病或其他情况造成行动不便的人都可以在不同时间内被归类为“特殊用户群体”。一个人只要手臂或腿部受伤便会行动不便，就像戴眼镜的人摘掉眼镜后存在视力障碍一样。适应广泛用户的设计也可以称为包容性设计，通常与通用设计一起使用，也是一个全面和描述性的术语。通用设计或者包容性设计不能引起对残疾人的特别关注和歧视。如今有了无数设计精良的产品，任何建筑环境设计都没有理由对用户造成伤害。它需要呈现的只有“好的设计”。

空间感官体验

在《终极设计》（*Total Design*）一书中，克洛达赫对人类体验空间的方式作出如下解释。

感官体验决定了对空间的反应。无论你在哪个物理空间中运动，你的眼睛总是在不断地识别距离、颜色、光线、大小、潜在的威胁和可能存在的安慰。走路时，你能感知到气温、气压、震动、重力和空间大小，你能嗅到不同的气味，你的耳朵能捕捉声音的含义。你默默地、不断地将所有这些感官信息分类，自动添加到体内的数据库—大脑中。这个精密的数据库存储着你所有的记忆，不断更新，并调节你的情绪和感觉。

我们在许多方面有意或无意地感知着空间。人们对感官刺激做出反应并努力实现体内平衡，达到平静和幸福的状态。虽然个体对环境的理解各不相同，但“体内平衡”是我们所共同追求的目标。感官体验就是通常我们所说的舒适程度。消极反应出现，即体内平衡失调时，我们才更有可能意识到自己在空间内的感受，这种反应可能表现为不舒服或身体不适。人们进入或待在室内空间时，通过感官获取信息，这个感觉过程就是人们在空间内的体验。

正常情况下，人们有视觉、听觉、触觉、嗅觉和味觉五种感觉官能。大脑对这五种感官接收到的信息进行处理，于是人们便有了感知体验，如视觉对颜色和光线的感知（见第5章）。

如果一个人通过任何一种感官接收信息的能力存在缺陷，或者大脑难以处理这些信息，那么其他方面的能力就会更强以作为弥补。比如，盲人的听觉或嗅觉可能比正常人更为灵敏。

视觉 视觉是大多数人感知空间物理属性的感官功能。视觉感官不仅帮助我们理解周围的环境，也可用于感知某种特殊信息，例如颜色的区分。

通常，消极的视觉体验会立刻让人们意识到视觉感官在起作用。例如，我们的眼睛会因为眩光刺激而看不清东西，这就是通过视觉感官获得的体验。眩光使我们的眼睛感到不适，是因为视野中亮度分布和亮度范围的不适宜，或存在极端的亮度对比。眼睛在同时看到几个不同的小图案时可能会感到紧张。

听觉 听觉是耳朵以振动的形式感知声音的听觉体验（图2.2）。某些声音或高音被称为噪音。某些场合需要一定的噪音，如舞蹈俱乐部，但在其他情况下，噪音会令人心烦意乱，甚至还可能达到噪音污染的程度，损害人体健康，如直升机盘旋在居民区上空时发出的噪音。

声学是研究声音的产生、控制、接收和效果的科学。室内设计师要根据用户的需要和空间的功能性认真考虑饰面的吸音效果，以控制日常的噪音水平。设计师对某些注重声音效果的空间进行规划时，通常要与声学专家合作，如礼堂、剧院或住宅内的影音室。请见“提供良好音质的小贴士。”

触觉 触觉是人们的触觉感官功能，通过皮肤接触表面感知压力或牵引力。皮肤作为身体必不可少的表层部分，是我们感知肌理的最终受体。要想描述织物摸上去的感觉，可以用“手感”这个词。比如，我们可以用“手感好”来形容棉布质量上乘。我们可以根据与皮肤接触的感觉来描述物品的肌理，如光滑或粗糙。

皮肤也会将信息传递到身体内部。比如，我们触碰物体估测其温度时，皮肤吸收空气产生热反应。无论潮湿还是干燥，空气中的湿气程度能够影响一个人对周围空间的感知和舒适感。空气中的热量被皮肤吸收，进而转化为舒适或不适、热或冷的体验。空气的循环或流通也通过皮肤来感受。

触觉也与我们的肌肉、关节和身体运动有关。也可以把这简单归为人体工程学领域（请参阅后面的讨论）。例如，一个人如果长时间在混凝土地面上站立或行走，会感到疲劳或关节疼痛，这是因为混凝土地面的构成缺乏弹性（将在第6章中进一步讨论），身体接触地面时，力量又回传给肌肉和关节。

嗅觉 嗅觉是通过鼻子发出的嗅觉感知。处在恶臭的环境中，如变质的食物、垃圾、化学物质或腐烂物，都会给人带来消极的嗅觉体验。其结果甚至是有害的，如吸入有毒气味从而影响呼吸系统。这样就不难理解为什么设计师在规划浴室、食品区和垃圾处理区等设施的位置时会考虑嗅觉因素。

提供良好音质的技巧

设计师可以通过改变听觉体验来提高客户的舒适度，包括以下内容：

- 使用隔音饰面材料，如地毯（地板）、织物（家具）、窗帘（窗户）。
- 避免在公共场所设置高天花板，如餐厅。
- 规划空间，动静分区。
- 选择静音设备，如空调和风扇。

资料来源：改编自萨曼莎·麦克·艾斯吉尔（Samantha McAskil）的《为声学、听觉和老化而设计》（*Designing for Acoustics, Hearing and Aging*）。https://www.asid.org/content/ designing-acoustics-hearing-and-aging.

如今，人们越来越不喜欢简单而没有任何香味的环境。我们的鼻子更愿意吸入各种沁人心脾的香气，如鲜花、香水、香料和美食。芳香疗法是一种利用香味辅助医疗工作的方法，已经成为很多设计师的重要考虑因素，不仅用于医疗保健领域或康复环境中，还可以用于零售店、水疗中心和住宅设计。

香气往往与记忆紧密相连，人们闻到某种香味时会产生个体或文化联想。有些香味清新怡人，如柑橘类的水果味；而有些香味性感迷人，如麝香的香气。

图2.2
瀑布和跳水者雕像，位于迪拜购物中心（世界上最大的购物中心）（沙力文·索内特（Sylvain Sonnet）/图片库/盖蒂图片社）

味觉 味觉是与嗅觉联系最为紧密的感官功能。在与室内空间的关系上，味觉体验可能不像其他感官功能那样明显和直接。饭店设计和食物摆盘都要考虑如何让用户体验味觉感知。

饭店可以通过舒适的室内环境给客人带来宾至如归的感觉，也可以通过菜单上的“慰藉美食”让人回忆起过往熟悉的体验。

人体工程学

人体工程学是研究人和事物相互关系的一门学科。设计师除要了解个人如何通过感官功能体验空间外，还必须知晓我们的身体指标和机能与构建环境的技术及物理属性之间相互作用的方式。

人体测量学 简单来说，人体测量学是对人体测量的研究（表2.1）。研究结果按个人类别汇编成图表，包括成年男性、成年女性和儿童。这些不同群体的尺寸按照不同姿势进行分类，如立正、站姿高度、跪姿高度、坐姿高度、伸展高度、倾斜高度和视线高度（图2.3 a和b）。

这些尺寸建立相对统一的标准，用于选择家具、固定装置和规划空地，如门和走廊。例如，大多数桌子的标准高度为28英寸（约0.7米）；柜台距地36英寸（约0.9米）；座椅高度一般为18英寸（约0.46米）。

这些设计标准能够满足90%的用户，但不适用于其他10%“身材特殊”的用户，如天生患有侏儒症和巨人症的人。他们的身高与普通人差别巨大，还有那些患有肥胖症的人群。Arissa系列为有肥胖问题的人群提供适当尺寸的家具。

通用设计的目的是使产品和服务尽可能适用于所有人。标准化家具可以通过增加可调节功能进行改进。这些功能还能够提高普通用户的舒适度，因为他们之间也存在不同程度的个体差异（图2.4）。

人体工程学 人体工程学是一门应用型学科，主要研究人和物之间的交互关系。通过物品的设计和摆放，达到高效和安全的目的。这是一种让环境和设备适应人的设计方法，而不是人去适应环境和设备。为了使工作或工作条件更适合工作者，人体工程学将人体测量数据、人体力学和生理学知识与产品和设备的专业知识相结合。这不仅与工作和就业相关，更牵扯到人类活动的方方面面，它关系着人类的舒适和安全问题。

人体工程学诞生于第二次世界大战之后。

起初，这个新兴领域的主要任务是提高工人的生产力，主要目的是为了预防事故、减少旷工和增加利润。随着时间的推移，人体工程学领域的范围也在不断地扩大。越来越多的人选择在家里工作，通过符合人体工程学的解决方案提高生产效率的理念也不再局限于办公室和工厂。

各个年龄段的人在家里、学校和工作场所使用电脑，这大大增加了对人性化设计方案的需求。根据人体工程学的研究，人们改变了一些物品的设计和摆放位置，如键盘、手腕垫、监视器、书桌和椅子等。许多改变有助于缓解与工作有关的肌肉骨骼疾病（WMSDs）的症状。人机不协调会导致颈部僵硬、疲劳、腰痛、关节压力过大和腕管综合症等症状。人坐在电脑前工作时，肌肉长期处于静止收缩状态，血液

表 2.1　成人人体尺寸

		男性百分比			女性百分比		
	身体特征	5岁	50岁	95岁	5岁	50岁	95岁
1.	立姿高度	63.6	68.3	72.3	59.0	62.9	67.1
2.	坐姿高度（直立）	33.2	35.7	38.0	30.9	33.4	35.7
3.	坐姿高度（正常）	31.6	34.1	36.6	29.6	32.3	34.7
4.	膝盖高度	19.3	21.4	23.4	17.9	19.6	21.5
5.	腿弯部高度	15.5	17.3	19.3	14.0	15.7	17.7
6.	肘部放松高度	7.4	9.5	11.6	7.1	9.2	11.0
7.	大腿净空高度	4.3	5.7	6.9	4.1	5.4	6.9
8.	臀部-膝盖高度	21.3	23.3	25.2	20.4	22.4	24.6
9.	臀部-腿弯部高度	17.3	19.5	21.6	17.0	18.9	21.0
10.	两肘宽度	13.7	16.5	19.9	12.3	15.1	19.3
11.	臀宽	12.2	14.0	15.9	12.3	14.3	17.1
12.	体重（磅）	126.0	166.0	217.0	104.0	137.0	199.0

资料来源：人体工程学：人与生产力指南（新罕布什尔州，伦敦德里郡: SIS人为因素科技有限公司, 1994年11月），4

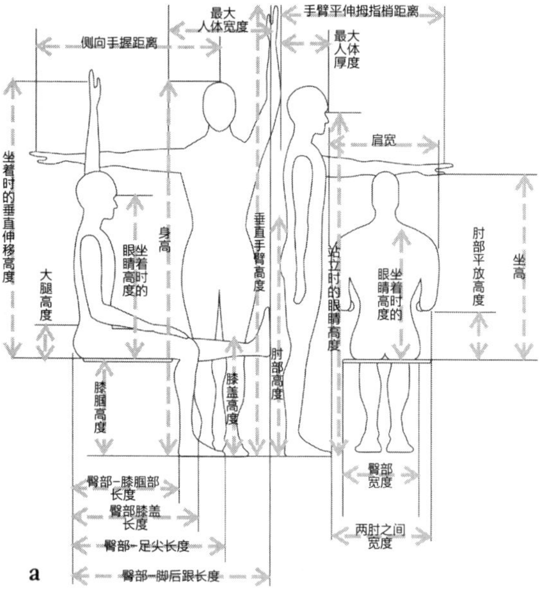

图2.3 a

人体测量学：各种典型的姿势和活动

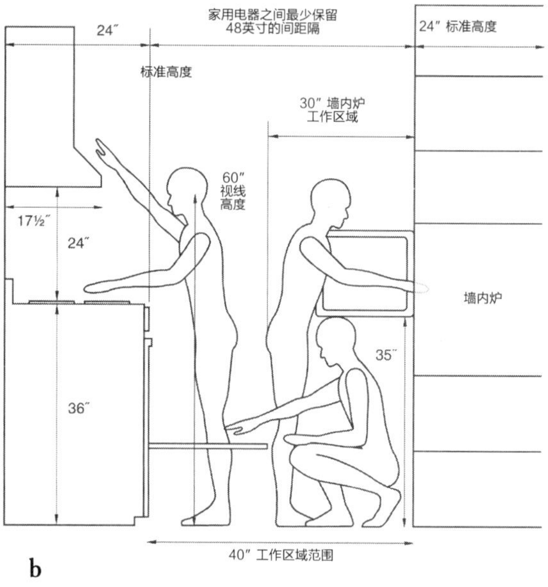

图2.3 b

厨房间隙尺寸

Arissa系列

为了更好地满足肥胖门诊区患者的需要，设计师开发了Arissa系列座椅。由设计师保罗·詹姆斯（Paul James）和丹克·莱默（Dan Cramer）为KI设计的这一系列座椅造型美观，适合不同身形的用户。无论采用何种坐姿，Arissa系列都会带来全方位的舒适体验。

KI Arissa系列的肥胖人群座椅（*KI提供*）

资料来源：珍妮·特恩斯（Janet Wiens），"设计协作：人人座，"《室内与资源》(Interior and Sources)，2010年4月10日。

图2.4

赫尔曼·米勒（Herman Miller）设计的Aeron系列座椅有三种尺寸，可供不同体型的用户使用（*赫尔曼·米勒提供*）

流动也会受阻。因此，肌肉会感到疲劳，需要活动，这时人们往往会坐立不安，动来动去或坐姿不良，亦或是时不时地离开座位以缓解肌肉紧张。

一项关于生产力的研究得出结论：间歇性的站立对缓解疲劳来说很有必要，其有效性不亚于离开工作岗位的休息方式。该研究表明，站着工作有利于提升员工的幸福感，从而提高组织生产力。基于这一发现，丹麦家具公司OMANN开发了Telescope系列办公家具。这些家具的特点是可调节高度，用户既可以坐着办公，也可以站着办公（图2.5）。

可调节性和灵活性的概念是人体工程学和通用设计的基础。这两点在过去几十年内所设计的办公椅中最为明显。这些椅子具有预防关节和肌肉损伤、改善坐姿和缓解身体其他压力的功能。Humanscale（图2.6）是一家关注人体工程学的办公家具公司，该公司认为：

找到适合用户的办公家具，是工作中保持健康的关键。这类家具可激发员工主动运动，并对抗久坐带来负面影响。活动工作区是一个鼓励平衡的十分贴心的新概念。

特殊用户群体

人们考虑对建筑环境有特殊或独特需求的人群时，往往最先想到的就是残疾人。"残疾的"一词指的是一个人因为身体或精神受损，导致一个或多个主要生活能力受限。

身体受损的人可能会行走困难，如平衡能力差。感官障碍包括视力受损的人群，如弱视和失明。听力受损的人像视力受损的人一样需要特殊照顾，智力受损的人也不例外。年龄是定义特殊用户群体的一个非常重要的因素。无论儿童还是老人，都有不同的需求。上文提到的那些腰身比例不符合人体测量标准的人也属于特殊用户群体。还有一类特殊需求群体的人数在不断增多，他们的身材，确切地说，他们的腰围大大超过了人体测量标准表中的范围。在美国，超重和肥胖人群的比率一直在稳步上升，超过1/3的成年人患有肥胖症。

图2.5
人体工程学：办公室里，一位年轻女性在可调节办公桌旁工作（Westend61/雷纳·霍尔兹（kainer Holz）/盖蒂图片社）

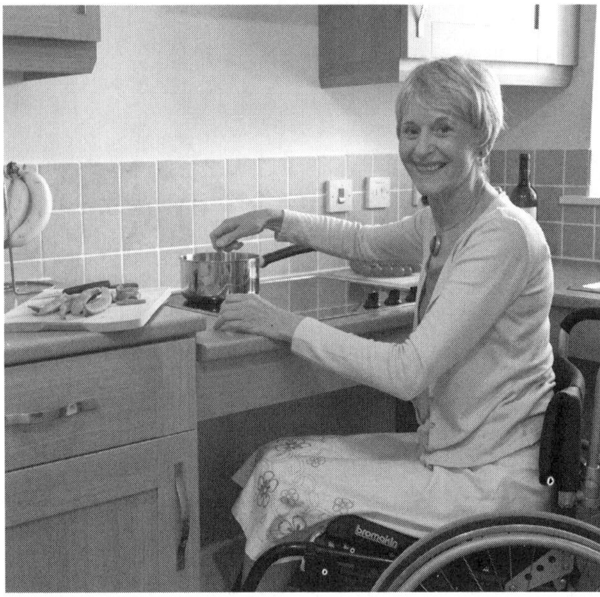

图2.7
埃尔伍德小屋是英国多塞特郡郊外的一套自助式度假别墅。厨房内，一位行动不便的女士正坐在轮椅上准备食物。伍兰德，多塞特郡，英国（《访问英国》/帕瓦尔·里博拉（Pawal Libera）/盖蒂图片社）

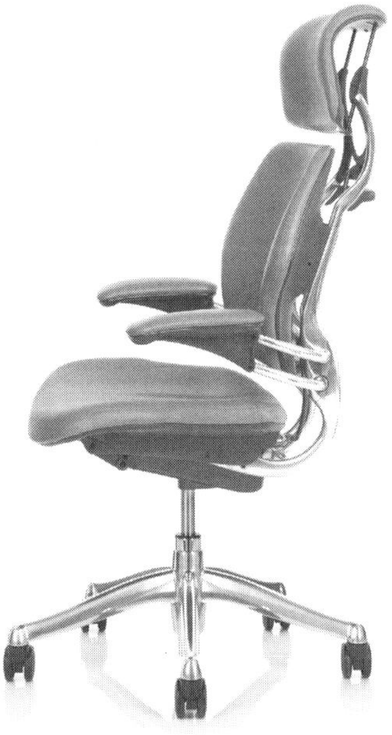

图2.6
人体工程学：Humanscale公司设计的带有头枕的办公转椅（Humanscale提供）

行动障碍 根据美国人口普查，近1/5的美国人有残疾，超过1/8的人严重残疾。如果一个人难以实现日常生活中的某些功能或者活动，即被认为有残疾。如果一个人无法进行一项或多项活动，或需要使用辅助设备，或借助他人的帮助才能完成基本活动，这被认为有严重残疾。1/5的美国人患有关节炎。无障碍性是为有行动障碍的人设计的关键，尤其是需要使用轮椅、手杖、拐杖和有轮助行架的人。

在设计无障碍的、合适的、美观的空间时，最大的挑战是用户有限的活动能力（图2.7）。正是这种特殊的需求促成了《美国残疾人法案》（ADA）这一全国性立法法案。

《美国残疾人法案》是一项全面的民权法案，由国会通过，并于1990年7月由美国前总统乔治·赫伯特·沃克·布什（George H.W. Bush）签署。此前，越南战争退伍军人和其他组织呼吁制定法律，要求改善公共空间和残疾人住所。该法案于1992年1月开始生效，于2008年修订，以澄清和重申法律的保护对象。尽管如此，还是有许多专业人员认为这些标准只是最低要求，并希望那些参与社区建设的人能够继续找到更好的产品和解决方案。

“可达性设计”（accessible design）也称为“无障碍设计”（barrier-free design），是《美国残疾人法案》精神的体现。该法案有一套全面的指导方针。请见“《美国残疾人法案》主要设计条款”。

视觉障碍 1/3的美国人患有视觉障碍。超过70岁的老年人中，有1/6的人患有视觉障碍。不仅在美国，在其他人口老龄化的国家，预计这一数字都将大幅上升。存在视觉障碍的人更加需要靠触觉和听觉来弥补视力上的不足。对于使用手杖的视障人士来说，畅通无阻的步行空间至关重要。盲文是一种带有凸点的图像形式，为有视力障碍的人提供指示，这些人通常天生或年幼时失明。盲文标牌的其他创新之处在于用凸起的字母、符号和数字来识别楼层和房门。在公共场所使用听觉辅助机制指示方向是实现可达性的另一个现代化手段，如在人行横道上或者在博物馆中使用。

前景色和背景色之间亮度的巨大差异有助于那些仅存部分视力或色觉缺失的人看清对象。例如，与黄色窗帘橙色墙壁相比，蓝色窗帘与黄色墙壁的搭配对比效果更好。

自然的衰老过程导致人在40岁时需要的光量是20岁时的两倍，60岁时需要的光量是40岁时的两倍。

听觉障碍 超过3400万的美国人存在不同程度的听力损伤。70岁以上的人中有1/4患有听觉障碍。18岁以上的美国成年人中，约有15%的人听力有问题。年龄在20岁至69岁的美国人中，大约有15%的人因为工作或休闲放松时处于噪音环境中而导致高频听力丧失。在65至74岁的老年人中，有25%的人失聪。在超过74岁的老年人中，有50%的人失聪。除听力受损外，许多人还存在平衡失调的问题。通过增强其他感官体验（如声音），视障人士可得到更好的服务。同样的，听力受损的人则需要依赖更强的视觉辅助，例如发出警示和安全信号的照明系统。

《美国残疾人法案》主要的设计条款

以下条款可以使设计更加符合身体受损人群的需要：

- 开门空间至少为32英寸（约0.8米）。
- 无障碍通道：单通道36英寸（约0.9米）宽，双通道60英寸（约1.5米）宽。
- 浴室净空间60英寸（约1.5米），方便轮椅转动。
- 浴室的房门应该是外开，而非内开。
- 斜坡道的坡度为高度每增加1英尺，长度至少增加12英尺（约3.65米）（比例为1:12）。
- 斜坡道36英寸（约0.9米）宽。
- 同时包含声音信号和可视信号的紧急警报系统。

智力障碍 建筑和设计领域越来越关注其他残疾类型的特殊需求，包括神经、认知和精神状况。促使人们关注这一群体需求的一个因素是，越来越多的人患有阿尔茨海默症，这是一种严重影响人们日常活动能力的痴呆症。据美国国家老龄化研究所（The National Institute on Aging）估计，美国有500万人患有不同程度的老年痴呆症。

阿尔茨海默症患者有着独特的生理、认知和心理需求。最新研究给室内设计师们提供了几点建议，以便他们为阿尔茨海默症患者服务时参考。例如，尽量避免复杂图案和活动版式。黄色是首选的颜色，因为它让人感到舒适和愉悦。阿尔茨海默症患者和有发育障碍的人一样，也需要额外的帮助，如借助适当的灯光和视觉线索找路。

另一方面，儿童自闭症的患病率也在增加。自闭症谱系障碍（ASD）是一系列复杂的神经发育障碍，其特征是社交障碍、沟通障碍和限制、重复、刻板的行为模式。美国疾病控制中心（Centers for Disease Control）称，美国超过2%的儿童被诊断患有自闭症，男孩是女孩的五倍。亚洲、欧洲和北美的研究显示，平均有1%的儿童患有自闭症。

季节性情感障碍（SAD）是抑郁症的一种。每到秋冬两季，白昼变短，光照变少，这种病便会反复发作。不要把这种抑郁症和所谓的“冬季忧郁”混淆，“冬季忧郁”源自大部分人在冬季时对阳光的渴望，而季节性情感障碍是一种被诊断为与大脑分泌褪黑激素有关的疾病。自从1985年首次发现这种病以来，在制定适当干预措施方面取得了重大进展。人们采用全光谱照明、灯箱和其他形式的光疗手段来缓解病症。有关灯具的照明应用的进一步信息（详见第5章）。

人口老龄化 由老年人组成的特殊用户群体范畴较广。自然衰老引起的变化往往通过相对简单的设计方案就可以有效解决。然而，体弱多病的老年人的需求却带来明显不同的问题。所以，设计师不仅需要了解老年人的衰老过程，还需要了解疾病和虚弱对他们日常生活的影响。

老年人口正在迅速增长。美国2010年的人口普查表明，65岁以上的人口数量最多，占比最大，其人数占到了美国总人口的13%。到2050年，65岁以上的人口预计将占美国总人口的20%。

人口老龄化和城市化是全球性的现象。全世界老龄化速度飞快。世界卫生组织（WHO）称，到2050年，60岁以上的人口占全球人口的比例将增加到22%。到那时，老年人的数量将首次超过儿童（0–14岁）。

老龄化的概念比老年人的概念更恰当，因为“老化”这个词是一个持续的过程，而不是一个静止的状态。这些老龄化的人群正过着比以往更健康的生活。医学的进步使全世界人口比以往更长寿。

“就地老化”一词自20 世纪90年代出现以来发展势头迅猛。就地老化指的是保持人们尽可能长时间地待在家里或附近的能力。

越来越多的人不仅关注房屋本身，还关注社区支持体系，以促进健康、社会互动和交通发展。

ASID最近的一项研究称，在45岁以上的受访者中有83%的人表示希望尽可能长久地住在目前的居住地。全美房屋建筑商协会（NAHB）和美国退休人员协会（AARP）合作开发了“就地养老认证专家”项目，旨在指导专业人士对房屋进行就地老化改造。AARP是一个面向50岁以上人群的非营利性组织。该协会制定了一份检测表，对社区的老年友善度进行评测。

图2.8展示的浴室，造型美观，适应性强，也可供身体健康的人使用。（请参阅“就地老化设计的小贴士”。）

日益成熟的人口也催生出对多种住房选择的需求，从退休村庄到安宁照顾（临终关怀），从独立生活到辅助生活再到专业护理设施，不一而足。持续护理退休社区（CCRC）不断发展，在那里，人们建立了各种综合设施，根据需要提供不同程度的服务和住房。另一趋势包括其他保障性住房选择，如共同住宅（无血缘关系的成年人住在同一屋檐下）和多代住房，包括独栋家庭住宅中的姻亲公寓。

儿童 随着年龄的增长，儿童成长过程中也会产生情境问题，这时就需要创造性的设计解决方案来提高空间的舒适度和宜居性（图2.9）。

图2.8

无障碍房间的内部浴室（© Corbis Premium RF/ Alamy图片库）

就地老化设计的小贴士

ASID为设计师们制定了一套指导方针。

- 了解衰老的过程、人生阶段的不同需求以及适合的产品。
- 帮助客户提前规划。
- 了解体弱者和老年人的人体工程学需求。
- 将主卧室和浴室设在一楼。
- 创建良好的动线，房间之间仅有几步之遥。
- 选择便于移动和搬进搬出的家具，最好为圆角设计。
- 减少家具数量，增加活动空间。
- 使用小而轻、便于抓握的厨房电器。
- 用可放入浴室或壁橱内的小洗衣机和烘干机代替地下室洗衣间。
- 增加颜色对比度作为视觉灵敏度的辅助。
- 增加照明并使用遥控器，减少阴影。
- 建立整齐有序、易于获取的储藏设施。
- 考虑光滑地面，避免使用厚地毯。
- 安装步入式淋浴，建造一个大而宽的淋浴座位，或者在浴缸里增加一个座位。
- 使用防滑地砖。
- 在浴缸区域和马桶附近安装扶手，马桶高度可调节。
- 在门、橱柜和水槽装置上尽可能地使用杠杆而不是旋钮。

资料来源：就地老化-老龄化及室内设计的影响（华盛顿特区.：美国室内设计师协会，2001）。

图2.9

特殊用户群体：儿童（由山姆·帕西亚（Sam Paxhia）设计并提供）

保证儿童安全的必要性不言而喻。对爬行阶段和早期学步阶段的儿童来说，家里可谓“危险重重”。

有了孩子之后，必须要对家里进行调整或者做好儿童安全防护工作。孩子直到六岁左右才能理解什么是危险，因此，成年人有责任消除一切危险因素，保证儿童安全。

儿童对舒适度的要求或许不是那么明显。符合儿童身材大小的床、书桌、椅子和桌子都很常见。设计师们也开始按照儿童人体测量数据对水槽和马桶的高度进行调整。

他们为儿童布置房间时的选择会影响到孩子们的健康、发展和安全。随着患病人数的增加（尤其是城市环境中），儿童哮喘病日益受到人们的关注（第6章至第8章将进一步讨论过敏原、特殊产品和家居陈设之间的关系）。

和老年人一样，儿童对颜色和光线也有不同的需求。此外，由于儿童在很小的时候就开始使用电脑设备，所以这些产品的设计已经将与儿童生理有关的人体工程学数据纳入其中。

空间行为方面

根据国际社会学家亚伯拉罕·马斯洛（Abraham Maslow）建立的需求层次理论，除食物和睡眠外，人类最基本的需要就是安全感。如果一个人饥肠辘辘、睡眠不足并且害怕受到攻击，就很难提出更高层次的需求，如自尊。人一旦有了安全感，其他需求便接踵而至，如舒适、隐私和个性（图2.10）。

领域性 领域性这一行为特征表现为远离伤害和免受危险的基本需求。领域性是动物行为领域中的概念，通常被定义为“一种生物以其特有的方式宣称拥有某一区域的主权，不允许同种其他成员入内的行为。”这种与筑巢本能相关的行为在人类历史上也有记载。领域性通常体现着自我认同和选择自由的需求。“好篱笆造就好邻居”这一格言就体现了个体对于划分属于自己物理空间的需求。

同样，私密性——控制与他人交往类型和程度的需求——也是生活质量的一个基本要素。

室内设计中，空间界限的划定有时非常明显，如利用墙壁来创建单独的房间或区域。有时空间边界也会比较模糊，如利用隔板或屏风为不同的用户或者活动划分空间（图2.11）。

领域性能够反映地位的不同。比如，在办公室环境中，行政区域可能与办公人员工作的区域范围差别很大，行政办公室通常位于房间的角落，而办公人员则位于公共区域。

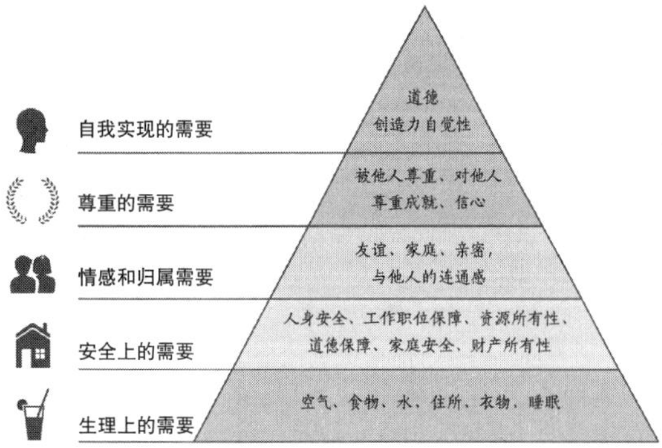

图2.10

人类需求层次（盖蒂图片社）

图2.11

巧妙地使用储物隔板将两兄弟的领地分开（蒂姆·艾伯特（Tim Ebert）摄；interior designer credit：艾斯特·萨多斯基（Esther Sadowsky），ASID成员，Charm & Whimsy公司）

第5章将提供更多的设计思路和解决方案，用于规划不同类型的住宅和非住宅空间，满足人们生活、工作和沟通的需要。

空间关系学 20世纪60年代，美国人类学家爱德华·T.霍尔（Edward T. Hall，1914－2009）率先提出“空间关系学”的概念，研究人在不同环境里保持空间距离的特性。霍尔在《隐藏的维度》（*The Hidden Dimension*）一书中提到，人与人对于空间距离的理解差异受文化的影响。尽管如此，霍尔以身体健康的职业男女（主要来自美国东北部）对象进行观察和采访得到的图表还是被广泛引用。霍尔划分了四个明显的距离区域：亲密距离、个人距离、社会距离和公共距离。这些区域的特征见表2.2。

无论个人经历或文化背景如何，我们每一个人都曾在不同场合中因为与他人距离过近而产生过不适感（图2.12）。

行为设置（或行为地图）的概念，满足了根据活动划分空间的要求。卧室是人们睡觉的地方，因此，家居陈设方面需要床或功能类似的家具。在人口密集、空间稀缺的地区，室内设计师面临的挑战更多。根据规定的可预见性的行为模式来划分边界和对象是空间规划的关键（图2.13）。

个性化 安全性和舒适性的基本需求得到满足之后，人们又希望空间具有个性化。

图2.12
在达卡的伊斯兰斋月期间，孟加拉国的购物者挤满了市场。斋月是穆斯林国家最繁忙的零售交易时期，在标志斋月结束的开斋节之前，衣服是最畅销的产品（MUNIR UZ ZAMAN/法新社/盖蒂图片社）

人们希望环境能反映他们的个性。设计师克洛达赫这样说：“真正美好的家必须与它的主人和谐共处。家是让人心情愉悦的地方。找到自己的开心点，让家成为我们快乐的源泉。”

过去几年里，办公室或者工作环境不断变化，从封闭的、无个性、边界明显的隔间，到更具个性化的空间，进而发展到一个更加开放的空间，现在又再次回到注重空间的个性化设计方法。众所周知，青少年为了彰显自己与成人和儿童的不同之处，在设计自己的私人空间时，往往与父母意见相左（图2.14）。这时，设计师就需要考虑人的因素来满足客户的需要。

表 2.2　爱德华·霍尔的四个距离区域的特征（1英寸≈25.4毫米）

区域：亲密距离 近距离：0–6英寸。用于房事、格斗、安抚和保护 远距离：6–18英寸。在公共场合，离得这么近会让人不舒服，人们会选择避免眼神接触	**区域：社会距离** 近距离：4–7英寸。用于一起工作或非正式社交场合的人 远距离：7–12英寸。用于正式商务或社会活动。重要人物办公室里的大桌子可以让来访者保持这一距离
区域：个人距离 近距离：18–30英寸。当陌生人靠得这么近时，大多数美国人会感到不自在。人们会用“在我脸上”这样的话语形容 远距离：30英寸–4英尺。与某人保持“一臂之远”的距离	**区域：公共距离** 近距离：12–24英尺。正式的人际距离 远距离：大于25英尺。公众人物和演员使用，距离大于30英尺，人们需要放大肢体动作，提高嗓音才能进行交流

图2.13 a和b

a.家具的设计和摆放通常取决于人际空间关系，如城市公园里的长椅；b.标准剧场内观众座位到舞台之间的公共空间。资料来源：悉尼国家剧院礼堂（a：作者提供；b：夏洛特·帕什（Charlotte Pache）/盖蒂图片社）

图2.14

青少年的房间（CF Photos/Alamy Stock Photo）

第二节　文化考量

作为社会群体的一部分，人们希望自己的空间能够促进人际之间积极有效的沟通与联系。人们对隐私、互动和社交的需求各不相同。作为文化群体的一部分，需要知道，如果人们的空间具有共同的价值观、标准和风格，那么人与人之间认同感和熟悉程度便会增加。提到文化，我们可能指的是一个国家的地理、地域或民族特征，也可能是个人的宗教和精神关系、人们的物品或传统，甚至是一种特殊的生活方式。

室内设计师的一个重要特征就是具有文化敏感性。这种敏感型包括需要意识到，客户倾向于某些设计决策可能是受其文化认同感或经历的影响。文化敏感性不仅适用于住宅设计，也适用于联系日益紧密的全球商业环境中的非住宅设计。如果一家企业拥有多项分支业务，如零售店、酒店和餐馆的特许经营，那么设计师的任务就是提高该企业的品牌识别度。设计师在芝加哥和沙特阿拉伯等不同地区从事公司项目时，既要保证维持公司的形象和个性，又要尊重文化差异，这一点非常困难。

全球市场为室内设计师提供了机会，让他们选择来自世界各地的工匠和手工艺人制作的产品。这些产品使用本土材料，由传统方法制作而成。而这也是可持续发展活动的一部分，体现了人们对地方特色产品的渴望，这些手工艺品本身就具有丰富的内涵。非盈利性组织，如Aid to Artisans和Good Weave，促进了发展中国家手工业者的需求和需要。Aid to Artisans帮助手工业者拓宽手工制品的市场基础。国际知名的Good Weave制定了消除不公平童工做法的标准，并为尼泊尔、印度和巴基斯坦地毯行业的童工提供教育机会。有许多盈利的公司在与手工业者团体合作中建立了贸易互惠原则，在生产出可销售产品的同时还有机会提高工人的工资。

这一方式已经扩展到包括大卖场形态的连锁零售商。如属于Williams Sonoma家居的West Elm，在2015年推出了贸易互惠产品系列。图2.15中的产品具有不同的民族特色。

图2.15

这家零售店内的产品具有文化多样性（作者提供）

第三节　环境因素

人口与环境资源（如物质和能源）的关系是环境科学研究的重点。设计界也逐渐参与到为子孙后代维护地球资源的行动中来。

可持续设计

“可持续设计”一词曾在第1章中介绍过。它是一种设计方法，侧重于为未来发展保护自然环境及其资源。可持续发展源于一篇题为“我们共同的未来”的报告（也被称为布伦特兰报告），指出了对于未来发展构成威胁的全球问题。“人类有能力持续发展，以确保它在满足当前需要的情况下，不损害后代满足他们自己需要的能力。”

节能和使用可持续资源（有时被称为绿色资源）是主要的考虑因素，可以总结为3R原则：减少、再重用和再循环（reduce, reuse, and recycle）。新增加的原则包括更新、回收、恢复、再发明等。

可持续设计的其中一点体现在产品成分的选择上，要选择绿色或环保的产品，如有再生能力的软木而不是红木。同时还要考虑生产技术和到达终端用户的运输方式，特别是在节能和垃圾处理方面。全球节水问题越来越严重，“绿色是新的蓝色”这句话强调了节水的重要性，特别是在发展中国家，那里的饮用水资源可能会出现短缺。可持续发展经理凯里·鲁利（Keri Luly）最近在《室内与资源》（*Interiors and Sources*）杂志上发表的一篇文章中指出，“目前，有28亿人生活在水资源短缺地区。预计到2025年，全球将有75%的人面临水资源短缺问题。”可持续发展的困难之一就是环境管理，即全球公民管理和保护自然资源的责任。

近来，人们开始关注生物仿生学研究，希望借此解决发展问题。生物仿生学的概念由生物学家珍妮·班娜斯（Janine Benyus）提出，利用大自然为模型来启发设计和解决人类问题的过程。在生物模拟的基础上，人们相信，研究自然能够发现有效和可持续的解决方案，如热舒适、室内空气质量以及声学隐私。

另外一个概念叫做“从摇篮到摇篮”（C2C），由威廉·麦克唐纳（William McDonough）和迈克尔·布朗嘉特（Michael Braungart）在他们2002年出版的同名书中提出。“从摇篮到摇篮”表达了这样一种观念，即生产的产品应该具有持续的可再生能力，也就是说，产品要以某种形式永存，而不对环境造成伤害。与之截然相反的做法是“从摇篮到坟墓”，产品在生产时就做好了被淘汰的准备，使得产品需求量变大，从而造成消费浪费。

环境法及相关问题

环境法力图在本章第一部分讨论的人的因素和环境因素之间架起一座桥梁。正如《美国残疾人法》的通过，防止负面情况发生的立法往往是对行为结果的反映。环境法领域迅速夸大，部分原因是由于不安全条件、有缺陷或危险产品和疏忽造成的一些法律诉讼。

人们已经对许多法律规定不以为然，但某些法规却对餐馆、俱乐部和公司场所的设计影响很大，包括公共场所禁止吸烟、禁止排放有害物质（如有毒或易燃材料）以及与回收再循环相关的法律法规。

“生病办公室”（Sick office）或“生病建筑综合症”（Sick Building Syndrome）是20世纪80年代创造的词，指由于头晕、晕厥和疲劳等模糊、难以诊断的原因造成的大量员工缺勤或工作效率低下。在大多数情况下，这些疾病是由于污染物影响导致的。空气循环不足使得污染物难以排放，如油漆、染色剂、合成化学物质和粘合剂。许多产品（如溶剂和粘合剂）中都含有挥发性有机化合物（VOCs），这种物质会产生有毒气体和烟雾，会随时间慢慢消散。但是，这个“气体逸出”的过程已证明对人体和大气的臭氧层有害。最新的一个术语是“建筑相关疾病”（BRI），用来描述因建筑环境在供暖、通风和空调设计上的缺陷而导致的疾病。

不安全的环境带来的危险越来越多，可能会出现大量与环境和人类安全有关的法律法规。

并非所有的设计改进都是由立法规定的，许多都是设计师为了满足消费者的需要或迫于行业竞争而做出的自发性行为。非常重要的举措之一就是LEED制定并发布的指导方针，该指导方针。（在第1章中介绍过。）LEED是一个国际公认的绿色建筑认证体系制定并发布指导方针。（该指导方针在第2章中介绍过。）LEED是一个国际公认的绿色建筑认证体系，对住宅和商用建筑提供第三方认证。检验建筑在设计和施工过程中是否采用了节能、省水、改善空气质量、优化资源管理的策略，以及是否了解这些策略在整个建筑生命周期内对环境的影响。LEED社区规划与发展评估体系（LEED-ND）将LEED的优势扩大到建筑本体以外，进入建筑服务的范围。此外，在LEED认证专家（LEED AP）类别下还包括许多类型的LEED认证体系，供从事楼房设计和建造的个体从业者使用。

能源的使用属于设计师的控制范围。后面几章将会介绍，室内设计师可以详细说明节能解决方案的实施步骤。

与节约资源（土地、能源和金钱）相关的是紧凑型设计的需求，这意味着更有效的空间规划和产品设计，建筑面积减少以及能源和商品消耗的整体缩减。如今小尺寸设计既新颖又时尚。各类“最佳微型住宅”设计竞赛越来越受欢迎，因为它们展示了如何用最少的钱更好地生活，这与那些吹嘘拥有所谓“麦克豪宅”（McMansion）的潮流正好相反。

随着时间的推移，建筑物、内部装饰和产品将被淘汰。适应性再利用不仅是历史保护主义者的目标，也是建筑师和设计师的目标。对于陈旧荒废的产品，通过改变设计的方式将其转变成相关用途的新物品，而不是彻底丢弃。值得庆幸的是，许多历史遗迹也被确定为可行的设计项目并被赋予新的用途。如位于纽约市切尔西区（Chelsea district）的“聚光灯市场”（Limelight Marketplace），经过19世纪、哥特式、教会、夜总会一系列改造，从一个破旧空无一人的建筑最终变成了高档购物商场（图2.16）。

为公共利益而设计

作为行动主义的设计支持这样一种观点：像室内设计师和建筑师这样的专业人士在改善居民和社区福祉方面起着一定的作用。许多方案，即使是小项目的规划阶段，也都有社区居民和组织的参与。

世界上大多数的设计师都把精力集中在为最富有

热点聚焦

生物自卫本能与医疗保健项目的循证设计

环境心理学专家罗杰 · S.乌尔里希（Roger S. Ulrich）博士，是一位具有全球影响力的研究人员和作家，致力于循证医疗。乌尔里希的工作直接影响着医院大楼的设计，改善了全球患者的安全和健康状况。他曾在斯堪的纳维亚、英国、加拿大、澳大利亚和美国工作，目前担任德克萨斯A&M大学卫生设施设计学院的教授。乌尔里希还是建筑学和景观建筑学的教授，同时也是卫生系统和设计中心的教员。

虽然还只是助理教授，但其里程碑式的研究仍被业内许多人所引用。1984年他在《科学》（Science）杂志上发表了文章《窗户或许有助于术后恢复》（View through a Window May Influence Recovery from Surgery）。研究发现，病房中如果有面向大自然的窗户，可以减轻病人的疼痛，减小压力，比房间内没有窗户的患者更容易恢复。自然景观带来了积极的情绪状态，有助于缓解压力。该领域其他研究也表明，与大自然接触可以降低血压和其他生理指标，减轻压力。当代医学研究中有一个非常活跃的领域，就是利用自然干扰来减轻疼痛。大多数学者都引用乌尔里希的“窗口视角研究”作为研究的起点，并得到疼痛减轻效果的结论。有证据表明，环境设计可以减轻病人的压力，改善临床结果，因此基于证据的设计大有裨益。其他研究表明，与阳光充足的房间相比，没有窗户或视野不好的房间会影响病人的幸福感。另外，采光好的员工宿舍也对员工的身体有积极影响。

图a

a. 多伦多贸易展上的垂直花园面板（作者提供）

的10%的顾客开发产品和服务上。其他90%的顾客要想得到专业的服务，一场设计革命势在必行。

早年间，设计出经济实用的建筑、空间和家具并不是什么新鲜事。如20世纪早期的瑞典现代设计，被称为功能主义，曾试图让设计迎合现代工业社会。支持者认为，好的设计应该适用于所有阶层，并提高生活水平。

可能没有任何一个其他领域比设计更依赖与学科的协作来开发解决方案和“为其他90%的人”设计，这是一种全能设计哲学。联合国儿童基金会

图2.16
纽约切尔西地区的聚光灯市场，是一所教堂经历适应性再利用改造而成。哥特复兴风格教堂的外观保留了彩色的玻璃窗户（作者提供）

（UNICEF）等组织估计，世界上大多数人口无法获得食物和干净的水，没有固定的住所。像“仁人家园”（Habitat for Humanity）这样的组织希望为需要帮助的人提供低成本的住房。

许多设计师和设计公司都在无偿地为慈善组织的项目贡献他们的时间和服务。公共建筑（Public Architecture）是一个总部设在旧金山的国家非盈利组织。其令建筑和设计公司、非盈利组织以及制造商合作，共同致力于通过其全国公认的1%项目为公共利益设计。通过公共利益的设计活动给社会带来积极的影响，并与大众分享设计带来改变的潜能。2007年，针对新奥尔良和其他墨西哥湾沿岸地区的发展情况，Perkins+Will公司发起“社会责任倡议”，这是一个广泛的公益项目。其公共利益工作旨在解决人类对食物、住所、健康、教育和赋权的基本需求。它向公共建筑组织承诺，从收费项目的收入中拿出1%用于支持公益活动。ASID在2012年正式做出这一承诺，其他许多组织也纷纷效仿。

20世纪前20年，世界许多地方发生的大灾难促进了合作设计和经济项目的发展，以重建这些社区。在这些灾难中，有美国的飓风“卡特里娜”和“桑迪”、海地和尼泊尔的地震、日本的海啸，以及菲律宾的台风。实际上，大多数人都会同意，为保护生态系统而采取更深远的预防性措施是十分必要的。为了减少自然灾害和其他灾害带来的负面影响，需要在项目中增加“弹性”，这一术语已经进入了建筑环境行业的词汇表中。

第四节　教育的作用

室内设计专业中，以人的因素和环境为目标的课程越来越多，显示了室内设计在这些重要领域的独特作用。这些课程包括人体工程学、环境系统、生态学和建筑环境、环境心理学以及历史遗迹保护。许多课程都是跨学科的。本科阶段室内设计课程的高年级论文或项目非常注重项目的可持续性和包容性。课程数目的不断增加，包括可持续发展和相关领域的硕士学位，增加了人们对这些学科的关注程度。

学生和设计师通过参加贸易会议能够进一步深入理解有社会责任感的设计。会上，业界专家的主旨演讲和研讨会引发与会者展开热烈的小组讨论，内容丰富，发人深省。这些会议或贸易展也给制造商和供应商提供了引进新产品的机会，其中许多产品就是有社会责任感的设计。

作为教育机构的博物馆也相继举办展览，帮助人们更加直观地理解这些重要的设计主题。如今，博物馆的设计方式使之能更好地与游客进行互动，如最近翻新的纽约库珀-休伊特国立设计博物馆（Smithsonian Cooper Hewitt National Design Museum）。此次革新增加了几个交互功能，其中包括过程实验室，参观者可以通过亲身体验和数字化活动对设计解决方案进行头脑风暴。过程实验室强调的是思考、规划和解决问题的方式。

与全班一起：合作、慈善和事业

“假日小屋设计展”是由乳腺癌幸存者Iris Dankner于2008年创立的，目的是提高设计行业对乳腺癌的认识，并为乳腺癌研究和需要帮助的妇女筹集资金。

自成立之日起，纽约假日小屋就以邀请业内顶尖的室内设计师为特色，获得了评论界的赞誉，得到了全球一些最著名的奢侈品牌的认可，并在汉普顿设立了夏季秀场。假日小屋是关于生命的礼赞，每个设计师都会选择一个节日期或生命中的一个特殊的时刻来作为他或她的设计灵感。

2015年假日小屋（HH）的前身是一栋位于纽约市曼哈顿上东区的别墅，被称为“学院大厦”。创始人丹科纳（Dankner）和克里斯托弗·海兰（Christopher Hyland）共同担任主席，莱纳德·兰黛（Leonard Lauder）是名誉主席，杰出设计主席是杰弗里·布拉德菲尔德（Geoffrey Bradfield）、亚莉克莎·汉普顿（Alexa Hampton）、马里奥·布阿塔（Mario Buatta）和托姆·费里斯艾（Thom Filicia）。

当年参加活动的众多优秀公司中，有总部位于纽约的Drew McGukin室内设计公司。德鲁是纽约室内设计学院校友中的积极分子，曾是ASID纽约地铁董事会的学生代表，他与一群纽约室内设计学院的学生一起参与了HH房间的装修工作。罗伯特·艾伦（Robert Allen）非常慷慨地提供了所有用于“夏至”空间（图a）的面料，这些面料来自他们的景观色彩系列，在许多图案和肌理中和谐地结合中性色和蓝色。纺织品被分层放置在座位、墙壁、天花板和枕头上，营造出一种既舒适又精致的氛围。

此外，合作的概念还包括了他人委托放置的艺术品和配饰，如涂了漆的镜子和拼贴画，与罗伯特·艾伦的面料交相辉映。

图a

假日小屋（德鲁·麦克古金（Drew McGukin）提供；布雷特·贝耶（Brett Beyer）摄）

本章小结

除创造美观的室内设计外，室内设计师还需要考虑空间内用户的健康、安全和幸福。无论是住宅设计还是非住宅设计，设计师都必须先了解服务对象的需求。今天的室内设计教育重点关注影响当今和未来需求的人类和环境因素。我们把这种设计方法称为有社会责任感的设计。其是指导设计师决策过程的一组价值观。

了解我们如何通过感官体验空间是理解形式和功能协作方式的重要组成部分。设计师的目标是创造一个能够增强感官体验的空间。

室内设计领域从心理学、社会学、生理学和环境科学等诸多领域的科学研究中获益匪浅。人体测量学是对人体维度的研究。标准家具和空地间隙的尺寸都是基于各种指标分类，这些指标通常代表了某一特定群体内90%成员的数据，比如普通的成年男性和女性。人体工程学领域的重点是利用本学科以及生物力学和生理学的知识，使人类与建筑环境更好地相互协调。职业理疗师又是另外一门学科，其提供的解决方案使环境能够应对人类的需求。

《美国残疾人法》禁止公共场所歧视残疾人，为无障碍设计的发展铺平了道路。为特殊人群设计需要特定的解决方案，因此设计师需要了解这些特殊人群的需要。所有人都可能曾经是或现在是以下特殊用户群体中的一员：身体、视觉、听觉、神经、认知或智力受损人群；老年人（无论健康与否）和孩子。通用设计的目的是为尽可能多的人提供好的设计（包容性），包括私人和公共空间的改进。

宣称对自己空间拥有所有权的本能叫做领域性，与人类对安全的需要紧密相连。安全感一旦得到满足，人们就会努力使空间具有个人特色，这种行为叫做个性化。美国人类学家爱德华·霍尔进行的一项研究考察了不同环境下人际之间舒适的空间距离。他提出了“空间关系学”这个概念，用来描述人与人之间的身体距离。这些概念虽然受文化影响，但有助于设计师进行室内空间规划。有社会责任感的设计的另一个要素是在全球层面上尊重设计空间的文化多样性，并参与到关于设计理念、本土资源和手工技术的全球对话中。

设计师不仅要关注客户的当前需要，也要关注他们未来的需求和子孙后代的需求。可持续设计的概念反映了一种态度，即为未来保留自然资源和人类资源，包括所有的生命、土地、水和能源。这一领域发展喜人，出现了一大批有利于资源保护的产品和技术。另外，还出现了许多规模更小、效率更高、价格更实惠的建筑环境。

可持续设计相信设计能够改善生活,这是一种长远而全面的观点。室内设计逐渐扩展其行业领域，以参与地方、区域和全球的公共利益解决方案。

词汇表

accessible (barrier-free) design 无障碍设计

acoustics 声学

adaptive reuse 适应性再利用

aging in place 就地老化

Americans with Disabilities Act (ADA)《美国残疾人法》

anthropometrics 人体测量学

aromatherapy 芳香疗法

auditory 听觉

Autism Spectrum Disorder (ASD) 自闭症谱系障碍

behavioral setting (behavioral mapping) 行为设置（行为地图）

biomimicry 生物仿生学

biophilia 生物自卫本能

BRI (building-related illness) 建筑相关疾病

Certified Aging in PlaceSpecialist (CAPS) 居家养老认证专家

Cradle to Cradle (C2C) 从摇篮到摇篮

environmental stewardship 环境管理

ergonomics 人体工程学

functionalism 功能主义

Heating, Ventilation, Air-Conditioning (HVAC) 采暖、通风、空调

homeostasis 体内平衡

human engineering 人体工程学

inclusive design 包容性设计

intimate distance 亲密距离

off-gassing 气体逸出

olfactory 嗅觉

personal distance 个人距离	social distance 社会距离
personalization 个性化	socially responsible design 有社会责任感的设计
phototherapy 光线疗法	tactile 触觉
proxemics 空间关系学	territoriality 领域性
public distance 公共距离	thermal 热
Seasonal Affective Disorder (SAD) 季节性情感障碍	volatile organic compound (VOC) 挥发性有机化合物
sick office (sick building)syndrome 生病办公室（生病建筑）综合症	work-related musculoskeletal disorder (WMSD) 与工作有关的肌肉骨骼疾病

练习：调查你的空间

既然你已经认识到人类和环境的关系，那么请观察你的生活空间，看看它是否达到本章所讨论的健康、安全和幸福水平。可以把这项调查局限在一个或两个主要的生活区域内。根据这个清单来评价你的空间。

	好	坏	一般
感官体验	________	________	________
个性化	________	________	________
私密性	________	________	________
社会化	________	________	________
舒适程度	________	________	________
安全与健康	________	________	________
是否适宜活动	________	________	________
是否适宜改变	________	________	________
节能	________	________	________
空间紧凑	________	________	________

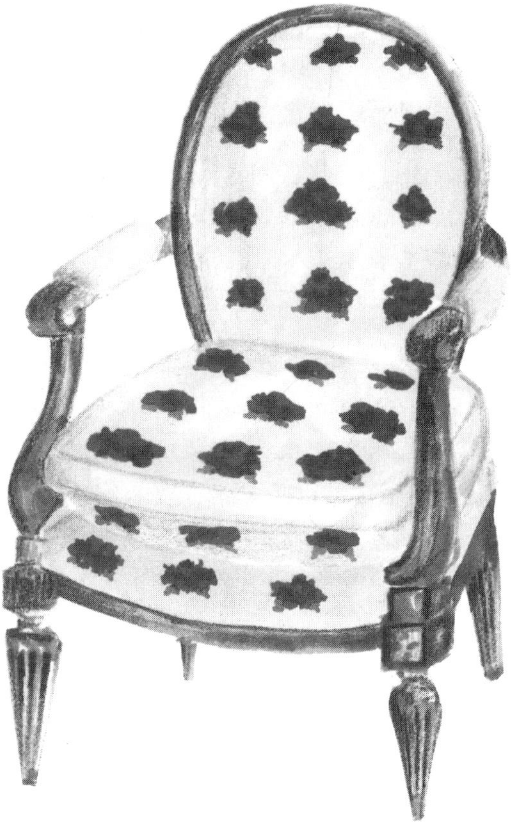

第三章

设计理论：设计美学、设计要素和设计原则

设计，无论是室内设计、图形设计、美术品设计、纺织品设计还是工业产品设计（此处仅举几例应用），都有几个重要特性，包括预期目的、原创构思、构件布局的巧妙规划以及高度完整的艺术形式。设计理论是基于信仰或哲学体系来指导设计的方法。理论是设计最基本的开端。好的设计能够成功地实现其预期的艺术和功能目标。本章探讨的就是如何构建出好的设计。也就是说，设计是有意图的行为。

第一节　美学

美学源自希腊，是处理哲学问题的艺术分支：它的创造、它的形式和它的影响。或者说美学意味着在外观上给人带来愉悦感。在第9章中，你将会看到，古希腊哲学认为美的标准是客观的，是由计算比例与协调的数学公式决定的。如果这样的话，美的标准按理说就应该是普遍通用的，这是否与“情人眼里出西施”这一主观判断相矛盾呢？我们如何去考虑品位和风格的问题？形式与功能是否共存？这些都将在第11章中进一步讨论，这些问题也是设计师和所有设计学科学生讨论的永恒话题。

美学推动着形式或者说视觉方面的发展。室内设计师还需要根据特定的环境、地点和时间来判断设计是否成功。设计应服务于其预期目标，即功能。虽然我们的个人经历、品位和喜好各不相同，但对于什么是愉悦的感觉，什么是积极的体验，大家有一个普遍的共识。时尚来来去去更迭交替，但优秀设计的本质依然不变，这些设计有时被称为经典设计。

检验一份设计作品的内里而不是外在有助于设计师判断什么是有效的或令人信服的。虽然我们可能不喜欢维多利亚女王统治时期那种吹毛求疵的时尚（详见第9章），但是经验丰富、训练有素的设计师还是能够分辨出维多利亚风格作品中好的设计与坏的设计，以及介于两者之间的设计。尽管好的设计的通用标准在应用中千变万化，但都倾向于超越文化、地理和时间的界限。

通过学习、观察和研究来了解美学的规则能够让设计师有信心、有目的地打破规则，而不是靠运气。艺术和设计领域的创新者知道大众对其作品的评价。如20世纪的艺术家巴勃罗·毕加索（Pablo Picasso）曾试图打破自己当时的绘画风格，却引起了各种各样的反应，甚至是负面的评价。后来，他在了解和学习古典艺术之后将知识运用到作品当中，反响良好。好的设计在某种程度上是可以理解的，其它具有完整性和整体感。

创作或合成一个作品，无论是室内设计、建筑、雕塑还是绘画，首先要进行分析，这一点非常有用。一个作品最基本的构建组块有哪些？现有的组件是什么？他们提出了哪些问题和解决办法？哪些部分可以开发、添加、更改或者消除？设计师如何组织这些要素？任何设计的目的都是将各个部分组织成一个整体。这些元素又是如何有机结合在一起的呢？这些则是本章探讨的一些问题。

设计理论受诸多因素的影响，如历史先例、环境设计研究和功能主义（详见第2章）。

设计是在业务的实践约束下，利用所学到的技能，依靠现有的技术资源来满足人类需要。

设计思维

设计思维这一术语常被认为是IDEO的首席执行官蒂姆·布朗（Tim Brown）提出的。IDEO是一个跨学科解决问题并展望全局的智库，依赖于直觉（有情感意义的想法）和功能。设计思维是一个协作过程。在这个过程中，设计师投入感情和方法，利用可行的技术手段和商业策略来满足人类需要。简而言之，设计思维就是将需求转化为要求。这是一种以人为中心的解决问题的方法，帮助组织和个人变得更具有创新力和创造力。

“简单地说，设计思维关注的对象是人，其灵感来自于人的言行举止，通过设计的对象、内里、结构和地点来讲述用户的故事。”

历史先例向人们展示了过去的设计是如何解决问题的，表达了特定的设计理念，为设计理论的发展添砖加瓦。设计过程是一脉相承的。我们受环境的影响，反过来，我们也影响环境。

通过本书，大家可以注意到已经有研究证实了人类和环境之间的关系。影响设计的另一个关键因素是了解感知如何影响我们的空间感或位置感。

格式塔心理学认为，人类天生就把事物视为一个整体，所以我们所感知到东西都是完整的和可理解的。个体因素必须视为更大环境的一部分。

虽然这些术语对于处在设计学习或项目参与阶段的学生来说相当复杂，但却有助于他们构建项目的设计理念。

设计理念是理论应用的概念框架，在第5章中将进一步讨论。

第二节　设计的要素

以下是我们称为要素的基本设计构件。

- 形式
- 点
- 线
- 面
- 体积
- 形状
- 规模
- 颜色
- 肌理
- 图案
- 光

形式

建筑师大卫·肯特·巴拉斯特（David Kent Ballast）将形式定义为“物体或空间的基本形状和结构”。形式通常是我们区分事物的首选方式。

形式可以由实体或积极空间组成，也可以由空洞或者消极空间（中空空间）组成。雕塑作品，无论是为艺术而设计还是为建筑环境而设计，都会经常利用到积极空间和消极空间。某些情况下，单一形式内实体元素和空洞元素同样重要，如一件家具或一座建筑物。室内环境的设计也可以展示积极元素和消极元素结合的效果。

我们可以通过观察线条和形状（一维和二维概念）来回顾三维形式是如何建立的。实际上，一条线成为一个维度之前，是以点的形式存在的。点其实是一个抽象的概念，除非与另一个点结合，表示开端和结尾，否则它是不可被识别的。从彼此的关系来看，两点连成了一条线。

线表示长度和宽度。当一条线改变方向，增加宽度和长度，就构成了形状，即一个二维单位。增加第三维的深度和体积，就会产生实体或空洞的边界。

线是为空间提供方向的一维单位，可以是直线也可以是曲线。直线可以是水平的、垂直的或者对角的。

水平线是一条平行于地球表面（即地平线）的直线。这种线代表着我们对地平线的感知和理解——稳定、永恒和静止。美国建筑师弗兰克·劳埃德·赖特（Frank Lloyd Wright，1867-1959）在他的许多建筑中都提倡使用水平线。他在1936年至1939年间在宾夕法尼亚州的米尔朗附近为埃德加·考夫曼先生（Edgar Kaufmann Sr.）建造的流水别墅（Fallingwater）就是水平面的有力例证（图3.1）。因为其结构以当地自然环境为基础，所以创造出一种与自然相连的感觉。

室内设计师有许多使用水平线的不同方式。其中一种比较常见的方式是改变人们对空间大小的感知。水平分割墙壁的传统做法是，使用护墙板、接近于典型椅子高度的椅子扶手（图3.2）或者用位置更高的

图3.1

流水别墅。1937年，美国建筑师弗兰克·劳埃德·赖特在宾夕法尼亚州设计的一处住宅，显示了利用水平面创造的宁静氛围（档案照片/盖蒂图片社）

图3.2

政府大楼的正式接待区［布伦特·怀恩布莱纳（Brent Winebrenner）/《孤独星球》图片/盖蒂图片社］

挂镜线来展示艺术作品。这种分割方式改变了人们对房间的感知，因为人们倾向于把注意力集中在房间最接近视线水平线高度的下方。这个焦点上的变化让人感觉空间更小，因此更加舒适，更加人性化。

垂直线是（以直角）垂直于地平线，表示对重力的阻力。摩天大楼体现了垂直线的力量和向上延伸的效果。

位于阿拉伯联合酋长国迪拜的哈利法塔号称是世界上最高的塔，高达约805米（图3.3 a）。

世界贸易中心一号大楼，原体称为自由塔（Freedom Tower），坐落于9・11事件（2001年9月11日）中被恐怖分子袭击倒塌的原双子塔的旧址附近。这座塔象征着力量、反抗和乐观，纪念那场导致3000人丧生的悲剧（图3.3 b）。

对角线是一条从角上出发的线，表示的是比水平线和垂直线更为明显的动态运动。对角线可以产生张力。如果在空间中没有小心使用，或者过度使用，对角线的锐角会给人带来不稳定和危险的感觉。建筑师丹尼尔・里伯斯金特（Daniel Libeskind）非常喜欢使用这种线。正如在丹佛艺术博物馆（图3.4）中的安装布局一样，他在许多项目中都使用了对角线。

曲线是一条弯曲的线，没有尖锐的角度。人们认为直线代表男性的身体，而曲线则让人联想到女性更温和、更柔软的身体轮廓。唤起不同感觉的另一种方式是直线，特别是那些垂直线或对角线，其象征着向外延伸的方向和力量，而曲线的属性则是向内或呈包围形式的走向。纽约市古根海姆博物馆的螺旋结构展示了自“流水别墅”之后20年赖特的变化（图3.5）。

平面是一个平整的表面，是一个具有长度和宽度两个维度的形式。对于室内设计师来说，二维平面通常包括天花板、墙壁、地面和家具表面。

图3.3 a和b

a：哈利法塔，阿联酋迪拜；b：自由塔（a：Dmitry Erokhin/Alamy；b：Siegfried Layda/盖蒂图片社）

图3.4

丹尼尔·里伯斯金特在丹佛艺术博物馆使用了一系列尖锐的角度（© Prisma Bildagentur AG/Alamy Stock Photo）

图3.5

所罗门·R.古根海姆博物馆，纽约市，完成于1959年。弗兰克·劳埃德·赖特职业生涯后期的作品。有机圆形结构是由以前的风格演变而来，更具线条感。（STAN HONDA法新社/盖蒂图片社）

通常我们提到体积，指的是物体的三维或空间的建筑方面，我们所说的都是质量。“实”与“虚”的例子、积极空间与消极空间的使用以及它们所唤起的不同体验，都与体积和质量有关（图3.6）。

形状是描述线条轮廓的二维单位。形状分为几何形状和有机形状两大类。几何形状无论是直的还是弯曲的，都是有规则的。例如正方形、长方形、三角形

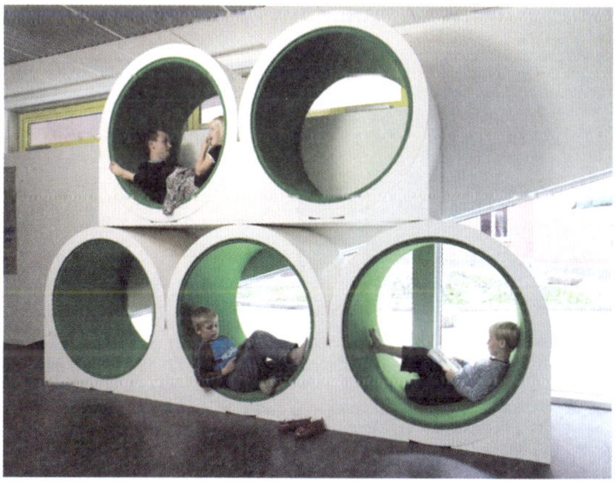

图3.6

儿童空间内“虚”与“实”的运用，有趣又轻松（设计©罗莎博世，摄影师：安德斯·苏尼伯格（Anders Sune Berg））

和圆形。有了一维知识，就可以使用数学公式计算其他维数。举个例子，如果知道圆形的直径和相应的公式，那么就可以计算出周长。

圆形是一个内倾形状，通常与女性的感性相联系，这与由直线组成的形状恰好相反，后者被认为更具有男性化的特征。正方形的各个边长相等（同一尺寸的线），代表规律性和稳定性。矩形是室内建筑中最常用的形状，长度和高度稍有不同。三角形三条线的动态使用与能量稳定性有关。

有机形状无论在动物界（包括人类）还是植物界都是以自然和生物为基础的。设计师有时会使用的一种有机形态可以被描述为无组织的或无定型的，也就是说，没有确定的形状。然而，另一种有机形态是植物的，代表了植物界，包括藤蔓、叶子、花朵和果实。有时也会使用“植物”（vegetal）一词，特别是指植物印花和图案。

直线和曲线向多个维度延伸成为形状，如正方形、矩形、三角形和圆形。当它们继续深入到第三个维度时被称为形式。通常，直线和曲线的组合形式会产生令人满意的布局。

有机形状可以是自然的（即真实的），程式化的（意为表象，表示物体形状的基本组成或部分），或者抽象的（非具象的，因为其在现实世界中很难作为既定对象被识别出来）（图3.7）。

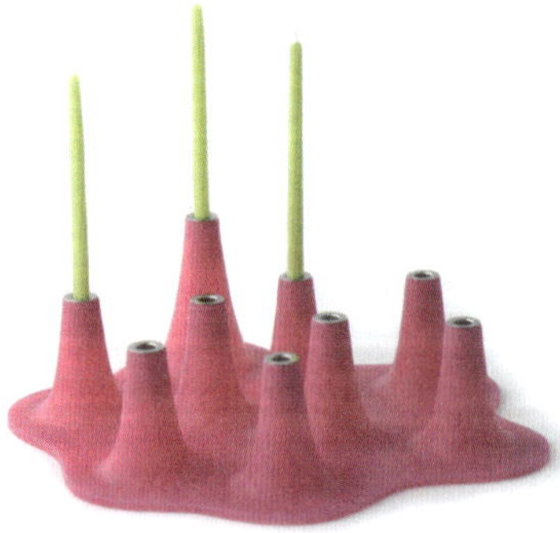

图3.7

犹太教台灯，由卡里姆·拉希德设计［茱莉娅·伊万（Julia Ewan）/《华盛顿邮报》/盖蒂图片社］

规模

一个物体的大小可以通过其表面的长度、宽度和深度来测量。在比较两个或更多物体的相对大小时，我们使用规模这个词。规模是指一个物体与另外一个已知大小的物体的相对大小。通常，我们将某些事物与人体尺寸做比较。尽管人与人之间存在着特殊差异，但我们都承认，预期人体尺寸应是处于一个可识别的恒定范围。陡坡天花板，即大教堂的天花板，让人产生一种超越人类的宏伟感。艺术家们发现，将各种规模的形式并置会让人浮想联翩，就像芝加哥的一个当代艺术建筑——皇冠喷泉所展示的那样（图3.8），或者我们可以使用低天花板给空间内的人营造一份舒适的感觉。家具、门道和窗户的规模也可以用来改变人们对空间的感知。设计师在建筑元素和室内细节方面对规模的策略性运用也许会带给人们从亲密到客观的不同感受。

图3.8

公共艺术雕塑（作者提供）

色彩

许多人认为色彩是最容易识别的设计元素，是塑造空间个性的有力工具。孩子们通常在识别形状之前就先认识颜色。色彩对于室内建筑师的意义，从其物理属性、文化象征意义、心理和感知意义、对空间其他成分的影响和配色方案等方面进行了探讨。

没有光，就没有颜色。物理学把色彩作为光的物理属性来研究。波长不同，颜色也不同。当光线穿过玻璃棱镜时，会发生折射或分散为不同的波长。人类肉眼可见的光谱叫做可见光谱，范围从红色到紫色，红色波长最长，紫色波长最短。红色是最暖的颜色，紫色是最冷的颜色。红色到紫色之间还有橙色、黄色、绿色、蓝色和蓝紫色。白光由红色、绿色和蓝色三基色组成。

当我们说颜色是物质的时候，我们指的是颜料，如染料（天然的或合成的）和油漆。红色、黄色和蓝色是颜料的三原色。三原色混合在一起时，结果会形成黑色。

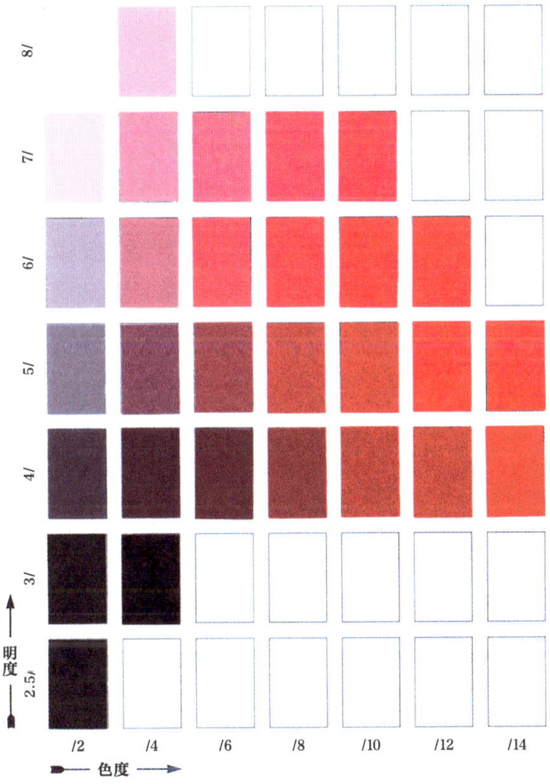

图3.9
色彩的三个属性：蒙塞尔色彩理论：色相，色彩的属性；明度，色彩的明暗；彩度，色彩的亮度

商业中有不同命名颜色的方法，但更为科学和通用的颜色语言是基于三个不同的属性：色相、明度和彩度（图3.9）。

- 色相是色彩的属性，或者说是我们区分一种颜色（如红色）和另一种颜色（如黄色）的方式。日常对话中，人们可以互换使用颜色和色相这两个词，但是对于色彩属性来说，色相是一种更精确的说法。
- 明度是色彩的明暗程度。在色相中加入白色，明度提高，颜色变浅。相反，在色相中加入黑色，明度降低，颜色变深。
- 彩度是色彩的纯度、饱和度和强度。在色彩中加入灰色可以减低其彩度。这种类型的色彩也被称为色调，是一种柔和的色相。

作为艺术家或者设计师的你如果手头只有几罐颜料，你可以通过红色、黑色、蓝色、黄色、白色和黑色获得近乎无限种的颜色组合。

肌理

一个表面的特征，包括其结构和表面处理，都是肌理。肌理是一种可触的感官体验，这意味着除了视觉之外，它还可以被触觉感知。

某些视觉肌理指具有感觉到的三维结构。例如，使用简单地人造（也就是假的）的上色技术叫做“海绵擦法”，这样处理过的颜色会分层，因此表面呈现一种肌理结构。尽管用海绵拍擦过的表面摸上去很平坦，但这种触觉肌理的假象引起了人们的视觉兴趣，就仿佛它有深度一样（图3.10）。错视画是另外一种欺骗眼睛的艺术手法，让观众想象出一个显著的三维立体结构，而不是平面。

空间中使用柔和或统一的颜色时，肌理就变得更加重要。在这些情况下，不同的肌理可以防止表面千篇一律。与整齐一致的肌理表面相比，结合了粗糙与光滑、大尺寸和小尺寸的肌理具有更强的视觉吸引力（图3.11）。

光在肌理的感知方面起着重要的作用。光亮的表面，如高度抛光的金属会反射光线。哑光的表面，如软木，则吸收光线。例如，漆面肌理从高度反光或有光泽到平坦或哑光不等。表面越光亮，瑕疵就越明显。光线射到表面上的角度投射出阴影，可以改变肌理的呈现方式，甚至可能创造出意想不到的效果。

距离同样会影响人们对肌理的感知。与图案一样，如果要从远处观察肌理，细节必须足够大才能辨别出表面的尺寸质量。设计师在选择饰面时，评估的样品需要足够大，并在不同的距离和不同的光线条件下进行观察，以确定它们在空间中的展示效果。

图3.10

触觉肌理，如在自然界中发现的纹理，可能会随着年龄的增长而增加，也可能通过人造绘画技术进行模拟，比如威尼斯石膏（Decorfin）

图3.11

米色肌理（芭芭拉·巴里·查雷特系列，克拉维耶展室藏品，纽约设计中心，作者提供）

图案

图案是指一个特定主题的重复。主题可以是一种形状、题材或图形。图案中的单个主题可以作为一个独特的实体来识别，而肌理则表现为整体色调。

图案可以是应用型的也可是结构型的。应用型图案的一种方式是在织物上进行重复印刷设计。通过编织在织物上实现的设计则是结构型图案。图3.12 b中的相似图案分别为应用型和结构型（图3.12 a和b）。

设计师利用图案来增强视觉兴趣，表达不同的情感。如形状之类的主题可以是几何的也可以是有机的，并且可以用自然的、程式化的或者抽象的方式表达。每一种图案类别中都有无数的主题，这些主题就是我们平常所说的特征。如表面材料（如织物和地毯）常见的几何图案包括条纹、一系列水平线或直线、方格图案（一系列重复的正方形）、格子花纹（方格和矩形的不规则排列）。对角线形成的各种图案，包括V字形和火焰针。基于圆形的常见图案是圆点花样。

一些最早的图案来自大自然的象征。从古到今，这些类型的设计出现在世界各地的文化作品中，并且广受欢迎。其可以通过具有代表性的、程式化的或抽象的几何或有机设计来表现自然和超自然世界。

有机主题（图 3.13 a）包括各种植物学的图像，如植物、树叶或花朵，图形主题则以人或动物为特征。

佩斯利（Paisley）是源自印度的一种程式化的植物主题，与一种植物形式——芒果有关。另外Toile（源自法语）图案展现了人、动物和植物共处的田园景象（图3.13 b）。常见的动物形象图案往往是外来动物（如豹）皮毛的斑纹（图 3.13 c）。

图案也可以按照其规模大小进行描述（图3.14）。设计师必须要知道，当图案中单个元素规模太小，或者从远处观察时，图案便会显现为肌理。

住宅和非住宅室内设计中的图案和图案组合通过其象征意义和文化含义可以引起人们各种各样的生理和情感反应。人口特征（包括性别、地区和年龄差异）、个人经历和文化背景不同，人们对于图案的感

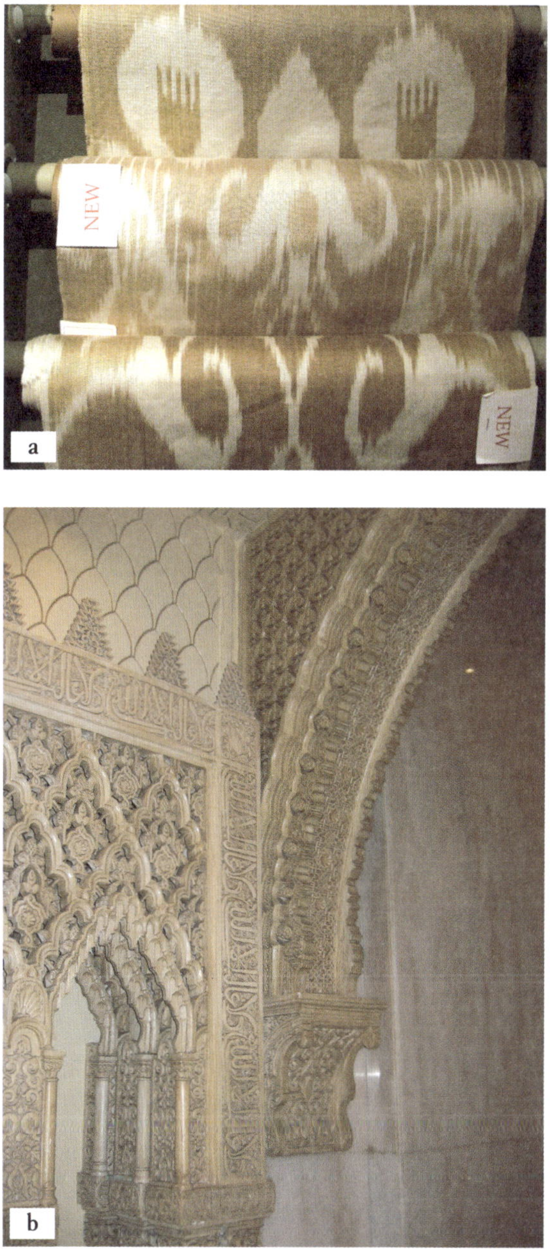

图3.12 a和b
a: 与b图中的织物图案相似; b: 西班牙巴塞罗那市内典型的伊斯兰建筑（a和b: 作者提供）

知也有所不同。图案受其应用环境的影响显著。混合图案能给人们带来多少愉悦感也是文化偏好和个人口味的问题。

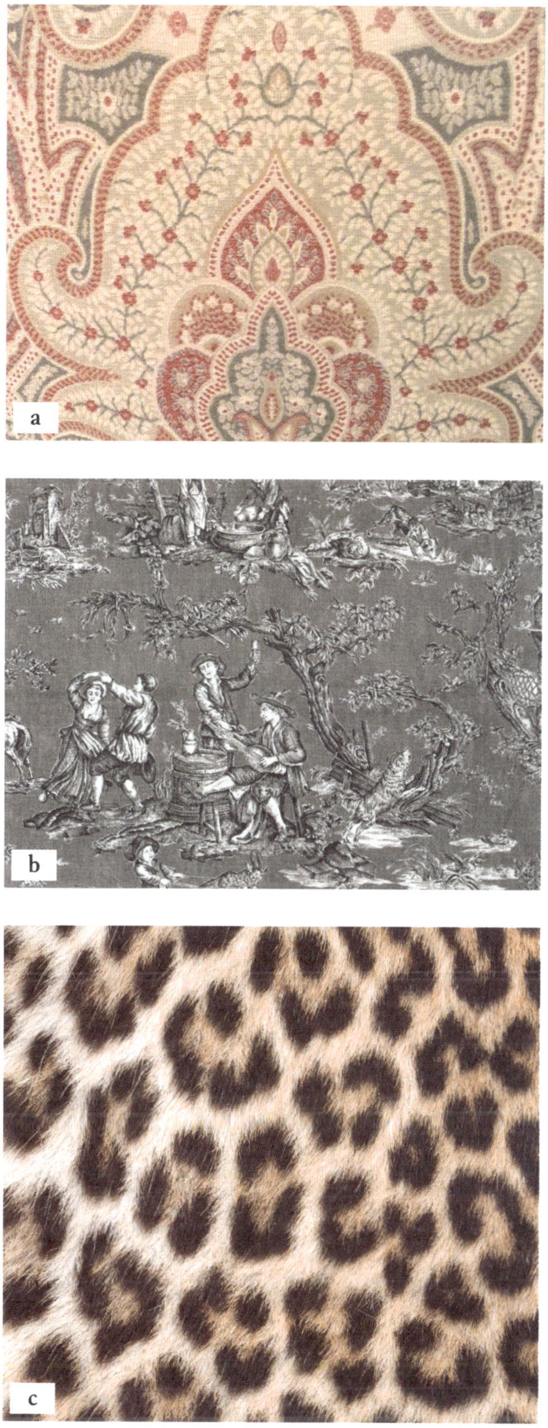

图3.13 a、b和c
a: Paisley印花织物; b: Toile 印花织物; c: 动物印花织物（a: 作者提供; b: 《女装日报》/康泰纳仕集团; c: 菲利普·卡卡（PhilipCacka/iStock）图片库）

图3.14
用相同的花朵图案装饰相同的椅子，规模大小却完全不同（作者收集的Jennifer Angulo的艺术素描照片）

光

如本章所述，没有光就没有可见的形式、颜色或肌理。设计师理解了光的作用就等于拥有了改变空间的魔法棒。（第5章更加详细地讨论了光和照明的影响。）

任何关于光作为设计要素的讨论都包括定量和定性的描述。人们通过照度或者说亮度来感知光线，并享受光所带来的舒适感与幸福感。照明设计集科学与艺术于一体。与其他知识领域一样，照明设计在很大程度上依赖于技术的进步，因此设计师需要不断地学习。计算机技术的发展就是一个不断推陈出新的过程。学习照明设计的第一步就是要了解其复杂性，并知道何时需要与专家协作。

通过照明的三种形式——环境照明、工作照明和重点照明，可以实现以下目标。

- 环境（意为“环绕”）照明的光线是发散的、均匀的，为安全运动提供照明，也被称为一般照明。
- 工作照明照亮空间内的某些区域，为某些特定的活动提供照明，如阅读。其服务于房间内的功能区域，如酒店客房内的娱乐区域，也被称为局部照明。
- 重点照明，也称为焦点照明，强调某一特别目标，如突出一幅画或一件雕塑。

室内设计师采用多种照明形式可以在满足基本照明需求的同时增加趣味性和多样性（图3.15）。请见“光的作用”适用于住宅设计和非住宅设计。

光的两种基本类型是自然光和电光。自然光包括日光、火焰、蜡烛和天空光。电光或人造光包括白炽灯、荧光灯、霓虹灯、高强度放电、发光二极管（LED）和有机发光二极管（OLED）。

第5章进一步探讨了光的形状、光的分布、灯具（灯泡）类型、光的色温和颜色以及光在住宅空间和非住宅空间中的应用。

第三节　设计原则

第二个分析设计构成的基本方法是考虑如何应用设计原则。设计原则要比设计元素更为复杂。设计元素是设计的构成要素，而设计原则是支配构成要素使用的规则或准则。因此，过去看作设计元素的方面现在应视为设计原则的构成要素。

光的作用

光有许多用途，其中包括以下几项。

- 为移动和活动提供可见性。
- 营造适合空间的气氛和感觉。
- 通过阴影和对比创造戏剧效果。
- 突出或改变空间结构特征。
- 增强或减少色彩的效果。
- 强调或弱化表面特征，如肌理。

图3.15
照明的三种形式：环境照明、工作照明和重点照明（*CF Photos/Alamy Stock Photo*）

以下将围绕设计六大原则进行讨论。

- 均衡
- 和谐与统一
- 节奏
- 强调与焦点
- 对比及多样性
- 比例

均衡

均衡是指一种平衡的状态。在设计中，均衡是指设计构成中各部分排列组合，以达到视觉上平衡或均等的状态。如果设计的各要素拥有相同的视觉权重，就能实现设计的均等性。实际上，没有必要让房间内任意两侧的要素都具有相同的视觉权重。

物体的视觉权重受其大小、形状、肌理、颜色、复杂性、摆放和位置的影响。围绕真实或想象的中心线（轴）摆放的方式将决定均衡的程度。要达到均衡，各元素必须在效力、力度或重要性上达到均等，实现这一目的的方法有很多。

一条典型的轴线是从天花板到地板穿过房间中段的垂直线。另一条则是指位于房间中部的一条水平线，将房间分成上下两个部分。这条轴线虽然不太常用，但却十分重要。设计时如果能将两条中轴线都考虑在内，设计空间会体现出更为复杂的均衡感。

设计中有三种均衡类型：对称的、不对称的和放射的（图3.16 a–c）。对称均衡，也被称为镜像，指的是通过在公轴线周围排列相同元素达到的均衡状态，是一种正式的、静态的、传统的均衡。设计师及客户需要注意的是，在对称均衡的情况下，如果对一个物件做出改动，那么轴线另一侧的物体也需要做出相应的改动。

不对称均衡指的是通过围绕中轴线摆放视觉权重相同的不同物体来实现的均衡状态，结果是一种灵活、动态、非正式的构成形式。虽然不对称均衡比对称均衡更加难以实现，但设计方法却更为灵活。采用尺寸大、质地好、做工精细的物件，以及形状复杂不规则且颜色较暗的元素，则可以增加视觉权重。

不对称均衡不等于失衡，不要将二者混淆。失衡是指构成要素的视觉权重不对等，可能会令人不安，给人带来不稳定的感觉。

放射均衡指的是一种依赖中心点，以中心点为轴点摆放视觉权重相同的元素时所达到的均衡状态。与对称均衡和不对称均衡相比，放射均衡不太常用，通常用于仪式空间。

和谐与统一

“和谐的结果是所有的元素看起来都属于一个整体，并且能够突显整体的设计主题。”

和谐是将不同的部分组合成一个令人愉悦和满意的整体。和谐构成的元素具有共通属性，相互包含。改动或去除任何一点都将影响设计构成的整体效果或完整性。和谐状态很难实现，一方面要处理整体与个体之间微妙的平衡关系，另一方面则要顾及对比和多样性问题。有人可能会说，整体大于部分之和，这个观点与之前提到的格式塔理论类似。设计师季裕堂在“看不见的设计”概念中提到了这种难以捉摸的品质，他表示：“好的设计是触动你的东西，而不是你看到的东西。”

达到统一靠的是建立统一的思路或元素间共同的属性，这可以通过多种方法实现。空间内可以出现相似的形状，如圆形的重复使用。第4章将进一步讨论和谐在统一配色方案（图3.17 a）或中性配色方案（图3.17 b）中的应用。或者说，在空间内穿插使用某一个特定的主题或图案（如花卉主题），也会给人一种和谐的感觉。和谐可以带来安静和舒缓，有时也会使人兴奋、紧张，做出改变。

a

b

c

图3.16 a、b和c

a：这家博物馆展示了实现对称均衡的形式镜像方法，垂直轴两侧的元素完全相同；b：德鲁·麦克古金设计的客厅，展现了其使用视觉权重来实现非对称的娴熟手法。c：设计师宝拉·格蕾丝（Paula Grace）在餐厅中运用了放射均衡原理

（a：作者提供；b：德鲁·麦克古金提供；布雷特·拜耳摄；c：照片/《红色封面》/肯·海登）

图3.17 a和b

a：这个房间颜色统一，视觉权重均衡，达到了精致和谐状态，体现出传统与现代元素间细微的差别；b：中性色的精致和谐（a：马丁·哈维/科比斯/盖蒂图片社；b：德鲁·麦克古金提供；布雷特·拜耳摄）

节奏

节奏的特点是在周期性重复模式下连续元素的重复排列。与音符一样，间隔可以是规则的，也可以是不规则的。华尔兹舞曲的音符间隔是有规律的，而爵士乐却有所不同，其结尾和开始阶段音符间隔不太规律。爵士乐带有强调音符，音符变化小，因此节奏听上去更令人兴奋，而华尔兹舞曲的节奏更有规律，也更加平缓。

设计中的节奏可以通过线性部件来实现，如一系列的建筑立柱或窗户。其他有节奏的元素可以通过运用颜色和形状来实现，这些颜色和形状可以巧妙地围绕一个空间或按顺序排列。空间内的光线由弱到强，或者图案向外发散也可以创造出节奏和韵律。需要注意的是，单调的重复并不能给人带来节奏感。正如图3.18 a和b所示，运动的概念在设计中是必不可少的。

图3.18 a和b

a：在这个柱拱廊中可以看到建筑元素中的节奏和韵律；b：色彩的韵律（a和b：作者提供）

强调与焦点

设计师运用强调原则时，其设计中往往有这样一个特点需要引起注意——重点。重点也叫焦点，要求空间内某些东西占据主导地位，而其他成分处于次要地位。

主导或者重要性，能够由众多要素中的任何一种来掌控。如果一种元素相对于空间或者空间内其他元素而言尺寸过大，就会引起注意。或者，设计师可以在细节、肌理、建筑或历史元素、颜色等方面设置焦点（图3.19）。设计师设置焦点的方式数之不尽，然而，如果空间内焦点太多，可能会分散注意力，达不到设计的目的。相反，如果设计中没有任何焦点，也会显得单调、沉闷。

对比及多样性

人性中重要的需求，但是对比也同等重要。人们喜欢多样、变化、甚至是对立，但喜欢程度因人而异，情景也不尽相同。将任意两种或多种元素置于相反的位置就可以形成对比。对比可以表现为明与暗、曲与直、远与近、新与旧、大与小、粗糙与平滑、朴实与奢华（图3.20）。这些差异可能是显著的或是微妙的。对于特定的客户或应用来说，没有什么神奇公式可以计算到底需要多少种对比才算足够，任何其他元素和原则都是如此（图3.21）。对一部分人来说，在某些特定情况下，强烈的对比度可能导致紧张或过分刺激。而对于其他人而言，或者在不同的情况下，相同的对比度可能会让他们感到愉悦和兴奋。

比例

规模是描述某个物体与外部一个或多个物体比较的相对大小，而比例关注的是整体中各部分之间的关系。换句话说，规模与外部关系有关，比例与内部关系有关。比例涉及部分与整体的关系，或者部分与部分的关系。

这一概念并不局限于室内设计的研究。日常生活中，我们也在各种不同的情况下运用比例。比如，

图3.19

由戴尔·奇胡利（Dale Chihuly）设计的玻璃雕像作为焦点十分引人注目（*作者提供*）

图3.20

通过明暗曲直达到的对比效果。图为滤光灯照耀下，由巴勃罗·毕加索设计的金属雕像的轮廓倒映在芝加哥学院新建配楼的玻璃上（*作者提供*）

我们说一位女士个子矮，是将她的身高与已知身高（可以是5.5英尺（1.67米）的成年女性平均身高）进行比较得出的结论。这是规模的例子，也就是与外部物体的比较。亦或者，我们将一名男性描述为“矮壮结实”，则指的是他的比例，即事物内部各部分的比较，具体为长度与宽度的比较（高宽比不符）。同样，矮胖和修长也表示比例，指的是与其他人或对特定形式的期望相比，整体内某些维度的比率（本例中，指的是身体宽度和身高）。

我们对比例均衡和失衡的理解大多是与生俱来的。实际上，我们往往更有可能注意到失衡而非均衡，因为我们将均衡视为既定的、理所应当的。在研究比例均衡与失衡的过程中，建筑师阿罗尔·盖尔纳（Arrol Gellner）对这些术语进行了仔细的分析后得出结论：有时候我们需要让理性的头脑后退一步，凭直觉判断对错。尽管如此，多年来，我们发明了大量的数学公式来理解和量化这些比例。黄金分割或黄金分割法公式为古希腊人所用，其被认为近似于最佳比例，用该公式所得出的部分之间的关系得到普遍认可。图3.22 a为用该公式计算得出的拥有最佳比例的矩形。

这种几何方法为古罗马人所使用，后来又为文艺复兴时期的建筑师所使用。建筑师安德里亚·帕拉迪奥（Andrea Palladio）在其1570年出版的《建筑四书》（*Four Books of Architecture*）中描述了这种比例感（图3.22 b）。

图3.21
对比程度可弱可强，甚至可能会杂乱无章（*作者提供*）

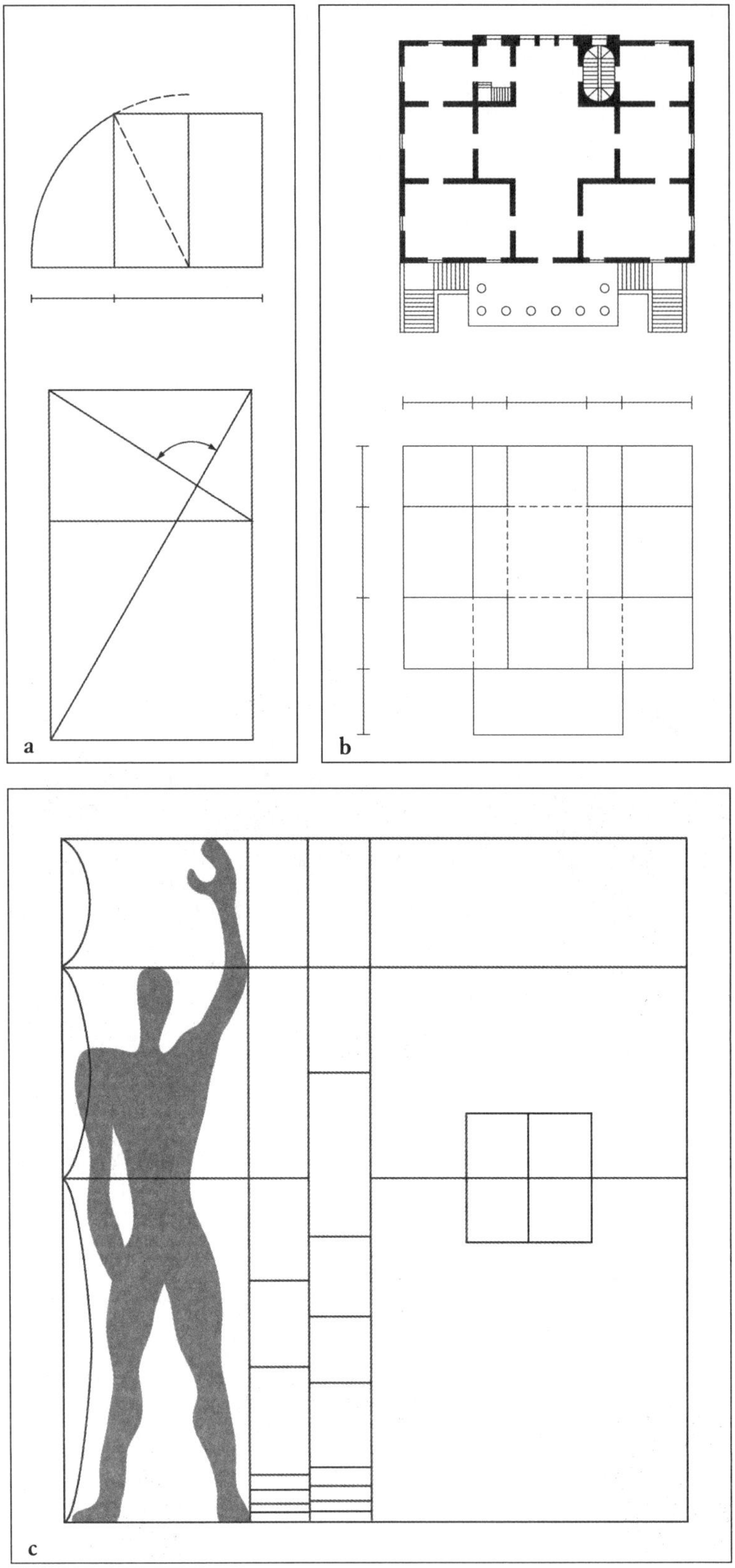

图3.22 a、b和c

a：黄金分割法；b：帕拉迪结构；c：勒·柯布西耶斯基于人体比例制作的模块化网络（a、b和c：*Bloomsbury*）

图3.23

与其他尺寸相比，这张沙发出人意料得宽，仿佛被拉长了一般。（吉娜·费拉奇/《洛杉矶时报》/盖蒂图片社）

13世纪，意大利数学家斐波纳契（Fibonacci）设计了另一种描述适当比例的数学方法。他用一串连续数字进行数值计算。从第三个数字起，每一个数字都是前面两个数字之和，如0，1，2，3，5，8，13，21，34等。也就是说，比例为3比5，5比8。想象我们所熟知的那些比例吧！大多数房间都是长方形的，要么13英尺长，8英尺宽；要么21英尺长，13英尺宽。如果按斐波纳契的方法计算，地毯的标准尺寸应接近5×8英尺的比例。照片和相框大小的比例也差不多，比如5×7英寸、8×10英寸（1英寸≈25.4毫米）。

20世纪，瑞士建筑师及设计师勒·柯布西耶采用一种基于人体尺寸的公式来计算适当比例（图3.22 c）。

设计师们在了解这些公式后，可能会希望借此来创造让人意想不到的东西。夸张的比例也许会成为室内空间的焦点，产生戏剧性效果（图3.23）。

现代室内设计的另一种方法是运用更多的经典比例公式，因为它们更为人们所熟知，也容易为人们所接受。

本章小结

虽然好的设计应具有美学价值，但前提是要服务于设计目的，如实用性和用户的舒适感。这是形式和功能之间的平衡。影响设计理论的因素有很多，包括历史先例、环境和科技方面的考虑。设计考量最好是在一个完整的框架或情境框架下进行，结合情感、创造、道德、理性的思考过程。

设计最基本的构件称为元素，包括形态、规模、颜色、肌理、模式和采光。三维形态首先从一点出发，由点到线为一维空间，然后线构成面为二维空间。规模是指一个物体与已知大小的外部物体比较的相对大小。设计师在考虑规模时通常与人体尺寸进行比对。人眼能够识别多种颜色，可见光谱的范围从最暖色度的红色到最冷色度的紫色。色彩传达感情和情绪。

肌理可以是视觉上的，也可以是触觉上的，或者两者都有。通常，设计师们用肌理来增加设计的吸引力，尤其是在色彩暗淡的情况下。由微小规模图案构成的设计模式则能够呈现出一种肌理，无论结构模式还是应用模式，都是图案的重复。图案往往取自自然界的特征，充满许多象征意义和感受。模式分为几何模式和自然模式，以自然的、程式化的或抽象的方式呈现出来。

没有光，就看不到物体的形态、色彩和肌理。照明是设计师强大的工具，有多种用途，比如提供可见度和创造一种气氛或氛围。无论是自然光线还是电气照明，照明解决方案的基础都是环境照明、工作照明、重点照明或三者的结合。

设计原则包括均衡、和谐与统一、节奏、强调与重点、对比与多样性和比例。

均衡是通过视觉权重来实现的一种平衡状态，可以通过对称均衡、不对称均衡或围绕轴点的放射均衡实现。

设计只有达到和谐状态才能被称为好的、成功的设计。和谐意味着统一和多样性之间形成一种令人愉悦的平衡。

元素的不断重复就像乐曲音符一样，在空间内引起视觉上的节奏。把重要性不同的元素摆放在一起就会产生重点和焦点。影响元素重要性的因素有大小、复杂性、光线、颜色和位置等。有差异才有对比，这是有趣设计的重要组成部分。设计师会对形状、颜色、规模或模式等各种元素进行对比。

虽然比例可以使用许多数学公式计算得出，如黄金分割或黄金分割法，但设计师们通常依靠直觉或经验来判断。规模涉及外部关系，比例涉及内部关系，也就是整体中部分与部分的对比或部分与整体的对比。

词汇表

accent (key) lighting 重点照明
aesthetics 美学
ambient lighting 环境照明
applied pattern 应用模式
artificial light 人造光
asymmetrical balance 不对称均衡
axis 轴，轴线
chroma 彩度
curvilinear line 曲线
dado 护墙板
design theory 设计理论
design thinking 设计思维
diagonal line 对角线
electric light 电灯
element 元素
focal point 焦点
focus 焦点
form 形态
geometric shape 几何图形
Gestalt psychology 格式塔心理学
golden section (golden mean) 黄金分割法
horizontal line 水平线
hue 色度
human scale 人体尺寸
line 线
mass 质量
motif 图案
natural light 自然光

organic shape 有机形态
pattern 模式
plane 平面
primaries of color 色彩要素
primaries of light 采光要素
principles of design 设计原则
radial balance 放射均衡
scale 规模
shade 阴影
shape 形状
solid 立体图形
structural pattern 结构模式
symmetrical balance 对称均衡
task lighting 工作照明
texture 肌理
tint 着色
tone 色调，色彩的层次
trompe l'oeil 错视画
value 明度
vertical line 垂直线
visible spectrum 可视光谱
visual weight 视觉权重
void 空隙
volume 容积

练习：寻找和谐

从任何杂志、设计师博客或网站中选出两张全页的彩色图片，这些图片可以是住宅空间也可以是非住宅空间。判断哪一张图片体现了和谐的设计原则，哪一张没有体现。

利用本章你所学到的有关设计元素和原则的知识，准备一份书面材料，陈述你的判断理由。将图片中你所观察到的和谐因素或不和谐因素呈现出来。一一描述那些你认为成功或不太成功的元素。使用与设计元素和原则相关的术语来陈述你的观点。

第四章

视觉沟通

设计师以多种方式传达他们的想法和解决方案，主要包括视觉、口头和书面形式。本章重点介绍设计师从视觉方面展示作品的方式。

视觉呈现这个泛称包含几种不同的交流技巧。学生、教育工作者和专业人士经常讨论手工与计算机的视觉呈现问题。两者都有各自的作用，尽管人们普遍认为学生应首先了解手绘和制图的要求，然后再由计算去处理过程。专业人士将手绘视为一项重要技能，特别是在项目的早期阶段，称为构思，是产生和发展想法以及设计概念的过程。手绘图能够促进设计思想产生及评估过程。“在整个设计过程中，我们利用图纸将设计思想从概念发展到提案再发展到构建的现实”，以下每个类别的图纸都首先要手工完成。本章后文将介绍绘图方式计算机化的内容。

草图是一种粗略、不精确的绘画方式，要勾勒出物体、空间或概念的主要特征。基于近似而非精确的测量，草图通常作为一种向他人传达想法的快捷方式。草图就像头脑风暴一样，是一种在其他领域中用于刺激构思的技术，允许设计师以较为宽松的方式测试其想法和解决方案。草图通常被认为是手工完成的，但也可以通过计算机程序完成。

制图指的是基于测量数据的技术图纸，无论是手工还是计算机生成。有些制图是二维的，仅描绘垂直和水平平面；其他透视图则是三维的，结合了另外的维度。

渲染是用来描述各种技术细节的术语，这些技术细节用于充实设计，令设计更加逼真。渲染可以在设计过程的任何阶段进行，对要使用的内部饰面肌理、图案和颜色，以及光在空间中的作用和对空间中物体的影响进行转换。在空间内添加背景或缩放元素，例如人和植物，这就是一种渲染形式。从简单地在平面图上插入阴影，到显示艺术和配饰的详细水彩图，渲染的技术多样，风格范围广泛。

本章介绍了模型的构建和用于创建模型的材料，讨论了用计算机辅助绘图和设计软件（包括CAD，CADD或CAD/D）来生成各种类型的图纸，有时也称为数字图纸。还介绍了其他软件程序，例如用于动画、建模、制造、协同或添加文本和照片的软件程序。

视觉沟通有多种用途，了解不同的用途有助于设计师和学生为每种需求选择合适的视觉类型和风格。这些用途有如下几项。

- 概念化。
- 向客户展示并分享想法。
- 与承包商、建筑商、供应商和其他合作者沟通。
- 市场推销或推广设计师。

第一节 绘图设备及用品

所有类型的展示都需要一套基本的设备、工具和耗材。

最关键的投资是购买合适的绘图桌。绘图桌尺寸不同、价格各异并兼具各种功能可供选择。建议在大型项目中，绘图桌至少要宽38英寸×26英寸。具有自我修复（防刮擦）功能的乙烯基覆盖物的桌子是最好的。建议用可调节的照明装置，该装置具有多种照明类型，可以用螺丝固定在桌子上（在第5章中讨论）。带有乙烯覆盖物的23英寸×31英寸绘图板可作为便携式选择。平行尺或直尺是一种非常有用的工具（1英寸≈25.4毫米）。

有些绘图桌面附带这种尺子，也可以单独购买。其有一个与桌子宽度相同的杆，用螺丝固定，通过滑轮上下滑动。与三角板一起使用时，可以代替丁字尺（见表4.1）。

另一个有用的物品是灯箱，可以让人轻易从一幅画中找到另一幅画。当需要制作多个版本的图纸或在铅笔渲染的基础上着墨时，使用灯箱十分方便。玻璃桌面下方可放置一个小型便携灯作为替代品。用于携带图纸的画夹有多种尺寸可供选择。由于许多学生项目需要大规模的绘图，因此一个画夹可能有23英寸长，31英寸宽。画夹的质量和成本也各不相同，从低端的纸张到高端的皮革，相差悬殊。工具箱也有不同的尺寸和形状，可用于整理表4.1和6.2中列出的许多物品（1英寸≈25.4毫米）。

表4.1是为室内设计学生推荐的基本用品清单。表4.2列出了更具体的针对渲染和演示的附加用品。

第二节 正投影图

室内设计师使用正投影图将他们的想法和设计传达给目标受众。正投影图是平面的二维投影，如穿过空间的切面，可以是垂直的或水平的。这种图形演示，无论是手工还是计算机生成的，都属于实测图或技术图纸。一般除了气泡图和矩阵，室内设计师最常用的正投影图是平面图（包括楼层平面图和天花反向图）、立面图和剖面图（图4.1 a–c）。这些图纸通常在项目的方案设计、设计开发和合同文件阶段创建。

一般来说，理解一个空间需要不止一种类型的

表 4.1　绘图用品及其使用

物　品	描述和使用
建筑尺度	带有不同刻度的12英寸的塑料三角尺，最好是有颜色标记的边。扁平的袖珍版本有助于现场阅读缩放的图纸（1英寸≈25.4毫米）
铜版纸	高品质、亮白色的万能绘图纸
圆规	6英寸，带有光束和调墨装置。用于预定义模板、大圆和其他几何图形中找不到的线
一次性钢笔	这是针笔的低成本、低维护的替代品，因为针笔价格昂贵而且经常需要维护
制图刷	有助于去除擦除铅笔痕迹的灰尘
制图用胶带卷，宽度¼英寸	用于压紧绘图板上的图纸。为了方便，可以选择圆形小贴纸
干粉垫	也叫扑弹粉，用于吸收多余的污垢和灰尘
橡皮擦	白色塑料或乙烯基混合和墨水橡皮擦。电橡皮擦对于消除墨水线十分奏效
擦图片	用于隔离小区域以进行擦除
签字笔或圆珠笔	有黑色和多种颜色可供选择，有不同类型的笔尖，从非常细到很宽
曲线规	用于绘制圆形或曲面的空间
曲线板	用于指导绘制曲线物体的模板集
铅笔芯	石墨（通常为铅）铅笔具有不同的铅重，用于测量和徒手绘图Lumograph是高品质的石墨。普通木制铅笔、机械（自动）可填充铅笔和铅笔夹可与各种铅笔芯配合使用 铅笔芯由标准重量标记，范围从硬（H），中（F）到软（B）。铅芯越硬，画出的线越淡越细 另外也增加了数字来表示硬度（例如，2H不如4H硬，6B比4B软） B型铅芯最柔软，适用于素描，而不是绘图 F、H、2H、3H、4H、5H和6H通常用于绘图。HB型铅芯相对柔软，适用于深色、粗线工作和手写字体 非照片蓝色的铅芯对于绘制指南非常有用，并且图纸在复制或在蓝图中复印时不会显示出来 在确定使用哪种铅芯最得心应手之前，先进行实验和练习。F、H、2H、3H和4H都适合初学者
自动铅笔	单独出售的铅芯装入自动铅笔用于绘图，有些是自动磨锐的。自动铅笔具有灵活性
研芯器	使用自动铅笔时，可用作铅芯卷笔刀
卷笔刀	使用电池供电、电动或标准卷笔刀或砂纸来削尖本质铅笔
速写本	不大于9英寸×12英寸，方便即兴使用（1英寸≈25.4毫米）
针笔	用于精确着墨的图纸。针笔非常昂贵，清洁时需要极为小心

（续表　1英寸≈25.4毫米）

物　品	描述和使用
模板	使用标准尺寸的塑料、类似模板的工具用于家具和设备，通常精确到¼英寸刻度。选择一个带有家具、两面皆可推拉开关的门和厕所的通用模板；另一个带有水管装置；另一个带有各种形状，如圆形和椭圆形
描图纸卷	18英寸或24英寸宽，白色或黄色，有些人更喜欢使用软铅或马克笔进行初步或粗略的绘图，通常称为迹线
三角板	45/45和30/60度与直尺组合使用以画出垂直线和斜线 一般由12英寸到16英寸的透明塑料制成，有墨边。3英寸的三角板有助于指导手写字体。可调节版本可以设置为任何角度
丁字尺	带有透明塑料边缘，木质材质优于金属材质。36英寸对大多数项目来说足够长
牛皮纸	半透明、耐用的纸张，用于成品技术图纸、墨水和计算机辅助设计图纸

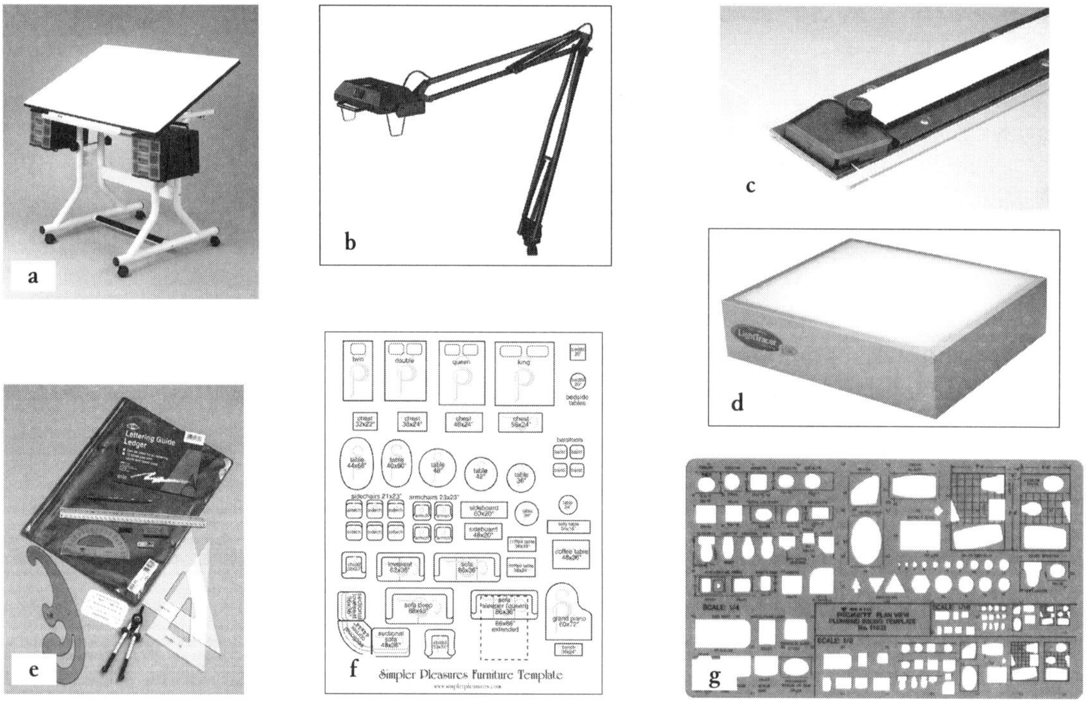

图 a–g

绘图设备。a.绘图桌；b.工作照明；c.平行尺；d.灯箱；e.绘图工具(布雷克美术用品)；f.家具模板(简单的快乐)；g.水管装置(*Bloomsbury*)

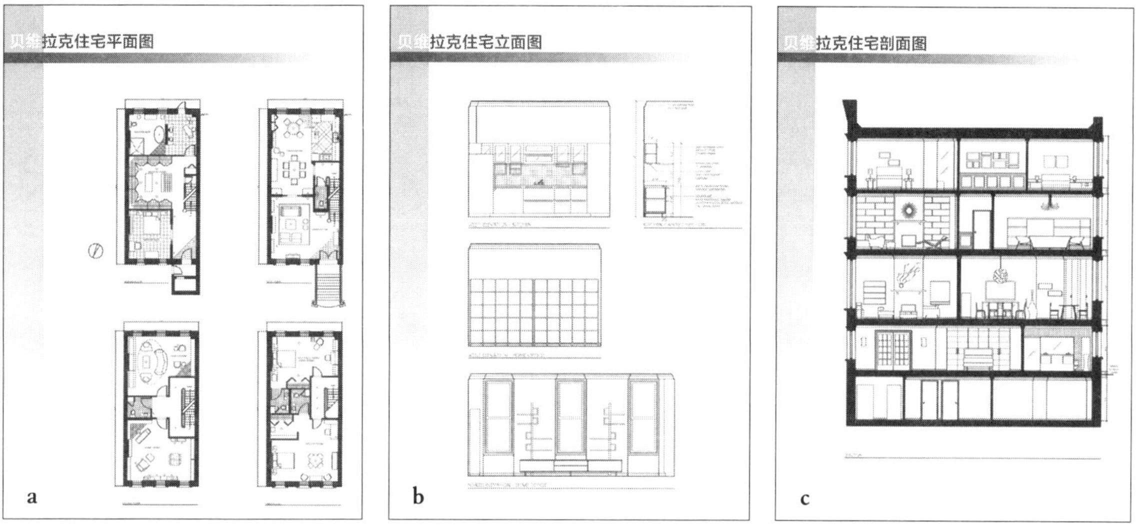

图4.1 a–c

为学生项目创造空间。a.平面图；b.立面图；c.剖面图（*a-c:* © 克里斯蒂娜·罗莎蒂亚·邦多克）

正投影图。例如，在平面图上表示为24英寸周长的桌子无法体现其与其他家具（例如附近的沙发）的相对高度，而这类信息可以通过该空间区域的立面图获得。

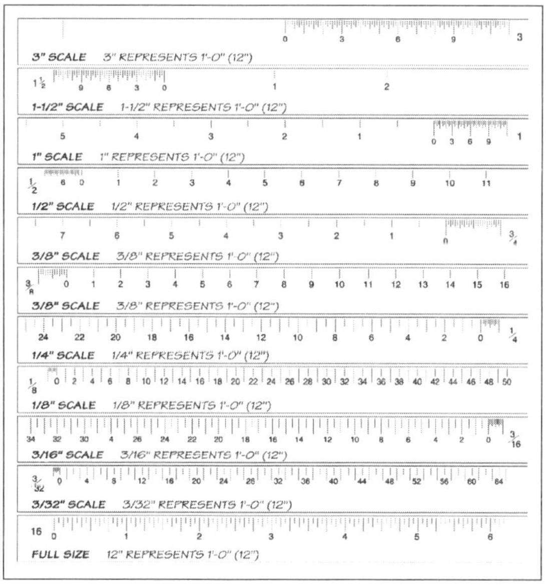

图4.2

建筑比例尺（*Bloomsbury*）

比例

比例的概念（详见第3章）对于正投影图是必不可少的，因为它允许设计者以非常小的尺寸绘制实际的空间和物体，以便在纸上呈现它们之间的关系。比例是测量单位与其代表的完整尺寸之间的比率。比如，我们说某物是以1/4英寸的比例或者1/4英寸= 1英尺0英寸绘制的，这意味着纸上1/4英寸正好代表实际尺寸的1英尺。尺寸改变时，比例不会改变。

建筑和设计领域中使用了许多不同的比例。室内设计最常用的是三角形建筑比例尺，每条边有四个建筑刻度，三角形上共有12个建筑刻度（图4.2）。

刻度范围从最大的3英寸表示1英尺0英寸，到最小的1/8英寸表示1英尺0英寸。用于正投影图的最常用的刻度是1/4英寸和1/8英寸刻度。

1/4英寸刻度通常用于住宅项目，而1/8英寸通常用于大型非住宅空间，例如办公楼、机场和酒店。一般来说，选择的比例越大，信息就越详细。较大的刻度，例如1/2英寸，经常用于描绘立面图和剖面中的细节。比例必须在图纸上标明，例如，“1/2英寸”等于1英寸0英寸。这些建筑比例也可以使用公制。公制转换图表或工具与常规美国比尺度可以结合使用（1英寸≈25.4毫米）。

字体

许多从业者认为手绘最好用手写字体。不仅正投影图上需要书写信息，其他可视展板上也需要书写信息。印刷体看起来很专业，并且可靠一致。用于手写字体的比例越小，就越容易控制。比例越大，线宽越宽（参见后面的讨论）。

通常情况下，垂直线不应倾斜。可以使用小的字规来帮助绘制垂直线。铅笔划线力道要轻，颜色要浅，以控制字母的间距、高度和宽度。常用的字体是齐头式，其形状宽而方，通常以大写字母表示（图4.3）。

即使是最标准的软件程序也会提供非常多的字体选项。计算机软件程序提供大量字体、颜色、字号和样式可供选择，使字体选择方便灵活。

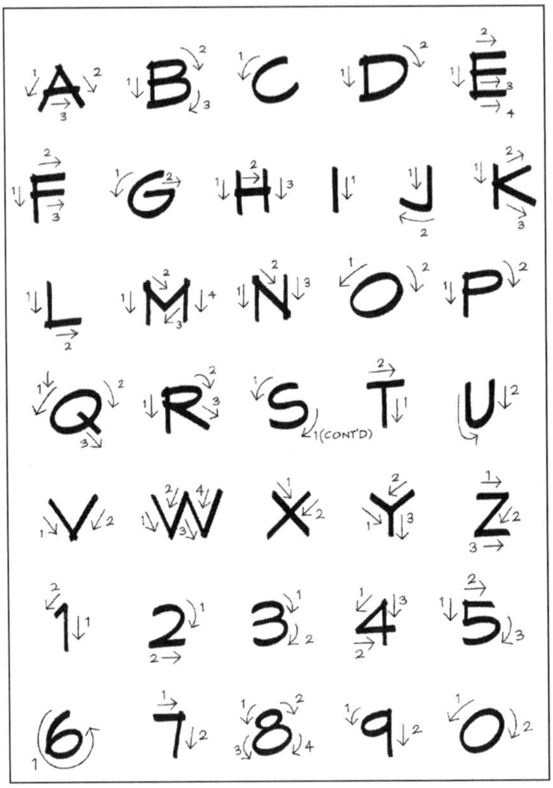

图4.3
齐头式字体。（Bloomsbury）

平面图

平面图用作一个通用术语，表示任何两个维度（空间的长度和宽度及其内容）按比例投影到平坦表面（即纸张）上的任何绘图。更准确地说，平面图是空间的特定视图，有时称为鸟瞰图。好像观察者正坐在玻璃天花板上俯视着空间。这是设计师最常用的平面布局。当配有家具时，可以称为家具平面布局图。相比之下，天花反向图虽然也是跨越空间的水平切面，但却是从相反的角度来看，就好像地板平面上有一面镜子，映出位于天花板上的物体，例如灯具（天花反向图将在第5章进一步介绍）。

由于未在平面图上绘制高度，因此可暂时使用切割线。通常认为这条线是在特定高度处通过平面图的水平切割。切割线上方元素的绘制方式与切割线下方元素不同。例如，虚线表示位于切割线上方的橱柜。因此，多个平面图有助于阐明预期的设计。要提供更完整的空间图像，立面图和剖面图也是必不可少的。第5章将其他类型的平面图纳入合同文件包内。这些技术性和具体性的平面图包括拆除、建造、电力和通信方案。

在正投影图中遵循某些惯例来传达特定信息，例如窗户、墙壁、隔板、门和楼梯。有些惯例涉及线宽和线的类型，其他一些则涉及图形符号和摆放位置。

线宽 所有图纸的一般经验是使用最大的线宽（最暗或最粗）来表示墙壁；使用中等线宽表示装置和家具；使用最小的线宽（最轻或最细）表示细节。通过对平面图中的不同组件使用一系列不同类型的铅笔芯（石墨）来实现这些不同的线宽。

铅芯从软到硬的不同类型用数字和字体来表示。B（通常用于素描）是最柔软的铅芯类型，H是最硬的。最软的铅芯画出的线条颜色最深。通常用于室内设计目的的铅芯型号是F、H、2H、3H和4H。F或H这些特殊类型的铅芯较软，适用于墙壁，画出的线条颜色最深（设计师可以使用一种叫poché 的技术，将墙的两条线填满，以创造出墙的厚度。poché 这个词源自法语“口袋”）。稍微硬一点和颜色更淡一些的2H铅芯用于家具和楼梯，用折线或虚线表示橱柜和拱门。质地最硬和颜色最浅的铅芯是3H或4H，用于地板表面或细节，例如渲染大理石。绘制的每条线必须从头到尾保持相同的线宽。

符号 所有平面图都应指明场地的方位。平面图定向的标准惯例使用指向北方的箭头或字母N表示。补充附图时，例如立面图或剖面图，需要交叉引用（图4.4 a–c）。将平面图与相应的立面图或剖面图相连接的典型方法是，将一个箭头指向立面图中显示的细节或剖面图中绘制的组件，然后用数字标记该细节或组件，用圆圈圈起来。

如第5章所述，不同类型的平面图需要不同类型的符号。比如，在天花板反向图中，使用特定符号来指明照明装置的类型，如枝形吊灯（在第5章中进一步讨论）。平面图通常包括图例、符号列表及其解释。

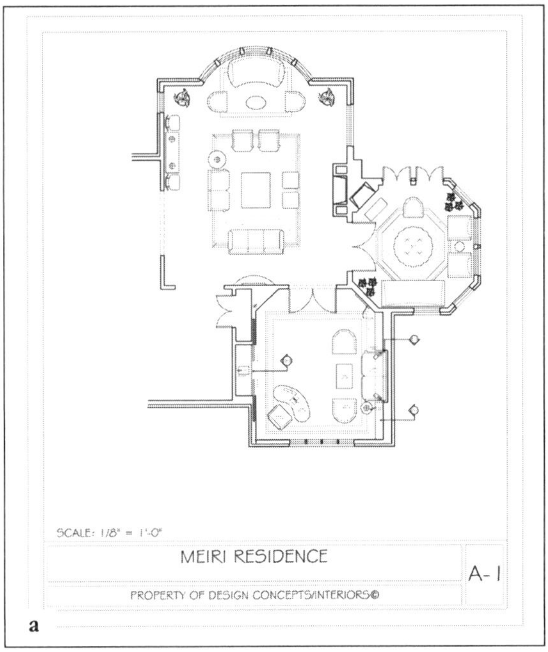

a

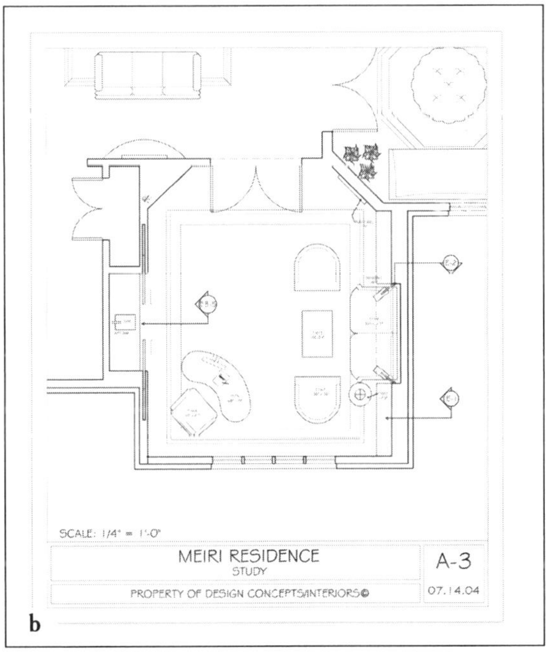

b

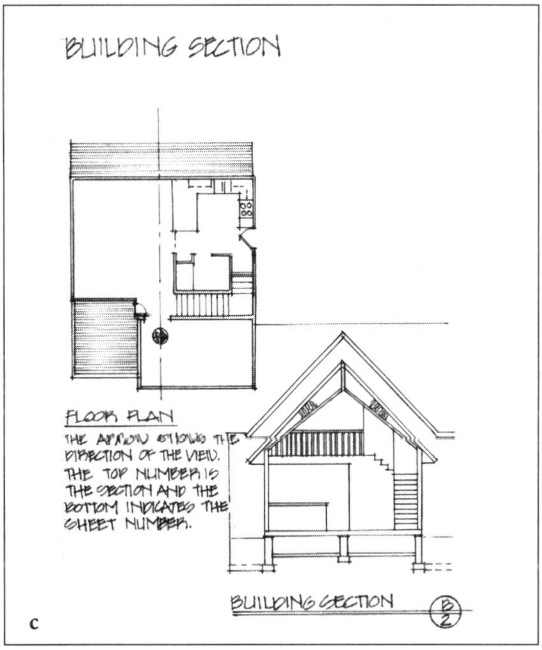

c

图4.4 a–c

a：主要楼层平面图；b：主要楼层平面图的特写，用符号交叉引用；c：插图来自戴安娜·贝内特·沃茨（Diana Bennett Wirtz）（*a–b：菲利斯·哈宾格提供/DCI工作室；c：来自室内设计师戴安娜·贝内特·沃茨的手绘稿，Bloomsbury，© 2010*）

标题栏 标题栏包含客户的名称和地址、室内设计公司和设计师的名字、注册信息和页数（图4.5 a和b）。设计师可为他们的公司打印透明的粘附标签。模板也可用计算机辅助设计程序设计。

立面图

平面图显示了布局和家具的顶部，立面图显示了建筑的高度和细节特征，例如装饰线条和家具，如嵌入式橱柜、窗户装饰和艺术品。

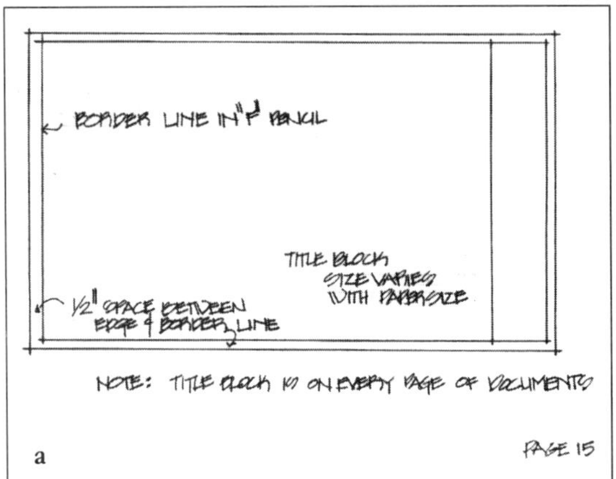

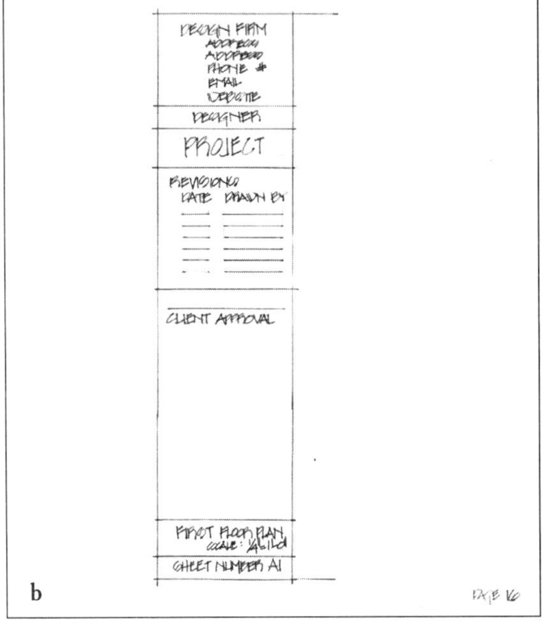

图4.5 a

标题栏（插图来自戴安娜·贝内特·沃茨的《室内设计手绘图》（Diana Bennett Wirtz from Hand），由其本人绘制，Bloomsbury，© 2015）

图4.5 b

手绘（插图来自戴安娜·贝内特·沃茨的《室内设计手绘图》，由其本人绘制，Bloomsbury，© 2015）

立面图源自平面图，就好像你在房间里，面对着一堵墙。立面图不像平面图一样是空间的水平切面，而是垂直切面。要在立面图中显示墙壁的剖面图可以基于几个考虑。一个目标可能想要突出在平面图上看不到的内部特征，要么是因为它们与切割线的关系。例如选择在地板上方超过5英尺的冠状成型，或者可以选择墙壁。要么是因为它突出了建筑特色，如壁炉，或独特或定制设计的木制品，如橱柜或窗户装饰（图4.6）。

立面图是二维的。按照标准惯例，表示地板的线条比表示天花板的线条更粗。细节应使用比家具更淡的线宽来绘制。

如果创建立面图只是为了演示所用，而不是作为施工合同文件的基础，那么立面图可以不包含书面信

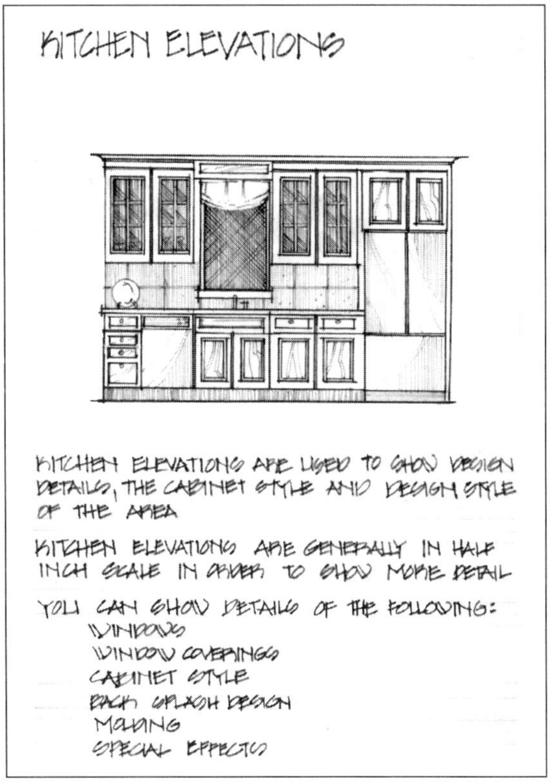

图4.6

一个住宅厨房墙壁的立面图，显示橱柜、家用电器和装饰饰面（插图来自戴安娜·贝内特·沃茨的《室内设计手绘图》，由其本人绘制，Bloomsbury，© 2015）

息，如维度和其他技术数据。但是，与平面图和剖面图一样，立面图的绘制也基于比例，包含标题、符号和比例表示法。相比楼层平面图，客户通常更容易理解立面图。与平面图一样，立面图也可以通过渲染技术进行修饰。

剖面图

剖面图是建筑物或室内结构的切面，显示出更详尽的细节。室内部分通常以1/2英寸的比例完成。设计师可能希望选择壁炉、橱柜和其他定制家具作为剖面图绘制的样本（图4.7）。“细节”一词可用于描述物体设计的剖面图，例如图4.8 a和b中的灯具。不同的线宽用于区分外部或外部限制（颜色最深的线）以及内部细节（颜色较浅的线）。与立面图一样，剖面图必须与楼层平面图交叉使用。当剖面图用作合同文件附件时，还应注明有关结构和材料的规格。

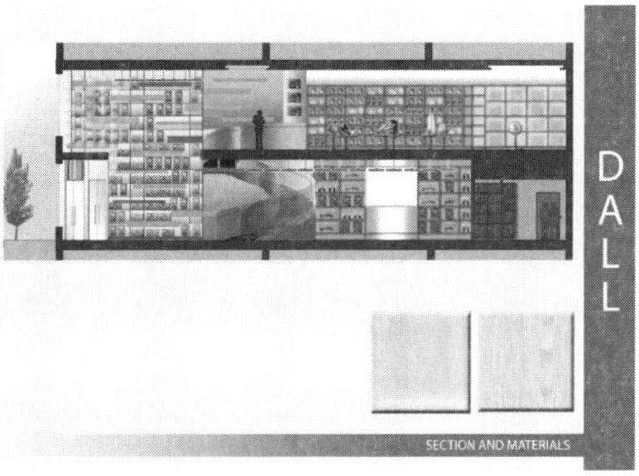

图4.7

学生零售项目的两层大楼的剖面图（© 奥列西娅·路萨亚，领先能源与环境设计认证专家）

第三节　立体图

正投影图通常需要多个图纸，而立体图则不同，其通过使用单个图形提供更真实的空间视图。立体图分为轴测图或透视图。

轴测图

轴测图通常被认为是三维绘图中最简单、最容易、最准确的绘图，有些原则适用于不同类型的轴测图：垂直线彼此平行绘制。使用与绘制平面图相同的比例。平面图中使用的家具的宽度和长度测量值保持不变，这样不仅增加了墙壁的高度，还增加了每件家具和建筑元素的高度，例如门窗。

平面轴测图 从现有平面旋转到设计者选择的角度的投影轴测图，称为平面轴测图或轴测。最常见的选择角度是30/60度和45/45度。每个选择的总度数总是加起来为90度。如图4.9所示，30/60度角是更自然或更逼真的视角；45/45度的视角看起来更陡峭。

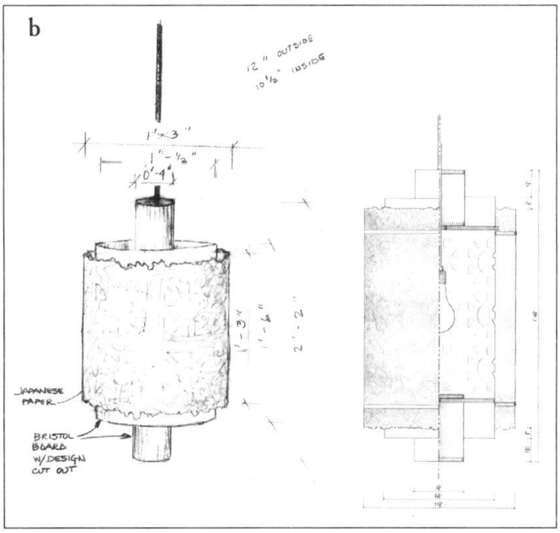

图4.8 a

学生为家具和工作室细节项目绘制的立面图

图4.8 b

灯具的细节（a–b：泰米迅·罗斯/萨福克大学新英格兰艺术设计学院）

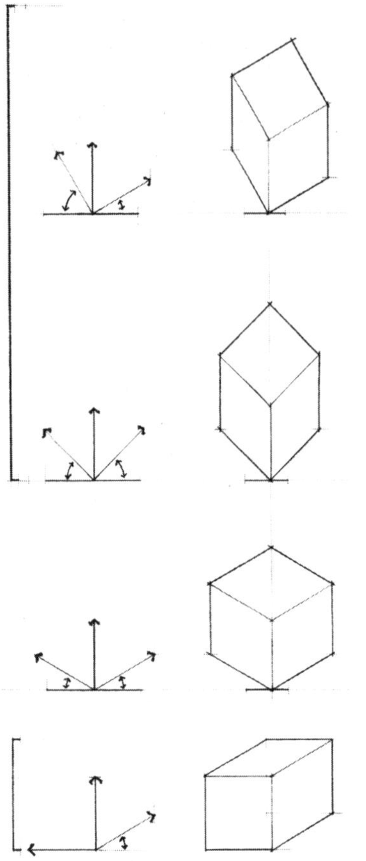

图4.9

轴测图（道格拉斯·R.赛德勒（Douglas R. Seidler）和艾米·科尔特（Amy Korte）合著《设计师手绘图》（Hand Drawing for Designers）中赛德勒的手绘插图，Bloomsbury，© 2012）

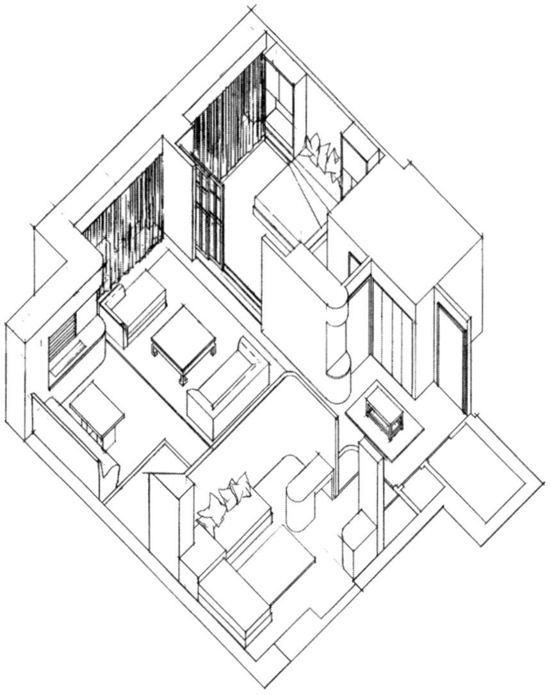

图4.10

等距图（尼古拉斯·波利蒂斯（Courtesy of Nicholas）提供，时装技术学院）

等角投影 等角投影图的绘制也依赖于角度的使用。在这种情况下，共有三个轴，每个轴都是30度（图4.10）。绘制这些图纸比平面轴测图更费时间。圆在等角投影图中被绘制为椭圆形，或使用模板套用格式。这些图纸通常用于传达形式和空间的关系，以及技术和施工文件。

透视图

三种类型的透视图——单点透视图、两点透视图和三点透视图——都是三维立体展示。由于三点透视法在室内设计中并不常用，因此本文不对此进行探讨。透视图对于客户端演示尤其有用，因为其视图比空间的正投影更自然。

采用不同方法制作的透视画可以用来展示简单的概念和想法或更复杂的技术信息。所有类型的透视图都具有某些基本特征。

单点透视 这种类型的绘图之所以如此命名是因为其有一个位于地平线上的灭点。相同尺寸的平行线形成天花板和地板以及两面墙。选择站点的三个主要因素取决于想要在图纸中捕获的内容。如果三面墙具有相同的重要性，您会希望面向后墙的中间部分观察空间。这样，左壁和右壁都将具有相同的尺寸并且具有相同的重要性。

我们从灭点在右侧的透视图（图4.11）中可以知道右墙对于设计来说没有什么意义，也许它只包含一扇保持原样而不需要翻新的门。灭点在左侧则表示左边的墙不重要。

透视图的基本概念

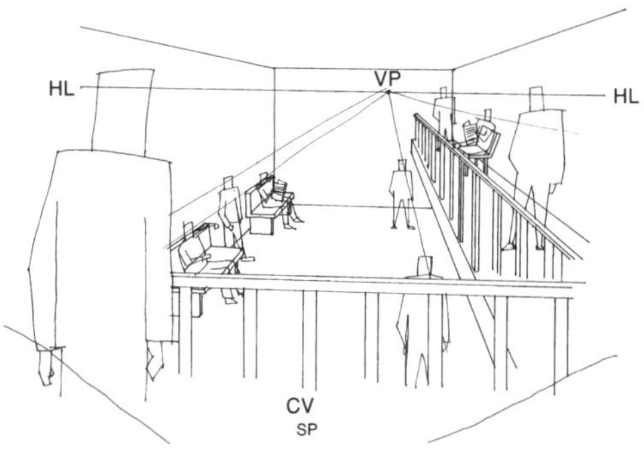

透视图样本（*Bloomsbury*）

- 投影面（PP）是一个想象的透明表面，像玻璃一样。通过它可查看要绘制的区域。绘图纸的表面即为投影面。物体与投影面的关系（其前平面是否与该平面平行或成角度）决定了透视的类型。
- 水平线（HL）代表观察者的视线水平。标准惯例是约5.0英尺（约等于12.7厘米）。当物体移动到观察者视线水平以下时，可以看到物体的顶部，而看不到底部。相反，当物体移动水平线上方时，可以看到物体底部，而看不到顶部。
- 透视图中的线会聚拢到一个或多个灭点（VPs）。当平行线朝同一个方向延伸，或者向平行线上的同一灭点延伸时，平行线似乎会聚拢。沿着公路向前行驶，观察道路两旁的电线杆就能看到这一效果。它们彼此之间的距离相同，并且相互平行，但似乎在行进的同时，相互之间越靠越近，最终在地平线的灭点上相遇。
- 站点（SP）是观察空间的位置。
- 视锥（CV）是表示观察者视线范围的视角。如果选择的角度非常宽，那么周边的元素可能会变形，尤其是数字化生成的视角。
- 近处物体会与距离观察者较远的物体重叠。透视图中，物体并不像士兵立正时那样直立。
- 物体越靠近观察者，看起来越大。相反，移动到远处时变得更小。这叫做尺寸缩小。
- 选择视图，即决定在图纸中应捕获的内容，这是绘制透视图的关键一步。

图4.11
有一个右侧灭点的单点透视图

两点透视 像单点透视一样，两点透视在视平线位置上也有一条水平线，但这一次这条水平线上有两个灭点。右边的称为右灭点（RVP），左边的称为左灭点（LVP）（图4.12）。改变站点的位置就可以改变视图，单点透视图也是如此。

基本几何形状 几乎所有的单点或两点透视图都可以使用立方体、球体、圆锥体和圆柱体四种基本的三维几何形状创建，可以单独使用，也可以组合使用。

平面图投影方法 此方法有时被称为精细线性透视图，是基于完整的平面图和按比例缩放的立面图绘制而成。通过平面图投影，可以尝试获得空间的最佳视图，所以必须要选择视图的类型。因此，站点和视锥的位置是重要的考虑因素。

准备网格法 另一种绘制单点或两点透视图的方法是使用准备好的网格（图4.13 a和b）。可以创建网格并将其用作参照，使用第二张纸作为叠加层，避免必须擦除网格时无从参考。也可以购买多种格式的网格，不同的格式具有不同的灭点、站点和视锥，因此就会产生不同的视图。应注意的是，使用准备好的网格需要进行操作以适应不同的情况。使用此方法制作一张完整可用的透视图往往需要一系列图纸作为辅助。

图4.12
具有左右灭点的两点透视图

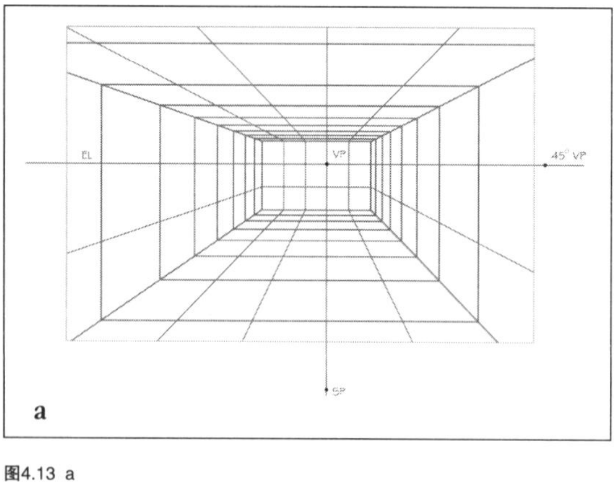

图4.13 a
为单点透视图准备的网格（插图来自克里斯托弗·纳塔尔（Christopher Natale）《室内空间透视图》（Perspective Drawing for Interior Space）中纳塔尔本人手绘作品，Bloomsbury，© 2012）

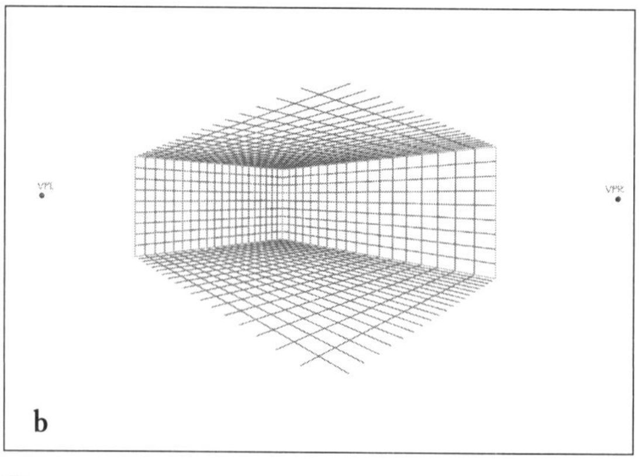

图4.13 b
为两点透视图准备的网格。（插图来自克里斯托弗·纳塔尔《室内空间透视图》中纳塔尔本人手绘作品，Bloomsbury，© 2012）

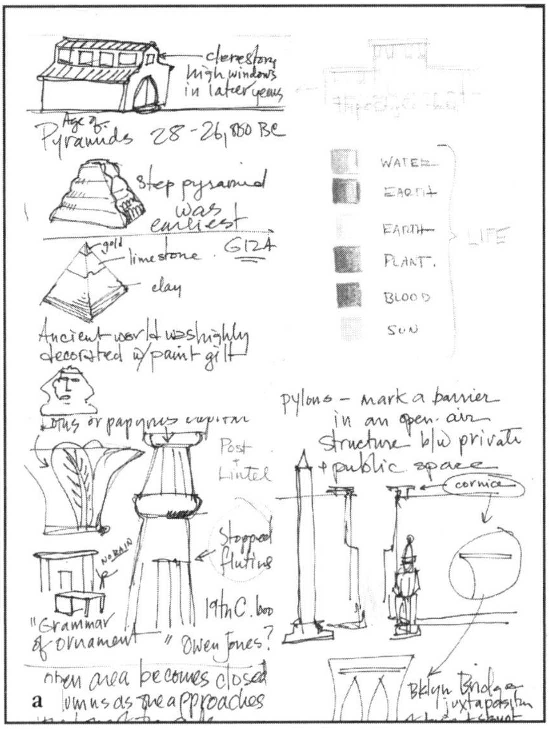

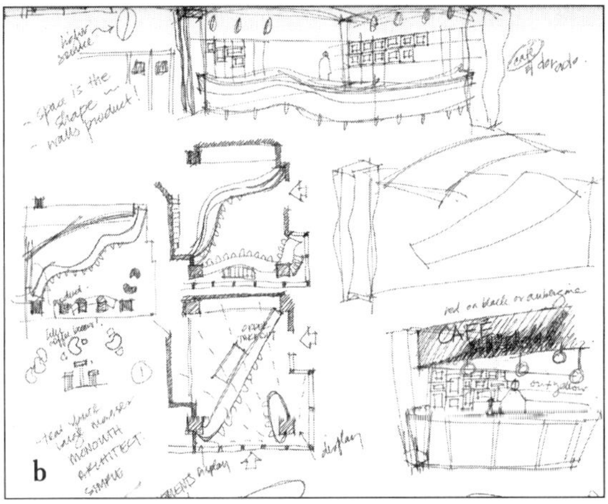

图4.14 a

历史课上学生的素描（作者收集）

图4.14 b

规划阶段的概念草图（插图选自季乌·波达玛（Tiiu Poldma）的《占用空间：探索设计过程》（*Taking Up Space:Exploring the Design Process*），由波达玛本人绘制，Bloomsbury，© 2009）

第四节　草图

第一次与客户会面时，设计师可能会快速地绘制几张草图来传达想法，无论是关于房间布置、定制家具还是设计细节。使用不同方式制作的手绘草图风格多样，便于设计师们进行更广泛地交流。草图绘制是一种以直接和个人的方式捕获、处理、验证和解释观察的方法（图4.14 a和b）。“缩略图”（thumbnail）一词用于描述小而简洁的图形（图4.15）。作为一份初步的图纸，其可以用作绘制大规模版本图纸之前的参考。

表4.1和表4.2中提到了许多用于绘制草图的材料，包括软铅、墨水和马克笔。

第五节　渲染

对于设计师来说，用简单易懂的方式让客户了解整个设计非常重要。渲染就是其中一种方法。渲染将线条图转换为深层次的展示，清晰地传达设计概念，将其建议的选择放在一起呈现效果。如果对图纸进行简单渲染，那么花费少、耗时短；如果进行复杂渲染，则花费多、耗时长。

无论是快速草图还是更复杂的图纸，渲染可以增强任何一种图纸的表现效果。渲染不仅限于透视图，还可用于楼层平面图和立面图，以添加更多信息并引起视觉兴趣。例如，在与客户见面讨论物理布局时，设计师建议的配色方案、图案和材料与布局密切相关。

可以使用彩色铅笔或马克笔快速给草图上色，这些方式易于涂抹而且不需要干燥时间。在平面图中另外添加铅笔或墨水的肌理渲染可以使人们更好地理解所用的材料（图4.16 a–c）。

表4.2中所列和下文所述的渲染工具种类繁多，可单独使用或加以组合。虽然本文提供了一些建议和技术，但最好多尝试其他方法，并结合其他用品一起。

主要渲染工具有铅笔、墨水、马克笔和水彩，有时可使用炭笔、粉笔、粉蜡笔或水粉。这些工具可以单独或组合使用，参考本章后面讨论的混合介质。

图4.15
詹妮弗·安古洛（Jennifer Angulo）为一份较大型图纸绘制的基础缩略草图（作者收集）

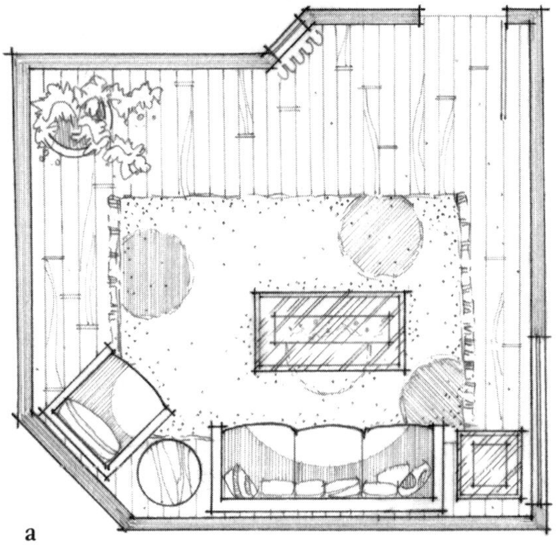

a

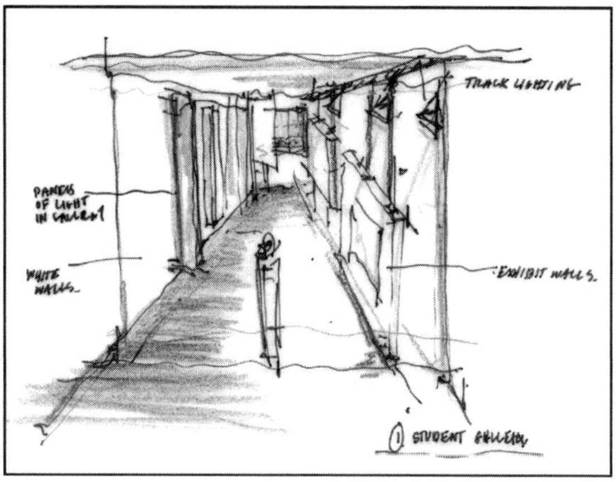

b

c

图4.16 a
已完成的带有阴影和肌理的手绘家具平面图，以铅笔渲染（插图来自戴安娜·贝内特·沃茨的《室内设计手绘图》，由其本人绘制，Bloomsbury, © 2015）

图4.16 b
学生用墨水和彩色铅笔绘制的详细素描；带有注释的图纸完稿（插图来自道格拉斯·R.赛德勒和艾米·科尔特合著的《设计师手绘图》，Bloomsbury, © 2012）

图4.16 c
用墨水绘制的立面图，以粗略的方式渲染（德鲁·麦克古金提供）

铅笔

铅笔是一种相对便宜又方便的渲染工具。使用石墨（“铅”）铅笔是渲染阴影和肌理的有效工具，能够增加平面图和立面图深度。图4.17 a-g说明了铅笔渲染的各种技术，例如浓淡处理、影线、交叉影线、点画和随手绘制的曲线段。彩色铅笔适用于多种类型的纸张。纸张越光滑，颗粒感越小，渲染结果越均匀。初步草图或已完成的演示图纸中也可以使用铅笔。

墨水

墨水渲染通常使用防水黑色或棕褐色（棕色的一种变体）来创建渐变色调值。通过缩小笔划之间的间隔，从浅到深的色调便形成了。

笔画顺序和握笔力度不同导致线宽也有所不同。用墨水绘制并以粗略的方式渲染的立面图示例如图4.16 c所示。

其他技术，如铅笔制图中的交叉影线，也可用墨水绘制（图4.18）。

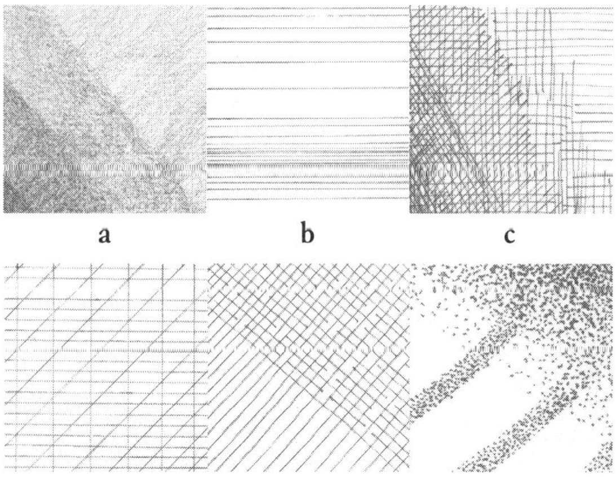

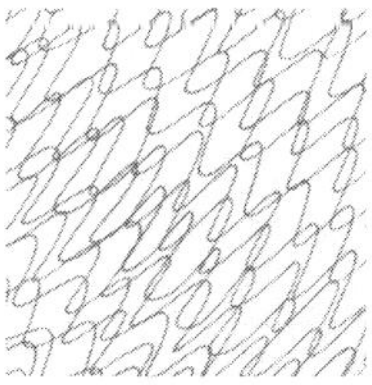

图4.17 a–g

a.浓淡处理；b.影线；c.交叉影线；

d.交叉影线；e.交叉影线

f.点画；g.随手绘制的曲线段（插图来自道格拉斯·R.赛德勒和艾米·科尔特合著的《设计师手绘图》，Bloomsbury, © 2009）

马克笔

因为马克笔使用方便并且几乎立即干，所以被称为快捷工具。马克笔也称为工作室马克笔或美术用马克笔。马克笔是一种多功能的便捷工具，既适用于初稿，也适用于成品图（图4.19）。

许多马克笔带有两个不同的笔尖（末端）：一个宽（钝），可以向三个位置转动以产生三种不同的宽度，另一个笔尖则更为精细。超细马克笔类似于签字笔，用于绘制线条。马克笔有多种颜色可供选择，可以通过颜色叠加来产生更多的颜色组合。把一种颜色叠加在灰色上可以改变该颜色的明度和色度。无色马

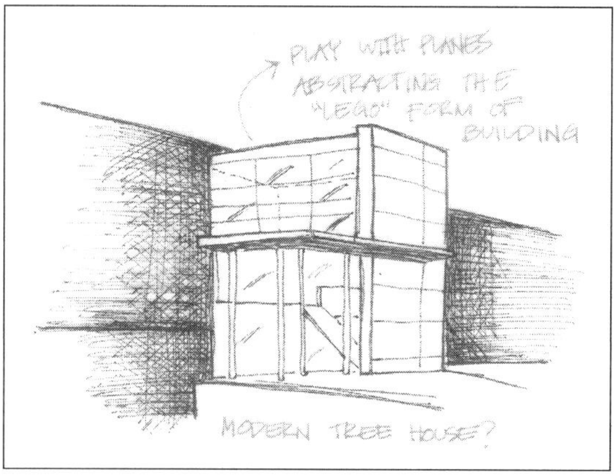

图4.18

用墨水画出的交叉影线，传达了作者“玩转平面”的理念（© 克里斯蒂娜·罗莎蒂亚·邦多克）

图4.19

马克笔渲染（德鲁·麦克古金提供）

表 4.2 渲染和演示用品及其使用

物　品	描述和使用
黑色水彩笔	用于渲染大理石和其他细节
黏合剂	使用黏合剂时，可用橡胶块把纸和其他材料从纸板上提起来
切割板	具有网格图案的防切割表面。切割纸板、材料等时使用方便
精细到微点的一次性黑色墨水笔	为图纸描绘轮廓和添加定义
双面胶带	用于装载重型样品，如木材、瓷砖和石材
插画板	所有工具都适用
刀具	工具刀、美工刀和带1号刀片的X-Acto刀可切割各种厚度的纸张和纸板。 切割过程中应经常更换刀片
标记垫	比牛皮纸更不透明的纸，用于减少马克笔颜料的渗透
马克笔	暖灰色用于浓淡处理、阴影和颜色变化。冷灰色用于光滑表面，如金属 其他颜色适合各种饰面。无色晕染来柔化边界
背后是软木的金属尺	用来稳定测量和作为切削刃
纸张（橡胶）黏合剂	用于固定图纸的万用黏合剂。用于两个表面的黏合
纸张黏合稀释剂	用于稀释黏合剂，以便更容易使用
裁纸刀	尺寸不同以适应图像尺寸。修边的有效工具网格表面有助于对齐
可拆卸（画家）的胶带	用于初步布局
剪刀	通用适用型切割 锯齿剪刀可用于织物，以避免磨损边缘。最好用织物边缘纸板表面周围裹住，然后用胶带固定
固体水彩，冷压140磅，10英寸－14英寸（1英寸≈25.4毫米）	用于一般水彩渲染
水彩颜料套装，透明，按盘计；一套24种	用于一般水彩渲染
水彩画笔	尺寸有1、5、8、12。尺寸1由牛毛制成，用于树叶的水彩渲染。各种尺寸满足一般水彩渲染需要
白胶	万能胶
蜡笔，一盒24色或更多颜色	用于渲染图案、大理石、木纹等
白炭笔	用于水彩渲染中的高光、反射及纠正错误

样品绘制工具

克笔（称为调和笔）也可用于柔化色彩之间的边缘。创建马克笔颜色图标作为参考十分有用。

在吸水性强的纸张上使用马克笔时，例如证券纸和布里斯托卡板纸，颜色不太容易混合而且显色更饱和、更深。相反，用于吸水性较差的纸张上时，如牛皮纸和临摹纸，马克笔颜色更柔和、更浅。所以，使用分行证券纸做标记是明智的选择。把颜色涂于临摹纸的背面时，会产生较浅的色调。铅笔通常用于强调马克笔渲染部分，包括白色铅笔。

水彩

水彩是最常用的绘画工具。出色的水彩渲染图是精美的画作。这不仅需要高超的绘画技巧，还需要投入大量的时间和金钱。所以，这些水彩渲染图更有可能用作演示图纸完稿而不是过程图（图4.20）。

虽然水彩图不太适用于非住宅项目，而且计算机也可以生成渲染图，但一些室内设计公司仍继续使用水彩进行绘图。

图4.20

平水彩渲染图（插图来自道格拉斯·R.赛德勒和艾米·科尔特合著的《设计师手绘图》，Bloomsbury，© 2012）

水彩颜料可以是透明的，也可以是不透明的。为方便起见，透明的水彩颜料通常置于水彩盘内，更广泛地用于渲染室内空间。不透明的水彩颜料可用于弥补初始渲染中的错误。

水彩需要分层使用。因为是水性颜料，所以需要时间来干燥。使用这种工具进行渲染时，颜色搭配是一个重要因素。白炭笔也可用来修正错误。

水彩渲染的效果很大程度上取决于所用笔刷的种类、质量以及绘画技巧。貂毛笔比合成纤维刷要贵得多。纸张选择是影响成品水彩画外观的重要因素。吸水性强的纸张要与湿性或水溶性介质一起使用，例如水彩。水彩纸有不同的重量和表面处理形式，以片状或块状出售。三种表面处理形式分别是热压（光滑表面）、冷压（有轻微的锯齿状或肌理）、未加工（明显肌理）。室内设计较少使用未加工的水彩纸进行水彩渲染。使用片状纸张时，纸片重量应在140磅或以上，否则，纸张上会形成波痕。140磅或更轻的纸张应采用块状形式使用。插图板冷压80号纸非常适合水彩渲染。尽管冷压纸张吸水性差，但因为其表面呈轻微锯齿状，因此能保留水彩的颜色。

水粉（和蛋彩画）颜料比马克笔和水彩更不透明，既能创造出柔和的效果，也能制造出硬朗的风格。使用水粉渲染通常耗时更长，但却是渲染室内效果图的传统方式。

有效使用彩色粉笔或铅笔可以绘制出肌理清晰和细致的图纸。油画是一种昂贵且耗时的渲染技术，通常不用于商业目的，而是用于创造空间的纯艺术表现方法（图4.21a和图4.21b）。

混合介质

前面提到的绘图方法在一种图纸中混合使用。例如，马克笔和铅笔同时使用可以有效地渲染木材。

插图板冷压80号纸和证券纸适合混合介质绘图呈现。牛皮纸是一种粗糙的棕色纸张，看起来更加常见。所有这些纸张都可以同时使用马克笔和铅笔。

图4.21 a
混合媒介 a.马克笔和彩色铅笔（© 克里斯蒂娜·莎蒂亚·邦多克）

图4.21 b
b.水彩、水粉和彩色铅笔（插图来自克里斯蒂娜·M.斯卡拉斯的《室内设计插图：马克笔和水彩技术》，Bloomsbury，© 2013）

第六节　模型

按比例缩放的三维模型是显示内部空间体积的有效方式。这样的模型模拟了在空间中行走的体验。

设计师用于探索设计思想的模型被称为研究模型或草图模型。在这个阶段，模型制作通常用于探索空间的形式和关系，而不是提供其装饰和饰面的细节。建筑物周边的环境，无论是现成的还是单独建造的，都可以投入使用，人员的增加有助于扩大规模。用于制作研究模型的材料不必太贵（图4.22 a）。更多的成品模型（也称为演示模型），主要用于商业项目（图4.22 b）。随着研究模型到演示模型制作过程的进行，耗时越来越长，材料花费越来越多。后者可以使用诸如纺织品、塑料、金属、网丝和线之类的材料。设计公司可能会雇佣从事模型构建的专业人员为项目制作演示模型。

与渲染以及在某种程度上所有类型的视觉呈现一样，开始建模之前就应确定制作模型的目的。对于学生和专业设计师来说，花费时间、精力和金钱来去制作一个与其目的不相符的演示模型是无意义。

模型可以由各种材料制成，包括纸板和木材。有几种类型的黏合剂可将模型组件固定在一起。黏合剂的选择取决于构建模型材料的类型、使用的方便性、

图4.22 a
研究模型（考比斯超级RF/阿拉米素材图片库）

图4.22 b
木材演示模型（Brooks + Scarpa建筑事务所提供）

干燥时长和价格。白胶通常用于纸板。用于木制模型时，可能需要夹紧物品以便在胶水干燥时将它们黏合在一起。纸张（橡胶）黏合剂可用于黏合轻型材料，例如纸张和织物。用纸板或泡沫芯板制作模型时可以使用别针或大头针进行固定，以便进行修改。

纸板

纸板重量轻，价格低廉，易于切割。泡沫板，也称为泡沫芯，由夹在两张纸之间的聚苯乙烯芯组成。有不同的厚度和颜色，但模型制作最常使用的是白色泡沫板。瓦楞纸板是一种通常为棕色的波纹形式的纸板，价格低廉且易于切割。其作为一种环保替代品很受欢迎。刨花板（一种用回收废纸制成的硬质材料）和含有大量碎布材料的插图板（接近棉布的比例）也很常见。

木材

与纸板相比，使用木材制作模型成本更高且更耗时。因此，木材更多地用于最终演示模型而不是初始研究模型。巴尔杉木轻质多孔，可以用刀片或小刀等简单的手工工具进行切割。巴尔杉木易于雕刻，有块状、条状、片状和薄木贴面片可供选择。椴木也是一种浅色木材，比巴尔杉木更易于打磨，其具有轻微的颗粒感，形式多样，可用作装饰性线脚。

第七节　技术与设计的作用

对计算机技术的依赖不仅是设计行业的特征，也几乎是当今所有行业的特征。计算机辅助设计（CAD）只是计算机化的一个方面，影响着室内设计的方法。此外，许多室内设计专业的学生和设计师通过使用Adobe Photoshop®等计算机辅助设计软件（如下所述）来完善他们的数字图纸。

草图与设计

许多专业人员在设计的不同阶段不同程度地使用手工方式或计算机绘制图纸。有时，他们会在两种方式之间进行切换；有时他们会为了一个项目甚至一张图纸同时使用这两种制图方式。

设计专业的学生在学习计算机辅助设计之前，需要了解手绘制图的基本原理和惯例。计算机辅助设计的基础与本章前文讨论的基本原理相同。计算机软件程序具有生成图像的能力，有时也称为功能，包括简单的草图、二维图纸、平面图和立面图，全景、动画、渲染的视角，并带有完整的周边环境，给观众带来身临其境的体验。然而，即使这种“智能”软件功能繁多，还是需要用户输入数据并对整个设计过程进行操作。

许多不同的软件程序可用于二维和三维图纸，价格、用户友好性和功能方面存在巨大差异。大多数还包括三维建模（模拟）和不同复杂程度的渲染功能。虽然可能存在显著的学习曲线，可一旦掌握，计算机辅助设计软件就能更快、更精准、更便捷地绘制图纸。对于未来的室内设计师来说，能够使用计算机辅助设计程序生成图纸是一项必备的技能，哪怕只是相对简单的平面图。

大量设计公司在准备正投影图文件时都会使用计算机辅助设计软件。除制作精确、详细的图纸外，该软件还提供了一种更为便捷的方式来存储所做的更改，包括工程变更通知要求、整理分页、页面替换以及准备文字说明和规格说明。相比之下，整理手绘制图要麻烦得多。例如，在所有的手绘图中寻找一个空间的多张图纸（图层）（如平面图、天花板反向图等）十分困难（图4.23）。

如果需要在渲染图和最终演示图中显示复杂细节，一些公司会将部分计算机辅助设计工作外包出去（如聘用自由职业者）。

计算机辅助设计如此受欢迎的另一个原因是其能够以相对轻松和灵活的方式绘制透视图。许多软件程序包含丰富的模板符号库、形状库、形式库、家具库

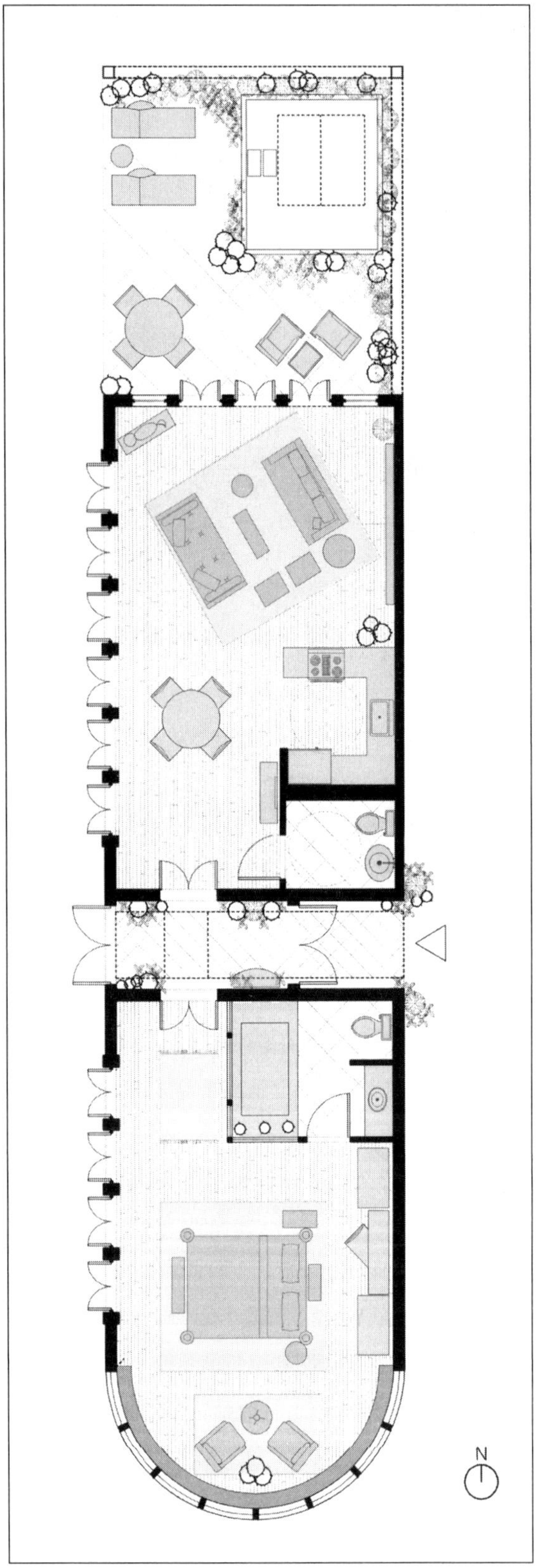

图4.23
计算机生成的平面图（弗朗辛·史密斯（Francine Smith）提供）

和肌理库，可以根据需要使用或定制。使用这些工具可以很容易地对建筑材料进行渲染。要改变颜色、图案、材料和照明条件只需几个软件命令即可完成，而手工制作多个透视图则需要花费大量时间。

许多设计师不是仅仅依赖于特定软件程序库中的家具样式模板，而是创建自己的家具样式库，或者将模板样式与其他个性化计算机模板版本相结合。如果是熟练掌握手绘和计算机制图技术的设计师绘制图样，人们通常难以辨别该图纸是手动绘制还是计算机绘制的。本章内容中，将计算机生成的图纸和手绘图相结合，或许可以证明这是未来的发展方向。这一趋势称为“混合媒介”。这一术语赋予了新的含义。建筑信息模型（BIM）显示了近年来在建筑和设计行业中传统数字绘图技术的进步。建筑信息模型是一种新兴的建筑设计、分析和文档编制方法。该软件程序与设计文档相结合以呈现建筑物的全貌。该程序强调合作，能够在一段时间内为项目所涉及的多个学科服务。建筑信息模型处理空间关系、光分析、地理信息以及建筑元件的数量和特性，包括施工过程、设施使用和维护。其实用性远远超出了初学设计学生的需求，但建筑信息模型在复杂的工作室设计项目中越来越受欢迎。

除了3D概念化设计和打印之外，另一个趋势是通过称为计算机辅助制造（CAM）的新软件促进制造能力和产品开发的进步。这对许多行业来说都是一个福音，尤其是医疗卫生和医学领域，例如义肢和机器人辅助手术。预计未来十年内，越来越多的老年人希望留在自己家中或寻找最小限制性替代方案，他们将从这些技术进步中获益匪浅。“尽管要发明出功能齐全的机器人护理工可能还有很长的一段路要走，但机器人研究专家和医生预测，未来几年内计算机化、机器人化和互联网连接技术将掀起发展的新浪潮，可以帮助老年人长时间待在家中。机器人和人工智能衍生技术将在未来十年内实现商业化，如智能助行器、追踪跌倒和走失的智能挂件、监控健康状态的室内和原点位置传感器、平衡辅助设备、虚拟和机器人伙伴，甚至是无人机。”

以下是用于室内设计、绘图、渲染和建模的部分软件应用程序。

AutoCAD计算机辅助设计软件

欧特克公司（Autodesk）的AutoCAD软件及其他版本，如AutoCAD LT和AutoCAD设计套件是建筑和设计领域计算机辅助设计市场的领跑者。AutoCAD程序和程序套件提供的2D绘图和3D建模复杂程度不同，价格也有所差异。其优点是能够简单快速地修改图纸，生成更精确和清晰的图纸，保存或存储图纸，快速有效地与其他专业人员和顾问交换及共享制图信息，以及可与其他程序组合使用，如微软Excel表格和图像处理软件Adobe Photoshop。

Revit设计软件

这种建筑信息模型工具是欧特克公司的另一款产品，广泛应用于建筑、设计、工程、机械和建筑行业。Revit软件很有可能成为欧特克公司的首推产品，而不是AutoCAD。与AutoCAD软件一样，该设计软件有几个不同的版本，功能与价格也各不相同。Revit LT是原始Revit软件的改良版，价格也不高。最好的版本是高级版或终极版Revit建筑设计套件。

一个数据库文件可以用不同的方式呈现，例如平面图、剖面图、立面图、图例文字说明和明细表。因为数据库模型的任一表现形式的改变都会影响中心模型，所以对一种表现形式（例如平面图）进行修改也容易影响其他表现形式（例如立面图）。Revit软件图纸和明细表要始终与图纸中呈现的建筑物对象的相关要素保持完全一致。丰富的材料库、肌理库和精确的人工和自然光照效果可以创造出照片般逼真的渲染效果。

A360软件

A360软件也是由欧特克公司出品的一款协作工具，可帮助工程师和设计师在一个中央工作区内观察、共享和查找2D和3D设计和项目文件。该软件程序协助项目管理，包括安排每日任务、记录变化和更新情况。

3ds Max设计软件

3ds Max设计软件是欧特克公司出品的动画和视觉效果软件。人们可以在设计过程初期生成、探讨和评估设计概念的效果。通过空间动画演示和准确的日光分析人们可以更好地理解设计的功能。

Trace Pro光学仿真软件

该软件程序是Morpholio公司为苹果平板电脑开发的众多应用程序之一。该软件旨在让包括室内设计师和建筑师在内的创意用户使用苹果产品轻松地绘制草图、进行临摹和共享信息，因此被称为“第二代描图纸”。

SketchUp and SketchUp Pro
草图大师和草图大师专业版

谷歌草图大师是一个简单直观的程序，用于精确的2D绘图和3D渲染建模。该程序主要基于两个概念：边（直线）和面（二维形状）。使用“推/拉”命令可以轻松地将二维图形制成三维图形，如将正方形制成立方体。专业版本还具有其他功能，其中包括将文件轻松地导出到AutoCAD软件和3ds Max软件。图像文档导入也十分方便。草图大师适用于谷歌地图，可加强鸟瞰图、选址、景观和地形的设计工作。

Form・Z三维绘图软件

该程序由AutoDesSys公司开发，提供集成的动画环境，可随时间将物体、灯光、相机和颜色生成动画并进行操作。Form・Z软件是一种通用的3D建模程序，将二维绘图和渲染与三维建模相结合。该基础软件包升级之后具有更强的渲染能力和模拟室内空间照明的功能。

图4.24 a–c显示了学生使用计算机软件工作的例子。

图4.24 a
学生用计算机生成的图纸。a.包含摄影要素的透视图（© *克里斯蒂娜·罗莎蒂亚·邦多克*）

图4.24 b
论文项目的数字概念草图（*杰西卡·雅恩·克萨达提供*）

图4.24 c
数码绘制的剖面图，以灰调渲染，嵌有文本和图像（*劳拉·罗伯森*）

a

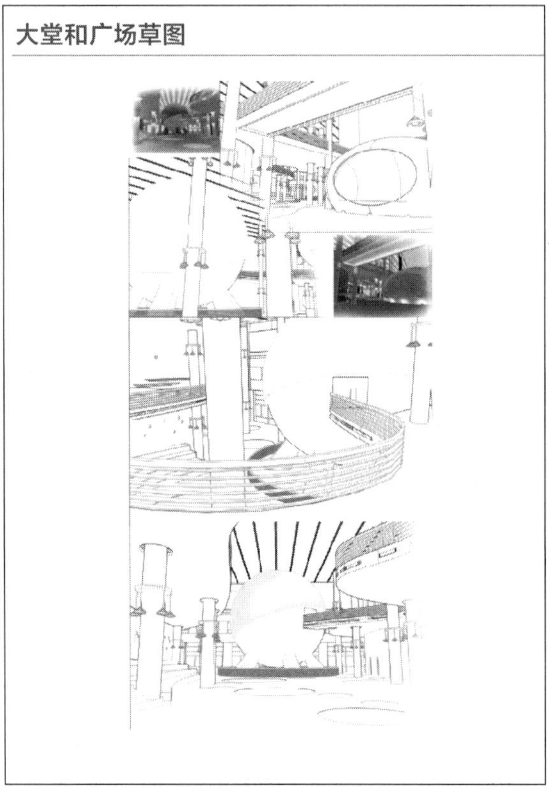

b

c

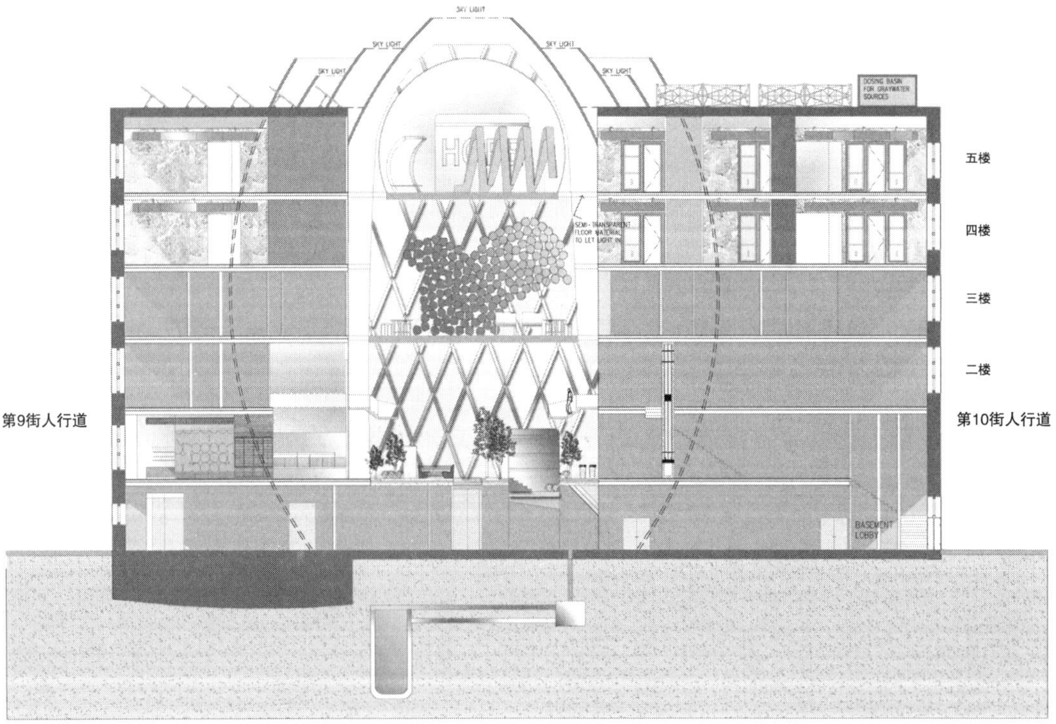

数码图片编辑

其他一些计算机应用程序能够面向不同领域的设计师，其中之一是数码图片编辑或摄影图像处理软件。这些程序通常用作对室内外和建筑物的数字绘图和建模应用程序的补充。除软件之外，制图还需要扫描仪和打印机。通过下载平面图、立面图和透视图中人物和物体的图像与照片来帮助学生建立自己的资料库，以便在需要时用作参考。

软件老手可以通过照片编辑来极大地改变设计空间。与所有摄影技术一样，光线是可以进行控制或补充的。图像可以裁剪、放大、扭曲、叠加或分层，颜色可以调和，饱和度可以增加，透明度也可以进行调节。室内设计师可以使用数码照片编辑软件来使他们的设计概念化，就像草图绘制和建模一样。

Adobe公司在这一市场中占有相当大的份额，其程序可以进一步完善手绘和计算机生成的图纸或照片的质量。

Adobe Photoshop图像处理软件

Photoshop软件主要针对数码照片处理和照片般逼真的电脑插图。Adobe Illustrator绘图软件和Adobe InDesign排版软件是Adobe Photoshop的配套产品。这些程序可用于开发独特的字体以及品牌和营销的商标图形。

3Dviz图像软件

这是由工程师开发和使用的软件程序，用于创建产品和空间的逼真图像（图4.25）。

图4.25
照片效果的透视图：学生在Photoshop中使用3DViz（© 丹尼尔·瓦卡/卡泽诺维亚学院）

第八节 演示包

可以将目前为止讨论的视觉效果图放到组合包中，用于不同的效果展示。室内设计专业学生通常会编制多种正投影图和立体图，与样板、概念草图和模型相结合，以便在工作室设计课程或论文项目中作最终演示（图4.26）。对于大型工作室设计项目，包括论文工作，他们的研究和合作的原创视频演示可以作为最终演示的补充。

虽然每个演示包在整体外观、风格、大小、材料、媒介甚至组织方面都有所不同，但是总的设计原则能够指导所有设计组成——所有演示包都是设计组成。有吸引力且有效地演示，无论其风格如何，都源于第3章中探讨的设计元素和原则的基础知识。“准备演示文稿的技巧”和“为演示文稿增添美感的技巧”中会让你想起许多第3章中的词语。

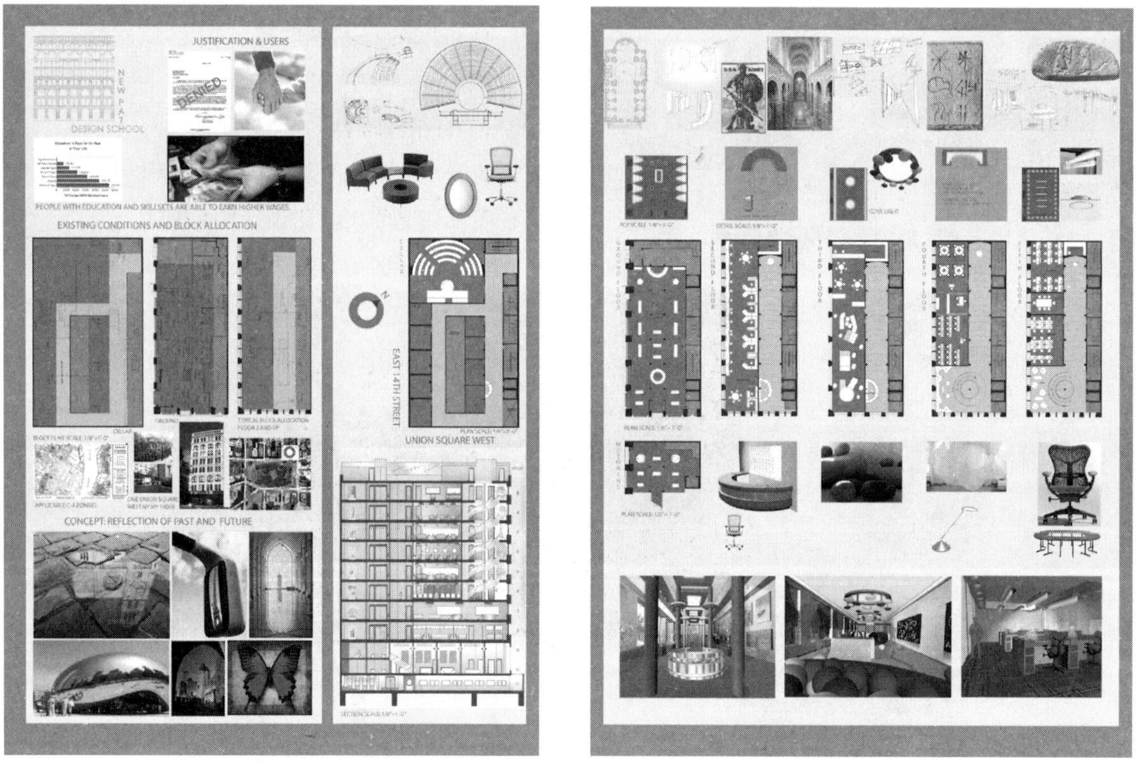

图4.26

毕业论文项目的演示板墙，成功地展示了如何将各种风格的图纸和技术和谐地集合在一个演示包内（© 奥列西娅·路萨亚，领先能源与环境设计认证专家）

准备演示文稿的技巧

- 在决定大小和风格之前，请想好演示的目的。
- 确定可以在这个演示包上投入的时间和金钱。
- 检查要进行演示的房间的设置。包括如何安装或放置板墙、观看距离有多远、照明条件如何。在进行口头陈述和视觉感知以及决定板材和文本的大小和位置时，请考虑人的因素，例如听力。
- 决定是否需要任何书面和口头表述来补充视觉效果展示并提前做好准备。
- 计划如何保存和传输演示包。
- 确定是否需要遵守任何特定协议或说明，例如板材的尺寸、数量或颜色；文字的类型和位置；图纸的比例。是否有文件说明哪些组件可手绘或计算机生成，或者是否可使用模板、模板印刷或用于刻字、打印或绘图的机器。学校和公司可能有特定的标准。这些事项还可以延伸到安全预防措施，包括特定材料的使用、储存和处置。
- 准备好概念草图、缩略图，判断布局设计是否合理，然后开始最终演示。
- 试验各种类型的黏合剂来固定大理石等重型样品，确保牢固。将较重的样品固定在板材的底部。
- 保持整洁。

为演示文稿增添美感的技巧

- 保持所有板墙方向一致 ——全部垂直或全部水平。
- 要将每块板墙上的各种组件统一在边框内。文字和线条有助于固定或协调形状各异的图纸使之相统一。
- 决定板墙上各种组件以及板墙本身的尺寸和布局时，需要考虑比例和要突出的重点。例如，在组件之间或组件周围留下太多空间可能使单个组件看起来无关紧要，这样并不能强调它们的重要性；组合排列太紧密可能会让人产生不舒服的感觉，仿佛各组件相互较劲，没有喘息的空间。
- 考虑组件尤其是样板的相对尺寸。虽然物件无法使用精确尺度，但应避免使用不成比例的尺寸表示空间中的物件角色。举个明显的例子，使用大块的油漆色片表示装饰颜色，而使用较小的样品来表示墙壁和天花板。
- 从可行性角度来说，要根据物件在空间中的实际位置摆放样品，例如位于板墙底部的地板表面、窗户和顶部的天花板表面。
- 注意轴线、视觉权重的分布以及图形和文本设置的对称性。目的是让项目的每块板墙获得相似的视觉权重和效果。
- 为安装表面选择合适的边框、字体、颜色和肌理，是为了增强而不是削弱设计理念。例如，为保守的银行公司做会议室设计演示时，使用一种花哨奔放的字体是极不恰当的。同样，图纸和背景之间对比鲜明，可不适于演示主卧设计，如在黑色表面上用柔和的水彩色进行渲染。
- 应避免使用压过图像效果的字体或表现力弱的字体（模糊、稀疏或过小），以免影响整体视觉权重和演示的效果。

关于可持续发展的毕业论文项目：“绿色”教育

杰西卡·雅恩·克萨达（Jessica Yahn Quezada），“自然科学和可持续的技术的绿色博物馆”，纽约时装学院，艺术学士论文

作为室内设计专业学生，杰西卡的设计项目就是她的艺术学士毕业论文。该项目是对一栋多层建筑进行适应性再利用改造，将其变成绿色博物馆。这家博物馆位于纽约市，是一个致力于可持续发展的机构。

以下改编自杰西卡对其视觉交流过程的陈述：

在论文课的前两周，老师鼓励我们手绘草图，包括通过绘制块状图、循环图、层次图和矩阵图将空间的使用概念化。从那以后，我开始用AutoCAD软件绘制二维平面图和剖面。在绘制平面图的过程中，我开始用AutoCAD软件绘制嵌入式家具的立面图（后来用AutoCAD软件制作了3D模型）。同时，我也在AutoCAD中绘制透视图。

开始的时候，我们就考虑过最终演示板墙的平面图，要在Adobe InDesign排版软件中进行布局来显示其规模和比例。

平面图完稿的渲染工作是用AccuRender软件完成的。图像编辑、初始渲染，以及图形、灯光和其他细节的添加是用AccuRender和Adobe Photoshop共同完成的。

我的论文项目的口头演示部分还包括我在苹果电脑上使用imovie软件制作的一部电影。声音编辑用Garage Band软件完成。我还为本论文项目建了一个网站，并在学校的可持续发展大会上进行了展示。

图a-c是杰西卡的论文演示中展示的众多板墙设计中的三幅。

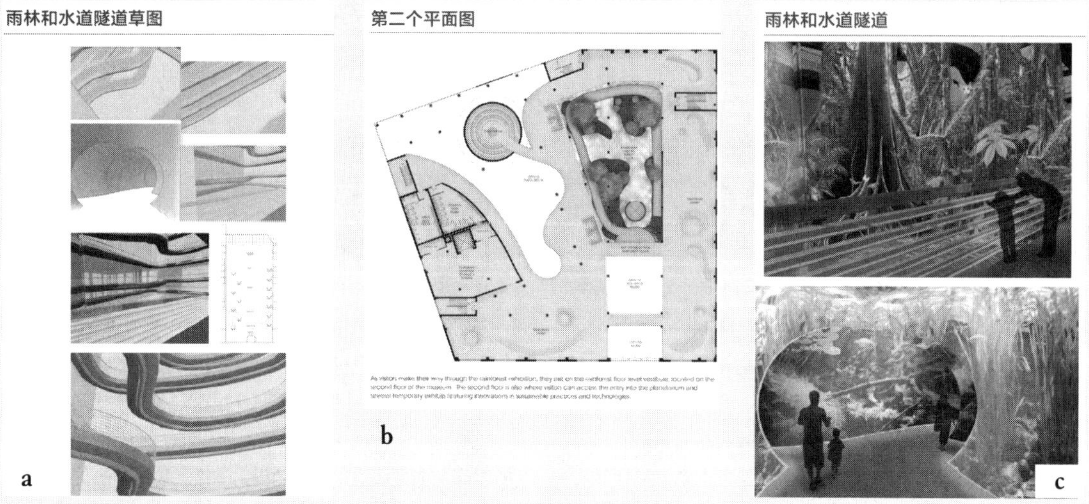

图 a、b和c

a. AutoCAD制作的概念透视图；b. AutoCAD制作的一张2D平面图，Adobe Photoshop和 AccuRender渲染；c. AccuRender and Adobe Photoshop渲染的3D透视图（*所有图片由杰西卡·雅恩·克萨达制作并提供*）

本章小结

室内设计师通过视觉、语言和文字的方式传达其想法和解决方案。目前有一系列工具和技术可用于视觉演示。尽管计算机制图很受欢迎，但学习手工绘图基础知识的重要性也不容小觑。无论是快速完成，还是用价格不菲的颜料细致渲染，所有这些图形表达的主要目的都是为了进行有效的沟通。

学生需要拥有一套基本的绘图用品和设备（包括手绘图和技术实测图），创建模型，并整理集中各种演示包，其中许多绘图物料有多种用途。

室内设计师依靠两种类型的图纸——正投影图和立体图。正投影图包括用于传达拟议设计方案的不同类型的平面图、立面图和剖面图。在绘制这些图纸时，要遵循关于比例、字体、线宽、符号和 标题栏的约定规则。立体图分为轴测图或透视图，用于投射空间的真实视图。还可以通过估算、平面图投影和准备网格法来绘制这些图纸。

设计师可以通过草图和渲染图强调个人表达和风格。设计师可以使用各种方法和工具进行绘图，如铅笔、墨水、马克笔、水彩和混合介质。与手绘草图、技术图纸和计算机生成的图纸相比，渲染图包含的信息更多，表现力更强。所有这些视觉效果图以及3D模型，无论是用于研究还是最终演示，都可以使用计算机辅助绘图和设计软件（CAD程序）来制作。照片编辑软件，如Adobe Photoshop，可以增强其他图纸的表现效果。

创建演示包——无论是工作室设计课程还是论文项目，都依赖于实践技术、设计元素和设计原则的应用。

词汇表

architectural scale 建筑规模

block style 齐头式

Building Information Modeling (BIM) 建筑信息模型

computer-aided drafting and design (CAD, CADD, orCAD/D) 计算机辅助绘图和设计

computer-aided manufacturing (CAM) 计算机辅助制造

cone of vision 视锥

cut line 剖切线

detail 细节

digital photo editing 数码图片编辑

diminution in size 缩小尺寸

drafting 制图

entourage 周围环境

graphite 石墨

horizon line 水平线

isometric projection 等角投影

legend 图例

millwork 预制木质建筑材料

orthographic drawing 正投影图

paraline drawing 轴测图

parallel rule 平行直尺

perspective drawing 透视图

pictorial drawing 立体图

picture plane 投影面

plan oblique (axonometric) 平面轴测图（轴测）

poché [法]口袋

presentation model 演示模型

rendering 渲染

sketching 草图

station point 站点

study (sketch) model 研究模式

vanishing point 灭点

练习：2D静物手绘效果图

本练习的目的是探索和练习基于观察的二维草图和渲染中的手绘技巧。选择一个静物作为模型。

选择一个平面，如办公桌或餐桌。在平面上至少放置三个物体，如书、制图或绘画用品、插有花的花瓶、装有水果的碗、雕塑或灯具。准备可供试验的绘图工具，如石墨和彩色铅笔、墨水笔、直尺、马克笔或水彩。

先用石墨（铅笔）、墨水笔或超细马克笔在平面图中绘制各组成部分，然后在立面图中进行绘制。接下来对细节进行渲染，例如色彩、阴影和肌理。可以选择任何一种渲染工具并且选择合适的纸张及绘图的尺寸（例如，9英寸×12英寸到14英寸×17英寸，1英寸≈25.4毫米）。

第五章

采光及照明系统

本章介绍了照明设计，目的是让初学者熟悉这个设计专业的术语和范围。如第3章所述，光对于室内设计师来说是一个非常重要的元素。没有光，就没有色彩，两者都是强大的设计元素。本章还介绍了住宅和非住宅空间中照明理论和实际应用。

自然光和电光（或人造光）是两种基本光源类型，每一种都具备三个基本用途：环境或通用照明、工作或局部照明、重点或关键照明（图5.1）。这些方法也可称为“照明层”，有时仅使用一种照明方法。更复杂和更多功能的照明解决方案往往需要使用多种照明方法和照明层。

光的移动可见性能够创造出戏剧化的效果，营造气氛和感觉，提升幸福感。室内设计师利用光线来影响人们对空间以及空间内其他元素的感知，例如颜色和肌理。

图5.1

三种电气照明层（克劳迪亚吉塞尔设计工作室提供；图片版权所有：加勒·特罗兰）

本章介绍了灯光的形状和分布；灯具种类（用外行人的话说就是灯泡）和可用的固定装置；照明设备的应用；灯光与其他元素、人的因素和环境的关系。灯光的数量和质量对设计解决方案都很重要，这些问题也将在本章中讨论。

第一节　照明解决方案的一般注意事项

我们所看到的大多数光是表面反射的光，而不是光本身。因此，设计照明解决方案时必须考虑空间和该空间内物体的表面特征。照明解决方案是有针对性的，也就是说，判断一个方案真正成功与否，要看其是否符合特定客户或用户组对特殊功能的要求。

照明设计的思考过程应尽早开始（参见仅照明设计时要问自己的十二个问题）。了解光的作用可以培养良好的设计习惯，包括在项目开始时就要考虑光线问题，而不是将其视为附加因素。

第二节　光源类型

光的来源分为自然光源或人造光源。自然光源包括日光和火焰，而人造光源主要是电气来源。

自然光

将日光或日间照明融合到室内空间，对于创建高质量和可持续发展的环境至关重要。这种做法包括日光采集，也就是说，捕捉日光的目的是照亮室内并能节约能源。

区分阳光和日光非常重要。通常认为阳光是太阳直接射入空间内的光，这种类型的光有其自身的缺点，因为直射的阳光会产生眩光并引起室内温度过高，从而导致材料褪色。

日光或天空光是用来描述空间中理想的自然光的术语。日光可以造成眩光和不良影响。通常来说，即使日光分散，也是确定颜色真实度的标准。

通常在建筑规划阶段就要考虑自然光尤其是日光的方向和质量，以此决定建筑物所在场地或建筑物内空间的位置和方向。第6章和第7章讨论了门窗的位置和类型。窗口的处理方式如内百叶窗、遮阳帘、太阳膜、外百叶窗或窗帘的选择。

日光可增强阅读和写作的视觉灵敏度。对于室内设计师来说，判断自然光属于暖光还是冷光范畴十分重要。此外，设计师还要了解自然光对情绪和空间内各种表面的影响，例如，光与肌理和颜色的相互作用。事实证明，自然光可以提高整体的幸福感。

电灯

19世纪电灯进入人们的日常生活，之后室内设计便在此基础上广泛使用电灯。室内设计师在很大程度上通过电灯的使用来打造项目想要的效果。照明技术的革新速度非常快。

照明设计时要问自己的十二个问题

从以下问题开始展开照明设计的思考。

1. 空间内的照明目的是什么？要使用多长时间？办公室、住宅、商店和剧院需要完全不同的照明解决方案，厨房、卧室和浴室也是如此。
2. 是否计划了多项任务或活动？对照明系统的多功能性、灵活性和便携性有哪些硬性要求？一天之内进行这些活动的时间和地点是怎样的？
3. 如何进行空间配置，包括过渡区域，例如入口和门厅？这些区域的照明可能需要同时适应白天和晚上的活动。
4. 空间居住者是谁？确定居住者的特征，如年龄、是否残疾、风格偏好、肤色等。例如， 年龄在55岁或以上的人需要的照明亮度是20岁的人的两倍。
5. 室内的现有条件、朝向和环境是怎样的？自然光的性质和范围是怎样的？采光率是多少？气候对室内有什么影响？
6. 包括天花板的高度，空间有多大？是否有任何建筑特征，如高窗或天窗？是否会影响自然采光或电气照明的效果，或两者兼有？
7. 空间中现有和计划使用的饰面和肌理是什么样的？其将如何吸收光线或将其反射到空间中？例如，墙壁是有光泽的还是哑光的？
8. 是否有需要强调的特殊元素或物体？
9. 理想的氛围和环境是怎样的？颜色选择、色彩搭配或色彩渲染是整体设计解决方案的主要问题吗？例如，在销售环境中，色彩是一个主要考虑因素，而对于机场航站楼来说，色彩可能并不那么重要。
10. 节能问题有多重要？
11. 一开始安装和维护照明系统的预算是多少？
12. 是否有适用于照明系统的特殊规范、法律、标准和规范，以及相关劳动法，例如，电工是否必须具有执业资格？

图a

复杂照明层（查尔斯·帕瓦里尼三世和兰德·特拉苏克提供，照片来源：菲利普·埃尼斯）

白炽灯是人们使用的第一种电灯。托马斯·爱迪生（1847–1931）于1879年发明了第一种实用型的白炽灯。这种白炽灯通过将电能施加到细灯丝上，直到达到**炽热点**来发光。与在理想条件下呈现白色的自然光相比，白炽灯更温暖。通常认为白炽灯颜色更黄，并且让人感觉更加舒适和温馨。

与其他电气照明方式相比，白炽灯照明能够产生更多的热量，因此是一种节能光源。

白炽灯照明可能会产生阴影，从而创造出戏剧性或浪漫效果，这可能是其积极作用。消极一面是，可能导致眼睛疲劳，或隐藏需要被看到或强调的元素。这种效果可以通过使用透镜、滤光片和反光片加以不同程度地控制。

白炽灯有很多种，包括标准A型灯、卤素灯和反射灯，形状、大小和瓦数各异。**瓦特**，以字母W表示，是功率消耗的度量单位。

住宅环境中常用的标准（任意类型）电灯目前因其能效不足而受到严格审查，这导致政府法规因电灯的使用地点和用途不同而异。例如，环境保护局（EPA）制定了包含白炽灯在内的标准，并没有禁止白炽灯的使用。还应注意的是，科学家们正在努力提高标准A型照明灯的能效，其中一项研究成果就是麻省理工大学（MIT）的研究人员正在研发光感型标准A型白炽灯。

卤素灯是白炽灯的一个子类别，于1959年推出。根据其外壳，更准确地来说应被称为**钨卤素灯**或**石英卤素灯**。卤素灯有各种形状、大小和瓦数，与标准A型白炽灯相比，其有几个优点；其中之一是让人感知到更多真实的颜色，仿佛置身于白光下。换句话说，卤素灯使颜色更美观（见后面的讨论）。卤素灯的另一个优点是其以连续的速度或同等的亮度燃烧，而标准灯泡会随着使用时长的增加而逐渐变暗。因此，卤素灯的效果更加稳定（图5.2）。

与标准A型照明灯相比，卤素灯**能效**更高。能效作为评估标准，用来评估灯源的亮度与其消耗能量的比值。同等能量输出量下，卤素灯比标准A型灯更亮。

几十年来，卤素灯的使用已从主要的商业产品展示扩展到商业和住宅环境中，用于各种环境、工作和重点照明。卤素灯已经发展成为低成本的照明解决方案，用于环境照明和工作照明的卤素灯有多种形式。

卤素灯的瓦数系统与标准A型照明灯不同，通常从两者的制造标签上就可以看出区别。例如，一个标为75W的卤素灯的亮度相当于一个150W的标准A型灯。不要直接接触灯具，也不应将其暴露于易燃材料中。

反射灯属于白炽灯，这几种白炽灯能够控制光线反射方式从而调节其形状和焦点。反射器是由镜面玻璃或抛光金属制成的表面，其形状可以将光源射出的光线反射到特定方向。反射器可以是灯具本身的一部分，也可是灯具外壳的一部分。它们可以形成各种各样的**光束传播**，特别适用于重点照明。光束的传播或光线的分布是由反射表面的形状和反射面决定的。

一种广泛用于户外应用的反射灯是**抛物面镀铝反射灯（PAR）**（图5.3）。从本质上说，抛物面镀铝反射灯由两片熔合在一起的玻璃制成，一个是反射器，另一个是透镜。透镜的表面决定了光束的传播。这些灯是按尺寸划分的，将该尺寸除以8得到灯的近似直径，单位为英寸。抛物面镀铝反射灯可以在低电压下工作。电压（V）是电势的测量值。在美国和加拿大，标准电压（也称为线路电压）通常为120V。个人住宅和商业用户必须使用变压器降低电压（通常为12V）才能使用。在住宅和商业环境中，如餐馆和商店，另一种常用的反射灯是**镜面反射卤素灯（MR）**（图5.4）。这种灯与抛物面镀铝反射灯一样，主要通过尺寸，特别是直径来描述（同样是用尺寸除以8得到的近似值）。普通的镜面反射灯11号直径为13/8英寸；镜面反射灯16号的直径为2英寸。镜面反射灯可以在低电压下工作。随着技术的发展，小型变压器实际上已经成为了灯具的一部分。镜面反射灯通常用作轨道灯或天花板吊灯（稍后讨论）。

荧光灯最初是在1939年纽约世界博览会上使用

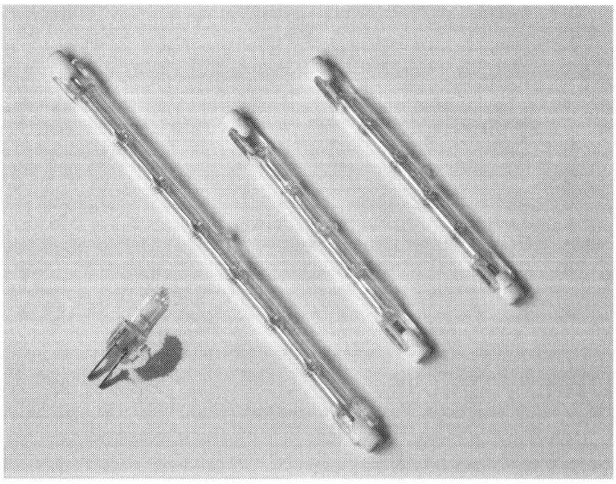

图5.2
卤素灯灯泡（© 常州高瑞电器有限公司）

图5.3
抛物面镀铝反射灯灯泡（© 保罗·凯文·皮科内/P.I.公司）

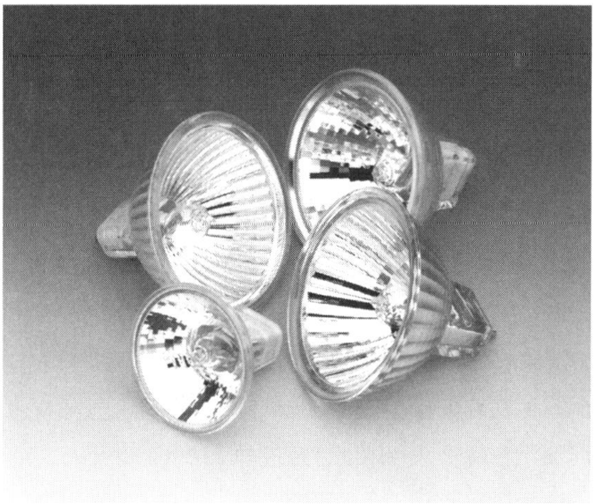

图5.4
镜面反射灯灯泡（© Fubar24x7/Dreamstime.com）

图5.5
室内荧光灯照明（© 马克·戴尔拉鹰眼图片社）

的。此类型的灯具中，玻璃灯管充满了低压状态的汞蒸气，产生一种看不见的紫外线辐射，激活灯内的白色磷晶体。磷可以发光或荧光，将紫外线能量转换为可见光能。荧光灯的普遍特征是漫射性，不像白炽灯，投射的阴影很少。因此可用于一般照明，也可用于工作照明。荧光灯因其效率高而在办公室中得到广泛应用（图5.5），与之前的标准A型灯相比，荧光灯不会产生多余的热量。

早期的荧光灯存在一些弊端，如引起眼睛不适、呈现的颜色准确度低、冷调灰色的外观、有杂音以及频闪。但是随着技术的进步，这些现象已经大大减少。如今，节能正变得越来越重要，改进后的荧光灯效能提高，也越发受人欢迎。

荧光灯由不同宽度和长度的线性管以及圆形管构成。荧光灯照明的一个重大进步是紧凑型荧光灯（CFL）的发明。其耗电更少，持续时间更长，颜色比其他荧光灯更好。将白炽灯换成紧凑型荧光灯，可减少75%的照明能量需求，使用时间延长10倍。可对紧凑型荧光灯加以改装以替换现有固定装置中的标准白炽灯。另一项改进是荧光照明的设计，其可以提供重点照明，适用于商业和住宅应用的产品展示。使用调光器控制荧光灯亮度的灵活性更强，也更节能（图5.6）。

霓虹灯发出的彩色光是由不同气体或蒸汽产生的。相较于非住宅设计，霓虹灯不太适用于住宅设计项目。其最常见的用途是在商业标志和广告牌中制造强视觉冲击力（图5.7）。由于霓虹灯持久耐用且容易弯曲，因此可以将其安装在难以触及的地方。LED照明的进步（后面讨论）以及其在色彩处理方面的范围，已经明显取代了霓虹灯这种强视觉冲击的照明方法。

高强度气体放电灯是20世纪30年代早期研发出来的，从那时起已经有了相当大的改进。电流在高压下通过气体，从而使高强度气体放电灯发光。高强度气体放电灯有不同的大小和形状（图5.8）。这种灯有汞汽灯、高压钠灯和金属卤化物灯三种基本类别。这些

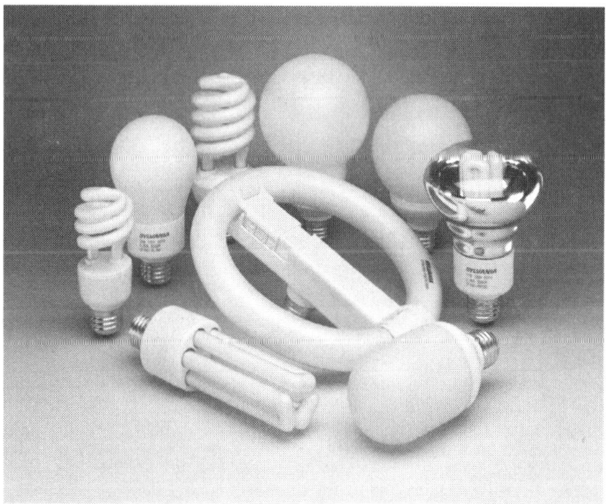

图5.6
各种各样的荧光灯（© 保罗·凯文·皮科内/P.I.公司）

类别之间的显著差异在于呈现颜色的方式不同。这三种高强度气体放电灯中，**金属卤化物灯**（MH）呈现的颜色最准确，尤其是与陶瓷（**陶瓷金属卤化物灯CMH**）结合时。

高强度气体放电灯效率极高，可用于大规模商业化用途。高强度气体放电灯照明，特别是更高效的高压钠类型，主要用于路灯、高速公路照明、机场跑道、体育场馆和停车场照明。必须长时间保持照明并且维修（例如更换灯具）不便时，可使用高强度气体放电灯。高强度气体放电灯开启时间非常长，其主要缺点是显色能力有限。但是，随着该领域的不断发展，高强度气体放电灯将会有更广泛的应用。

光纤照明采用远程光源照明。光源装在盒子里，定向灯通常是金属卤化物或钨卤素。其优点是安全、易于维护、低传热性以及发射少量红外线和紫外线波长。照明箱可远程放置于干燥的地方，因此定向灯可安装在潮湿的地方，例如游泳池和淋浴间。

固态照明（SSL）是一种相对较新的照明技术，使用半导体材料将电能转化为光。固态照明是一个涵盖发光二极管和有机发光二极管的总称。20世纪60年代研发的**发光二极管**（LED）是无机（非碳基）材料的。**有机发光二极管**（OLED）是发光二极管照明领域的一个分支。这些灯具含有极薄的碳基化合物片，当电极受到电荷刺激时，这些化合物就会发光。有机发光二极管照明系统的应用仍处于早期阶段，但不久的将来有望成为常用的照明设备。有机发光二极管的一个子类别，是使用聚合物这种半导体材料来生产极薄的发光二极管，适用于多种用途，例如可折叠显示器、室内照明和医疗技术应用。有机发光二极管照明是室内设计专业学生应该持续关注的话题。维护成本低，且不产生破坏性的热量排放或紫外线排放是LED灯的主要优势。

自推出以来，这项技术已经有了显著的进步，以至于其使用不再局限于外部照明和显示器。数码控

图5.7
遍布霓虹灯的北京市场（© 全景读出(北京)有限公司/阿拉米素材图片库）

制的LED灯能够灵活地变换颜色、亮度和特殊效果，因此常用于商业建筑的室内或室外照明，如酒店和零售业。亚斯总督酒店是阿布扎比的一家豪华酒店，外部炫目的LED天蓬在夜晚的天空下光影交叠，熠熠生辉，让客人惊叹不已。因为成本持续降低，尺寸和其他性能的种类也有所增加，因此LED在住宅照明方面的应用范围不断扩大（图5.9）。

图5.8
各种各样的高强度气体放电灯（© 保罗·凯文·皮科内/P.I.公司）

图5.9
亚斯总督酒店的LED灯（UIG图片集团经由盖蒂图片社）

第三节　采光与其他因素的关系

光是室内设计师的基本工具，影响着人们在空间内物体的色相、色温、形状、形式、表面肌理和体积的观察和感知能力。

视觉

光的感知是由眼睛的生理特征、大脑和视神经脉冲控制的。入射光进入角膜（眼睛前方的透明覆盖物），并穿过瞳孔，即眼睛的中心点。通过瞳孔吸收的光量由一组称为虹膜的肌肉控制。当遇到强光时，虹膜会变窄，光线不足时，虹膜会变宽。

光线持续照射到晶状体上，晶状体会改变其弯曲度来聚焦光线，从而在视网膜上形成图像。视网膜包含两种类型的细胞，称为视杆细胞和视锥细胞。在昏暗的光线下，视杆细胞对亮度有反应，但对颜色没有反应。视锥细胞在更明亮的光线下工作，使我们能够感知色彩。

然后视杆细胞和视锥细胞将视觉信息通过视神经传递到大脑，大脑将信息理解为视觉。在这个复杂的网络中，任何干扰都会影响光或颜色的感知，或两者兼有。

正常条件下，眼睛在不同距离（近视和远视）下聚焦的能力称为调节能力。适应是指眼睛适应光线明亮度变化的正常过程。超出眼睛自然适应的亮度称为眩光。眩光可以通过光照的角度直接产生，或者通过反射表面反射的光间接产生。后者称为光幕反射。选择合理的光源位置以避免眩光是室内设计师最关心的问题。例如，工作环境中，不合理的灯光设置会严重影响使用计算机的员工的工作。

色彩

白光通常等同于日光。然而，日光随季节、地点的纬度、时间以及环境或天气的变化而变化。在不同的时间或多云的日子里，波长并不总是均衡的，这就产生了微弱的色彩。重要的是要认识到色彩可能受到自然光位置或方向的影响。例如，北极的光通常较冷，或偏蓝，而南方的光较暖，或偏黄。

当电光与日光等值时，电光是最白的。因此，当说到白光或全光谱光线时，我们会假设光照条件尽可能接近晴天的正午时分。同色异谱描述了色彩在不同光照条件下显色不同的现象。眼睛能够适应不同的光照条件而纠正差异，使红色仍被视为红色，绿色仍被视为绿色等，这种现象称为色彩恒常性。

您可以留意不同光源的不同功能，以便在自己的环境中根据不同的条件准确地着色。尽管显色能力有所提高，但某些类别的照明光源仍优于其他类别。国际上有一套比较系统可以对光源的显色情况进行排序，叫做显色指数（CRI）。0为最低等级，100为最高等级。这套标准等级系统适用于各种类型的灯具、款式和制造商。这个工具对于室内设计师来说非常宝贵。表5.1比较了各种电光源的显色指数等级，包括推荐使用领域。目前LED灯的显色指数并不准确，因此，人们正在研发其他用于比较显色信息的系统。

室内设计过程中的一个重要步骤就是评估饰面和织物在计划照明条件下的颜色。光对肤色的影响是另一个重要考虑因素。人们肤色的差异可通过蓝色（冷色）或黄色（暖色）底色进一步区分。暖色调肤色的人在白炽灯（或自然）光源下看起来气色更好，而冷调的荧光灯和高强度气体放电灯可能使皮肤看起来发灰或暗沉。高档服装零售店或化妆品商店需要可调节的照明条件，以适应不同的皮肤类型。

温度

描述光的外观的一种方法是通过其表观温度（温暖或凉爽，通常称为色度）以及与其相关的颜色对其进行分类。色温用开尔文标度来标记，该标度以发现色温的科学家命名。开氏温标是一种表示光的冷暖程度的简写方式，换句话说，是红色光与蓝色光的比率。开氏温标值越低，色温越暖；开氏温标值越高，色温越冷。灯具的生产规格可以用绝对温度值标记。

表 5.1　灯具规格和建议用途

灯　具	显色指数等级（约%）	建议用途
白炽灯	97－100	住宅特殊用途，如壁龛、壁灯、夜灯、吊灯
卤素灯	97－100	住宅、酒店、画廊、高端零售店
荧光灯	80年代	色彩关键区域，如画廊、珠宝展示、医疗检查、办公室、零售商店、图书馆、酒店、教室、会议室
荧光灯	70年代	画廊、医疗机构、办公室、零售商店、教室、酒店、住宅
陶瓷金属卤化物灯	60年代-90年代	办公室、零售商店、酒店、医疗机构

资料来源：节选自苏珊·M.温奇，《照明基础》第三版（纽约：Bloomsbury, 2017）

形式

光在击中物体或到达物体表面之前是没有形状的。投影距离用于描述照明投射的距离和强度。投影距离变大，光的投射面（或传播）也会扩大，导致光的强度降低。有两种基本方法对照明方向进行分类。漫反射照明（例如荧光）并不会照亮任何特定物体，而是为空间提供整体均匀的照明。相比之下，定向照明沿单一方向传播，照亮特定物体和表面。

如前所述，光束的传播是光线定向发射时的路径（图5.10）。灯具生产厂商通常会使用这个术语，对于设计人员在选择展示或重点照明时尤其有用。光束的传播可以用不同形状的三角形图示来说明。一般来说，小于25度的光束扩散角是一个光照点，而超过25度的光扩散称为泛光。

除了光束扩散以外，光线还有其他特征。光线可描述为直接光线或间接光线和向上光线或向下光线。传播的形式取决于固定装置的设计、位置和方向。首先照射到主要目标的光是直接光线。光线在照射到主要目标前，先照射到次要对象，那么它就是间接光线。直接光和间接光都可以通过向上或向下的路径产生，因此称为“向上照明”和“向下照明”。逆光从后面照亮物体时，会产生轮廓；背景被照亮时，物体就会变黑。这种技术通常用于重点照明。

表面

室内设计师要理解的一个重要概念就是光的吸收或反射方式有所不同，这取决于其所照射的表面。想象一下，光线从漆成哑光黑色的天花板上反射的效果，以及同样数量和类型的光线从有光泽的白色天花

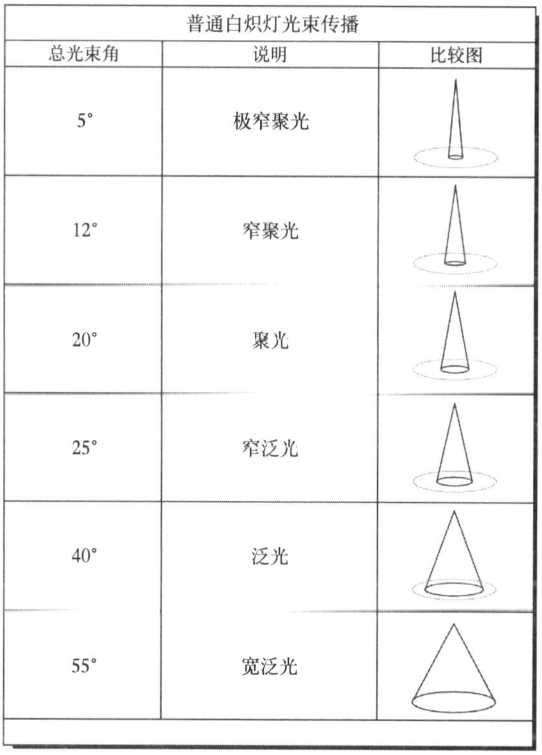

图5.10

光束表（由约翰·卡迪马里斯创建并提供/K+I联合公司）

板上反射的效果。如果不用任何科学计算法，只依靠个人观察经验，我们知道在前一种情况下，只有少量的光会反射到空间中，而在后一种情况下，会有大量的反射光照亮空间。

这一原理不仅对墙壁和天花板饰面的选择十分重要，而且还影响着整个空间内材料的选择。光滑和金属质感的肌理会反射其表面的光线，而暗淡粗糙的肌理则会将光线吸收到其毛孔或缝隙中去。

另一个设计工具是一种名为“光反射值”（LRV）的测量方法。光反射值的测量范围为0%至100%。0%表示没有光被反射；100%表示光全部被反射。举例来说，水泥通常反射25%的光，而砖块通常只反射13%的光。涂料生产商根据美联彩条形色卡的样品、比色图表或公司代表的要求提供的光反射值信息。一般来说，天花板和墙壁有较高的光反射值；地板的光反射值较低。但是，这也可能根据空间的具体用途而有所不同。例如，如果设计师想要打造非常亮的照明条件，而又不过度消耗电灯的能量，那么聪明的做法是，核查空间内所有主要表面的光反射值水平，尤其是在选择墙壁和天花板的饰面时。表5.2显示了不同材料的光反射值。

光与表面之间的另一个重要关系涉及平面的照明方式。建筑特征和表面，特别是墙壁，可以通过照明技术来改变。照亮墙壁表面有洗墙照明、擦墙照明和扇形照明三种基本方法（图5.11 a–c）。

洗墙指的是灯光平滑地分布，像水一样洗过垂直表面或平面（通常是整个墙壁），减少了表面的肌理感。要达到这种效果，固定装置的布局和间距要根据墙壁尺寸（高度和长度）进行计算。大多数灯具制造商都会给出适合洗墙效果的固定装置的推荐间距。

如果墙壁的肌理需要更亮的照明条件加以强调，则采用擦墙照明。一般来说，照明装置之间的间隔越近，光线与表面之间的夹角就越小。要制造擦墙照明效果，天花板上的灯具要距离墙面大约12英寸。

扇形照明是一种特殊类型的擦墙照明方式，通过计算灯具间距，从而产生像扇贝一样的投射面。这种墙壁照明技术本质上是一种重点照明方式。

容积

空间所需的光量取决于空间的容积和功能，并且必须根据居住者的特征来确定。

比如，一个20岁大学生正在宿舍或学校图书馆读书，这两个空间所需的照明水平是相同的。然而，房间的容积（有时称为空腔）对所需照明方式的选择有着至关重要的影响。不仅仅要考虑空间的长度和宽度，还要考虑空间的高度。也就是说，计算空间容积的正确方法是看其立体空间（即长度乘以宽度，再乘以高度），而不是建筑面积。因此，大学图书馆（大容积）的照明解决方案可能与宿舍（小容积）的照明解决方案差别很大。

亮度测量是个复杂的过程。基本上，我们用测光计来测量投射到表面的光的现有亮度，单位是英尺烛光（fc）。公制的等价度量称为勒克斯（lux），1英尺烛光等于10勒克斯。可以用计算机软件程序进行辅助计算。专业照明协会，如北美照明工程学会（IESNA）出版了亮度等级推荐指南，例如阅读所需的亮度等级。为了说明不同活动所需的英尺烛光的范

表 5.2　材料的光反射值

材　料	光反射值（反射率）%
镜面光学镀膜玻璃	80–99
金属光学涂层塑料	75–97
阳极化处理光学涂层铝	75–95
抛光铝	60–70
铬	60–65
不锈钢	55–65
黑色建筑玻璃	5
石膏	90–92
白漆	75–90
搪瓷	65–90

资料来源：节选自苏珊·M.温奇，《照明基础》第三版（纽约：Bloomsbury, 2017）

围，该指南指出在剧院观看电影只需要1英尺烛光的亮度，一般办公室工作需要30英尺烛光到100英尺烛光的亮度，而进行手术则需要2000英尺烛光的亮度。

图5.11 a
洗墙灯下的壁龛（© 观影图片有限公司/阿拉米素材图片库）

图5.11 b
擦墙灯下的室内环境（作者提供）

图5.11 c
扇形灯能够根据自然采光条件和空间大小添加柔和或戏剧性的效果（观影图片有限公司/阿拉米素材图片库）

能源

空间照明导致大量的能源消耗。美国国会1992年通过的《美国能源政策法案》（EPAct92）和2005年通过的《美国能源政策法案》（EPAct 2005）对灯具的标识和能效提出了要求。如今，人们越来越关注节能照明解决方案。美国环境保护署（EPA）已明确指出，照明消耗了建筑物内大约23%的电力。此外，20%的空调用电是为了消耗电灯产生的热量。每个灯具产品都是有灯泡寿命的，灯泡寿命表示灯泡的平均额定寿命（即预期熄灭时间）。

效能是根据光源能量对其进行排序的标准。卤素灯比标准白炽灯效能高，因其释放的热量更少，发光消耗的能量也更少。通常白炽灯照明只需要消耗10%至15%的能量，85%至90%的能量产生热量。流明是用于测量光量的国际单位，有时也称为光通量。一个标准的20W荧光灯产生1200流明，一个75W的标准灯产生1190流明。两盏灯产生的光量几乎相同，但荧光灯使用的能量是白炽灯的25%。灯具的相对效能是以每瓦流明（lpW）来计算的。效能是绿色设计中的一个重要考虑因素，可持续设计对灯具的要求是节能高效、光输出优良、使用寿命长、流明维护高、显色度高、颜色稳定、汞含量低且废弃处理方式灵活。

人的因素

越来越多的研究表明，日光和人造光的数量和质量都可能严重影响我们的健康、安全和幸福。如前几章所述，设计决策不仅基于美学选择，还基于更深层次的人类经验。设计师可以创造一种空间气氛或氛围，提供特定的感官体验，就像晚餐时的浪漫插曲一样。然而，潜在的更持久的反应，无论是积极的还是消极的，可能会受到光和我们对这些灯具的体验之间交互关系的影响。光生物学对这种相互作用进行了研究。光疗是对这一知识的应用，以增强心理和生理治疗的效果，这将在后文讨论。

光可以制造对比度。高对比度会促使大多数人进行高强度的活动；相反，光线对比度低，人们更容易久坐不动。有些地方，例如在教室中，可能需要进行高强度的活动；然而，在其他情况下，同样高的对比度不但起不到任何积极作用，反而会导致过度刺激或分心。反之亦然，例如，房间里灯光太暗，人会变得昏昏欲睡而不是平和冷静。

季节性情感障碍（SAD）是一种心理疾病。秋冬两季白昼变短，光照变少会导致抑郁症的发生，并往往伴有失眠症状。个人因工作或生活环境的关系无法充分暴露在阳光下，也可能引起这种疾病。季节变化或阳光减少时，季节性情感障碍比平常所说的“情绪低落”更严重。通常使用全光谱照明等各种疗法来缓解这种症状。

照明在医疗保健中的作用一直是循证设计的焦点。简单说，“改变照明方式，改善你的健康。”光线疗法已能够完全调节睡眠——醒觉模式的生物钟，即昼夜节律。由于季节性情感障碍、短暂的时差反应、或严重疾病（如阿尔茨海默症和其他形式的痴呆症），或在住院治疗或长期接收机构照顾期间，可能会出现昼夜节律失衡。在受控条件下进行的大量研究表明，通过使用更接近自然光的人工照明（即全光谱照明，白光或蓝白光），可改善相关行为和健康状况。

医疗卫生机构的照明解决方案非常复杂，因为患者和工作人员的需求各不相同。因此，不同类型空间的理想照明条件也会有所不同，例如，外科手术室与候诊区。除照明的方向和光量外，色彩还原也起着重要作用。病人需要光线使肤色看起来健康；医生则需要准确地照明来评估患者的健康状况。

第四节　照明灯具

灯是通常所说的灯泡的技术术语，灯具则是恰当表示整个照明单元或固定装置的术语。灯具由灯泡和分布光线的部件，包括透镜、反射器、挡板、扩散器、遮光栅格和灯罩，保护和固定灯泡的部件，以及连接灯与电源的部件组成，包括镇流器和变压器。电源元件包括电线、调光器和开关。

灯具系统属于建筑或结构（即固定或移动式）系统。建筑系统需要在项目开始时就进行规划，居住之前进行安装，并且基本上是永久性的，因为翻新费用昂贵。移动式照明也可以添加到三个照明层中。但移动式照明系统比建筑照明更易改变或更换，并且受装饰性需求的影响更大。这两种系统都适用于各种照明光源，如白炽灯、荧光灯、高强度气体放电灯和LED灯。

固定装置一般隐藏在建筑物内部，通常是天花板内，称为嵌入式灯具（图5.12 a）。凹圆暗槽灯这种建筑照明系统将光线散布在天花板上（图5.12 b）。凹圆是一个由许多不同类型的材料制成的通道，如墙壁和天花板接缝处的木槽板。嵌入式照明通常使用的光源是白炽灯，特别是卤素灯，尤其需要营造浪漫或传统的感觉时。但是，如果需要均匀且节能的照明方

通过选择照明方式节约能源

- 利用自然采光安排家具，最大限度地利用日光，便于阅读、烹饪等。
- 在需要光线集中的地方使用轨道灯、台灯或在合适的位置摆放落地灯。
- 建议用荧光灯代替标准A型照明灯。
- 使用自动化技术，如运动探测器和感应传感器，以及其他控制设备，如用于户外灯具、定时器和调光器的光传感器。
- 户外指定使用高强度气体放电灯，例如庭院和车道。
- 指定使用“能源之星”等级的灯具。
- 考虑使用LED照明灯，尤其是户外应用，如工作照明，包括厨房橱柜内的照明装置。
- 在光反射值因素的基础上考虑平衡美学因素，以实现最大照明度。

资料来源：节选自美国节能经济委员会，http://www.aceee.org；美国照明研究中心，http://www.lrc.rpi.edu;；美国照明协会，http:// www.americanlightingassoc.com; 和兰德尔·怀特希德的《住宅照明》，第二版（约翰威利国际出版公司，2009）。

式，则可选择荧光灯管作为光源提供照明。其他类型的灯具，如LED灯，可以实现其他特殊效果。

将电灯固定在天花板或墙壁上使灯泡及其外壳凸显出来，称为表面式固定装置或埋入式固定装置。壁挂式固定装置称为墙装托架或壁灯（图5.12 c）。

如果固定装置是悬挂式的，那么灯具名称因悬挂方式的不同而有所变化。如果固定装置下垂高度很小，则可称为半嵌入式或半埋入式。如果固定装置悬挂在天花板垂下的较长的杆或链上则称为垂饰（图5.12 d）。

固定装置可以悬挂在轨道或电缆系统上（图5.12 e）。轨道和电缆可以埋入或者悬挂在天花板上。固定装置通常可在该结构上移动，从而灵活地创建不同的照明条件。电缆系统的灵活性更因为其可以就地弯曲，打造雕塑般的效果。

图5.12 a
室内嵌入式照明（鲍勃·席默/德国Hedrich公司）

图5.12 b
Kips Bay展厅休息室内的凹圆暗槽灯设计（丹·艾费特摄，查尔斯帕瓦里尼设计有限公司设计）

可移动灯具通常放在地板上或桌子上（或课桌、书架等）。落地灯可用于标准高度的工作照明（通常是阅读）或更普遍的环境照明。其他落地灯高度可调。用于整体照明的立式落地灯也可称为间接照明地灯。

可移动固定装置的灯罩或球形灯罩的类型会极大地影响照明的方向和亮度。例如，不透明的黑色灯罩比半透明的宣纸灯罩透出的光线少。

第五节　照明计划和规格明细表

根据项目的性质，照明计划（一组技术图纸）可以由不同的部分组成。典型组件包括天花板反向图、固定装置规格表、电源和信号平面图、布线平面图、通信计划和图例（参见第4章）。

某些符号是普遍认可的，并作为图例的一部分，代表照明计划中的不同元素。反射天花板平面图（从天花板角度绘制的图纸）上的符号不仅表示固定装置的位置，还表示其他特性，例如是吸顶安装还是悬挂安装（图5.13 a和b）。平面图可以显示电源插座、开关、控制装置和布线信息，以帮助承包商和电工进行复杂安装工作。通信计划包括内部通信信号、传感器设备和安全系统。规格明细表包括购买所需器具的细节，例如灯具和固定装置的数量、款式编号和名称、制造商和特性。必要时应联系照明专家或顾问。

图5.12 c
室内壁灯（克劳迪亚吉塞尔设计工作室提供；图片版权所有：加勒·特罗兰）

图5.12 d

枝形吊灯（© 赫米斯/阿拉米素材图片库）

图5.12 e

室内轨道和电缆照明（克里斯托弗·巴雷特/赫德瑞奇·布莱辛；由泰克曼·麦克里设计）

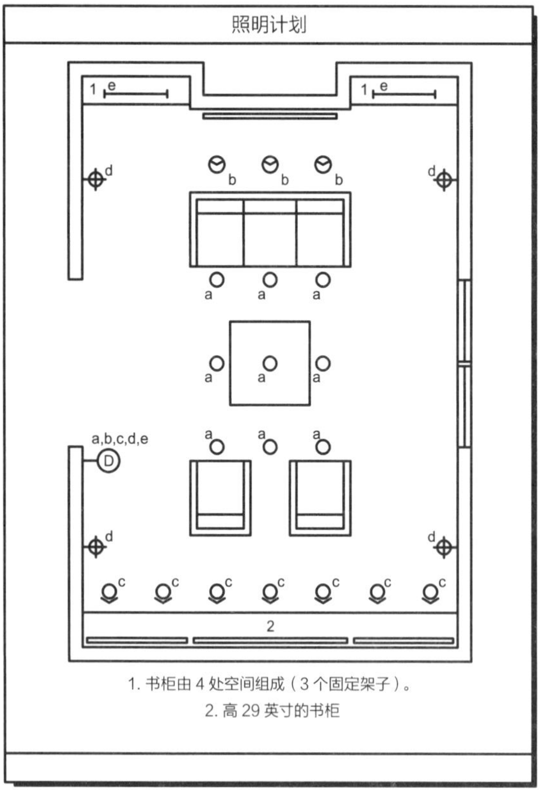

图5.13 a

照明计划（由约翰·卡迪马里斯创建并提供/K+I联合公司）

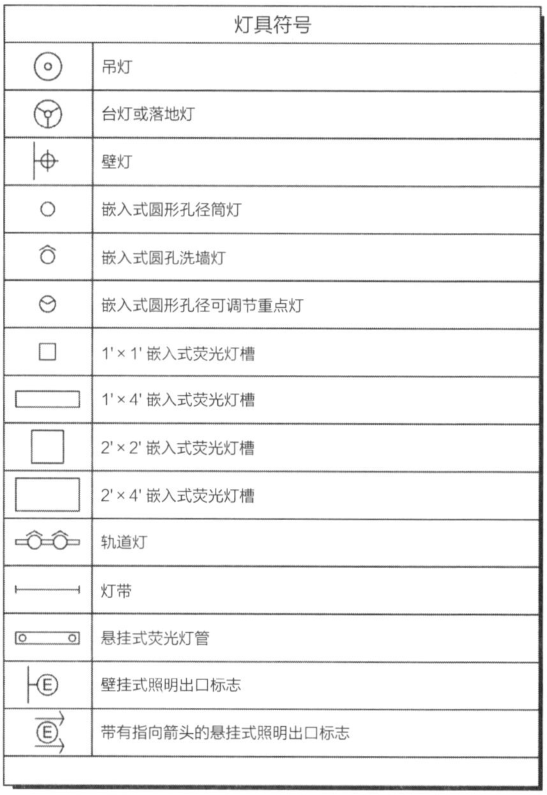

图5.13 b

照明符号（由约翰·卡迪马里斯创建并提供/K+I联合公司）

热点聚焦

大规模照明：阿联酋阿布扎比的清真寺

谢赫扎伊德大清真寺是世界上最大的清真寺，设计容纳超过4万名礼拜者。照明方案需要与复杂的建筑和室内设计相联系，同时还要考虑使用的材料。因此，有必要谨慎地设置光源，提供必要的亮度以实现其功能性，同时突出各种复杂的建筑特色。

将光源嵌入凹槽、壁龛和壁架，放置在雕刻的格子内，都能够制造间接的洗墙效果。清真寺室内外连接处使用蓝色（一种写意色彩）和白色灯光照明，每日一变。

朝拜墙，是礼拜者面对的墙，融合了光纤照明，成为一件独特的闪亮的艺术品。

图a

迪拜室内设计效果。资料来源：阿联酋谢赫扎伊德大清真寺素材图（© 多米尼克·伯恩/阿拉米素材图片库）

鼠尾草绿色生活：技术、设计和生物自卫本能的合作

Ambienta智能灯是一款现代化的台灯，于2016年首次推出，乍一看让人想起20世纪70年代的蘑菇形电灯，其底座周围点缀着一圈花卉和植物（图a）。然而，这款看似简单的台灯在设计上相当复杂，未来可能以此为原型设计出更大的物品（图b）。

Ambienta智能灯也是一款多功能台灯，使用两种类型的发光二极管，可选择温暖、明亮的环境光（1.5瓦的LED向上照明）和向下照明，以维持水培环境中（9瓦LED灯）植物的生长。中央浇水柱从顶部开口处给植物送水。

鼠尾草绿色生活之旅始于鼠尾草垂直花园系统公司，这是一家利用无土（水培）技术制作植物墙体的公司。建筑师丹尼尔·普泽（Daniel Pouzet）在其辉煌的职业生涯中，曾与菲力浦·斯塔克（Phillipe Starck）等有影响力的设计师合作。普泽还与简·玛利·马索德（Jean Marie Massaud）一起创建了马索德-普泽工作室，在墨西哥瓜的达拉哈拉建造了奥姆尼莱夫体育场，这是世界上最可持续的体育场。

该公司还生产和销售各种2英寸的水培植物和花卉，专为灯具孔设计。Petalo这种小型台灯也配有水培植物（图c）。

图a

Ambienta智能灯（公司：鼠尾草垂直花园系统公司；品牌：鼠尾草绿色生活；设计师：丹尼尔·普泽；摄影师：内森·贝克纳）

图b

丹尼尔·普泽的设计图纸（公司：鼠尾草垂直花园系统公司；品牌：鼠尾草绿色生活；摄影师：内森·贝克纳）

图c

带有水培植物的Petalo台灯（公司：鼠尾草垂直花园系统公司；品牌：鼠尾草绿色生活；设计师：丹尼尔·普泽；摄影师：内森·贝克纳）

本章小结

照明是一个复杂的设计元素，通过定量和定性测量方式来评估。可以通过其表面温度、颜色、反射值和明亮度或亮度来测量。光有环境照明、工作照明和重点照明几种不同的用途。照明决策一般是基于对项目性质和其居住者的评估。人们不断寻求更高效的照明方式，促进了照明生产和应用领域的研究和发展。

照明设计融合了对自然光源和电光源的理解。通过提高显色能力改善照明质量和节约能源是两个进步的方面。

对于室内设计师来说，光线是与其他因素相联系的，如形状、表面、肌理、温度和色彩。与色彩一样，光线可以用来控制空间的外观和容积，也可以用来创造对比、强调和气氛。节能对于设计师的决策过程至关重要。

光与人的因素之间的关系越来越受到人们的关注。光线对感知、情绪、健康、幸福和工作效率的影响已经通过科学研究得到证实。

灯具可以是建筑灯具，如凹圆暗槽照明和嵌入式照明，或者可移动式照明，如间接照明地灯和餐桌或书桌固定装置。光线可以呈现向上、向下或逆光照明条件。随着设计的不断创新和时尚化，出现了越来越多的美观的照明产品。

描述照明计划需要一系列的图纸，其中包括反向天花板平面图和固定装置明细表。必要时需要询问照明顾问或专家。

词汇表

A (arbitrary) lamp A型灯
accommodation 调节
adaptation 适应
backlighting 逆光
beam spread 光束传播
bulb (lamp) 灯泡（灯）
cable system 电缆系统
Ceramic metal halide (CMH) 陶瓷金属卤化物灯
chromaticity 色度
circadian rhythm 昼夜节律
color constancy 色彩恒常性
color rendering index (CRI)显色指数
compact fluorescent (CFL) 紧凑型荧光灯
cove lighting 凹圆暗槽照明
daylight harvesting 日光采集
daylighting 日光
diffuse lighting 漫射光
direct lighting 直接照明
directional lighting 定向照明
down lighting 向下照明
efficacy 效能
Energy Star ratings “能源之星”评级
fiber optic lighting 光纤照明
flood (beam spread) 泛光（光束传播）
fluorescent lighting 荧光照明
flush-mounted fixture 埋入式固定装置
foot-candle (fc) 英尺烛光
full-spectrum light 全光谱光线
glare 眩光
halogen 卤素灯
high-intensity discharge (HID) 高强度气体放电灯
lamp 灯
hydroponic 水培
incandescence 炽热
incandescent lighting 白炽灯照明
indirect lighting 间接照明
Kelvin scale 开氏温标
lamp (bulb) 灯（灯泡）
lamp life 灯泡寿命
light-emitting diode (LED) 发光二极管
light reflectance value (LRV)光反射值
line (standard) voltage 线路（标准）电压
low voltage 低电压
lumen 流明
lumen per watt (lpW) 每瓦流明
luminaire 灯具

luminance 亮度
luminous flux 光通量
lux 勒克斯
metamerism 同色异谱
Metal halide (MH) 金属卤化物灯
mirror reflector (MR) halogen lamp 镜面反射卤素灯
neon lighting 霓虹灯照明
Organic light-emitting diode (OLED)有机发光二极管
Parabolic aluminized reflector (PAR) lamp 抛物面镀铝反射灯
pendant 垂饰
photobiology 光生物学
phototherapy 光线疗法
phototonic 光激性的
quartz-halogen 石英卤素灯
recessed fixture 嵌入式固定装置
reflector lamp 反射灯
scalloping 扇形照明
sconce 壁灯
seasonal affective disorder季节性情感障碍
(SAD)季节性情感障碍
semi-flush 半埋入式
semi-recessed fixture 半嵌入式固定装置
solid-state lighting (SSL) 固态照明
spot (beam spread) 点（光束传播）
surface-mounted fixture 表面式固定装置
suspended fixture 悬挂固定装置
throw distance of light 光的投影距离
torchiere 间接照明地灯
track system 轨道系统
tungsten-halogen 钨卤素灯
up lighting 向上照明
veiling reflection 光幕反射
wall bracket fixture (sconce) 墙装托架（壁灯）
wall grazing 擦墙效果
wall washing 洗墙效果
watt 瓦特

练习：设计一本照明杂志

绘制三处环境，至少表现出一种照明类型（环境照明、工作照明或重点照明）。这三处环境可以是博物馆、画廊、卧室、咖啡厅、教室、图书馆等。使用任何你喜欢的工具绘图，如钢笔、铅笔或马克笔画出房间的各个部分、表面和可能受光源影响的饰面，使用黄色荧光笔显示光束的方向、形状和传播路径。在图上标注房间类型，如咖啡厅或博物馆；光的功能，如环境照明、工作照明还是重点照明；以及光源类型，如白炽灯、荧光灯、LED灯或日光。记录其他观察结果，可能包括眩光；光的数量和质量；光与其他元素的关系，如肌理、色彩、情绪或其他人为因素；以及效能或能源浪费。

第六章

建筑设计元素：外壳

从这个世界出现建筑者、建筑物和居住者，人们就一直观察、讨论、争论和书写着他们之间的关系，至今从未间断。其中的一些主题包括内部和建筑、外部和内部，以及制造者和使用者之间的区别。16世纪意大利文艺复兴时期的建筑师安德里亚·帕拉迪奥（详见第3章）在他的《建筑四书》讨论了建筑师在建筑规划时应该关注的主要问题。建筑开始之前，应该认真考虑这栋即将拔地而起的建筑的平面图和立面图的各个部分，维特鲁威（Vitruvius，古罗马时期著名的建筑学家）认为，每一个构造都应该考虑三件事情：实用性或便利性、耐用性和美观性。没有这三点，任何建筑都不值得称赞。因此，一项既不实用且不耐用，耐用但不实用，两者皆有但却没有美感的作品就称不上是完美之作。

建筑师通常关注外部，而室内设计师则关注内部。斯坦利·阿伯克隆比（Stanley Abercrombie）在担任《室内设计》杂志的主编时提到，尽管许多关于建筑的历史调查都在展示建筑的外观，但如果凭此便认为过去这些伟大的建筑缺乏优秀的内部装饰，那就太鼠目寸光了。斯坦利还说，内部装饰就在我们的身边，它们也许具有更大的力量。当走进一栋建筑时，我们不再仅仅是一个观察者，我们也成为了这栋建筑的部分。

本章和后面的两章按照从外到内的顺序依次展开。这些步骤将我们从空间和环境的背景关系，转移到为居住者的空间进行个性化处理的细节部分。

尽管室内设计师可能对于第1章中提到的许多建筑结构或承重元素并不完全负责，但重要的是，要了解和理解所使用的材料和技术，以及对室内空间设计产生的影响。建筑结构的框架，以及在施工过程中安置的机械系统构成了空间的外壳。机械系统一词常与环境控制系统交替使用，指与供暖、通风、空气调节有关的系统；供水、废物处理或管道系统；声学系统；电力和通信系统。

壳体建造过程中所使用的许多材料也可以不用作结构或承重材料，而是用来增强室内效果，混凝土就是其中一例。混凝土既可以用作建筑材料，也可以用来装饰地面（详见第7章）和成为家具（详见第8章）。

除了外壳，室内设计过程还涉及到另一个层面即建筑物的内饰。在内饰部分，设计要素与空间的建筑风格相结合，而空间规划和布局的决策也发挥着作用。例如，可以添加隔板来划分区域或行为环境。室内设计师的专业知识饰面材料、规格及其应用都能够帮助定义空间的特征、情绪和功能。通常，这种表面设计的第一步是要解决墙壁与地板和天花板的连接方式。木制品的选择初步塑造了空间的特性。木制品的内容在第7章中有所涉及。

第8章继续下一层次的讨论，这里描述为“装饰鸟巢”。这一层涉及固定和可移动的家具和设备；门窗处理；最后的润色装饰，通常称为配饰。这一步骤能最有效地实现个性化（详见第2章）的要求。

第一节　场地、方向和气候

与鸟类的筑巢本能一样，人类的筑巢本能也有不同的表现形式。建筑物的场地、方向以及“鸟巢”所处的气候所来的影响都扮演着重要的角色。

“位置，位置，位置。”这句话常用于预测一家企业未来成功与否。这则座右铭背后的思想是，个人、家庭、社区或组织的成功或好运在很大程度上取决于所处的环境，也就是其背景。空间选址时，位置显然是一个重要的考虑因素。室内设计师不仅需要了解环境和资源对空间当前和未来居住者的影响，而且了解居住者和空间对环境产生的影响。重拾祖先的经验教训让我们懂得了可持续绿色设计的核心思想，即适应性再利用、节约能源和亲生命性（详见第2章）。创新建设不仅有助于减少自然灾害带来的损失，而且有助于重建更美好的家园。弹性和修复的构建和设计的创新方法将在本章后面的“热点聚焦：弹性和重建”一部分中提到。

我们的祖先是狩猎者和采集者，他们靠着对周围事物的了解才得以生存下来。对大自然的了解以及对自然力量的尊重使人们能够预测天气，找到水源，并且在恶劣的环境中生存下来。

美国建筑师弗兰克·劳埃德·赖特（Frank Lloyd Wright）深受日本艺术和哲学的影响，并将自然融入到了其作品当中。他的理论是：住宅的核心应该向外延伸到景观之中，并把这称为有机建筑。他在20世纪早期美国中西部的许多作品（被称为草原风格）都是以展现草原景观的水平平面为特色。他利用环境将建筑的场地和空间向外延伸（图6.1）。

赖特所建造的建筑的室内设计和选址工作由他本人负责，因此他在室内和室外都采用了相似的材料来进一步加强这种统一感。他去掉了生活空间之间的墙壁，从根本上重新定义了房间的概念。他早期的开放式计划或开放式平面图，以壁炉或壁炉地面作为住宅的核心，反映了美国的自由精神。这与当前对住宅和非住宅项目的看法一致，正如文森特·沃尔夫（Vicente Wolf）的住宅计划所示（图6.2）。

建筑的地理位置对其建造方式也起着重要的影响。例如，人们不难想象，非洲沙漠中、加拿大落基山脉山腰上的住宅，或者加勒比海的海滨别墅的设计方法截然不同。不是所有的住房都是永久性的。游牧文化仍然存在于世界上的部分地区。在某些情况下，房屋随着居住者的迁移而移动。中亚山地大草原上的情况就是这样，那里的蒙古包就是一种可移动的住所。其结构是一个木格子框架结构，上面覆盖着羊毛制成的毛毡。人们认为蒙古包比普通的帐篷墙壁更厚，更像一个家。蒙古包结构的概念已经在世界其他地区流行起来，包括北美地区，并且还建造出了许多用于临时或半永久性居住的初级或二级住宅类型的蒙古包（图6.3）。

人们也要分析场地的其他特点，例如，需要考虑用于建筑用地土壤的性质，以确定土壤是否能够支撑得起房屋的地基。

一旦确定了场地的位置，建筑的方向（即朝向）就是需要考虑的主要因素。第一步最好是确定哪些位置朝向外部环境。门窗布局（门和窗的开口）面朝哪个方向：北、南、东还是西？有没有重新安置或调整门窗布局的方法？这些因素与节约能源以及环境的关系十分重要。在第2章和第5章讨论过的采光也是一个

图6.1
弗兰克·劳埃德·赖特的Taliesen West（照片由安德鲁·皮拉格拍摄。版权© 弗兰克·劳埃德·赖特基金会，斯科茨代尔，亚利桑那州）

图6.2
文森特·沃尔夫设计的宽敞的开放式住宅平面图（悉尼先驱晨报/费尔法克斯传媒/盖蒂图片社）

图6.3
在中亚，身着传统服装的妇女站在传统的蒙古包前（维亚切斯拉夫·奥斯列德科/法新社/盖蒂图片社）

主要因素。在大部分的地理位置中，建筑物南边的采光效果最好，其次可能是北边。景观建筑师或设计师的服务项目或许有助于规划遮阳方法，以控制太阳照射效果，尤其是在夏季。在室内装潢和材料的选择上，如纺织品，设计师需要考虑这些材料是否会因强烈的日光照射而褪色。应该根据自然光的强度来设计配色方案。例如，在凉爽的温带地区，室内采用暖色方案较为合适，而冷色方案可能在温暖的气候条件下效果最好。朝向对建筑内部和外部材料的选择也有影响。

正如第2章讨论的，一个人的感官体验是由许多因素决定的，这些因素受方向和气候的影响，热感就是其中之一。一个地区的固有温度以及全天的变化影响着许多结构和室内设计的选择。例如，位于强风或强降水地区（如飓风区）的建筑要与干旱地区的建筑设计有所不同。季节性情感障碍是指人们在失去自然光时变得抑郁的情况（详见第2章和第5章），这是选址影响设计决策的另一个例子。

门窗布局的朝向会影响门和窗在温度和隐私等方面的处理方式。建筑朝向和设计的方式会引导室内设计的最终决策，影响保护隐私的方式和时间。

建筑师、室内设计师、工程师以及景观设计师之间的合作有助于解决这些问题和其他气候问题。

第二节　基本建筑构件

正是在这个阶段，“鸟巢”的基本结构才得以确定。正如第2章所述，除非基本需求（许多是生理需求）得到满足，否则无法表达个性化需求，这也回归到马斯洛的需求层次理论上。在这一阶段所选择的构件组成实体结构的外壳——一个必须满足其使用者对身体安全和舒适性需求的结构。外壳部分必不可少的建筑构件包括地基、地板、墙壁、屋顶、天花板、门窗布局、垂直运输系统（楼梯、坡道、电梯和自动扶梯）以及环境控制系统。虽然这些本质上属于建筑师和工程师的工作范畴，但也有助于室内设计师了解建筑的结构。

地基

建筑物的地基是与地面（包括土壤）紧密连接在一起的下层结构。地面和地基都必须能够支撑起正在建造的建筑。我们再一次认识到，有关房屋的决策与大自然息息相关。要考虑未来降雨、霜冻和降雪的位置等因素。地基必须承受或支撑其荷载，本质上是强加在其上的重量。一幢建筑必须能够承受多种不同类型的载荷。其中包括静荷载（即建筑结构和永久性设备的相对固定重量）以及活荷载（即居住者和家具的重量，包括可移动设备）。重力荷载可用来描述静荷载和活荷载。横向荷载包括风荷载和地震荷载，这些需要在建筑的初始设计阶段就进行规划。规划的依据是国际建筑规范（IBC），以及其他根据地震活动的潜在严重性划分类别的规范。突然出现的横向荷载，被称为动态荷载；荷载突然或迅速发生变化时，被称为冲击荷载。

在第1章中，承重与非承重结构被认为是建筑师和室内设计师职责区别的关键所在。室内设计师有疑问时，应咨询建筑师或结构工程师。承重结构包括垂直平面（如墙壁和立柱）和水平平面（如天花板、横梁和地板）。荷载可能来自于建筑内部或外部。打造地基时会用到多种材料和方法。这些材料中有木材和混凝土，混凝土是一种波特兰水泥（一种矿物研磨成粉末的混合物，加水后变硬）和骨料（如沙子和砾石）的混合物。混凝土地基可以用钢筋加固，通常称为“螺纹钢筋”，意思是“加固钢筋”。

基脚这一术语描述的是地基延伸到土壤下面的地基部分，通过分配荷载来保证地基的稳定性。在这种情况下，用参考水准面一词表示地平面，基脚应该位于参考水准面以下（图6.4）。全面了解地面的特性，包括土壤研究，以及对气候的关注，将有助于确定打造地基的材料和方法。

地板

底层地板一词是用来指建筑地板，但通常不是成品地板表面。如果用之前的术语做类比，那么底层地板属于外壳部分，而成品地板则属于内饰部分。底层地板系统与地基一样，虽然不受气候的影响，但必须安全地支撑起活荷载。它分别连接着地基和墙壁系统。地板系统可建造在参考水准面上，也可以低于或高于参考水准面。

典型的地板系统是由木材制成的，尤其是单一家庭住房。在托梁系统中，木材或混凝土梁（托梁）是水平地靠在一起的，以支撑承重墙。然后，在托梁系统上铺上用木材或混凝土制成的甲板（平台）（图6.5 a）。在板梁系统中，托梁之间的间隔较大（图6.5 b）。使用钢材时，也会采用相似的技术。然而，钢材的强度允许支架之间有更大的跨度或距离（图6.5 c和d）。摩天大楼就是用钢材地板系统建成的，大楼内的地板用混凝土装饰。

多层楼宇经常采用混凝土板系统建成，其中混凝土用钢筋加固（图6.5 e）。混凝土可以现场浇筑（灌注）或预浇制（非现场）到不同构造的板坯中。混凝土固有的防火性能和低成本，使其成为一种常用的建筑材料，尤其是对公共空间而言。

层压胶合板材，也称为胶合板，是一种结构木材产品，由更小的木材层构成。这些木材层压在一起，形成垂直的圆柱或水平的梁，也可以制成弯曲的拱形。通常用螺栓或普通钢销钉和钢板连接。胶合板比类似尺寸的实木构件更结实，而且在制造过程中，由于单层薄片干燥到接近极限程度，因此受水分变化的影响更小。胶合板是混凝土和钢材的可持续替代品，能够用于更大的荷载和更大的跨度。同时胶合板也可以制成笔直的或弯曲的形状，既美观又能满足构造要求。

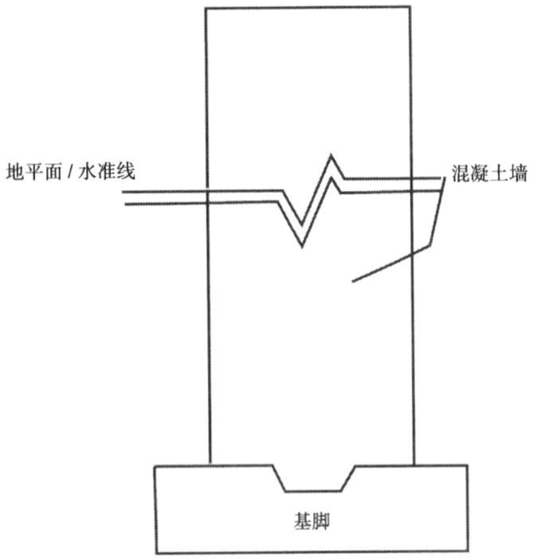

图6.1
地基的构件（*Bloomsbury*）

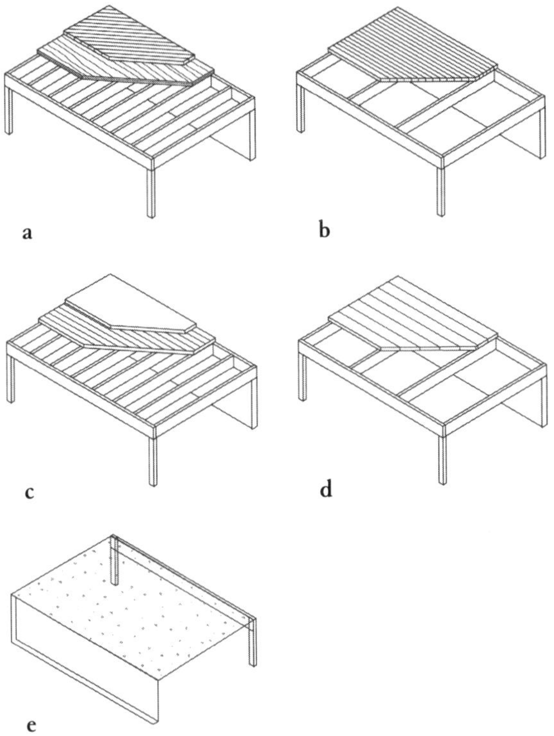

图6.5 a–e
地板系统：a.木龙骨。b.木板和梁。c.钢龙骨。d.钢梁和对接。e.混凝土（*Bloomsbury*）

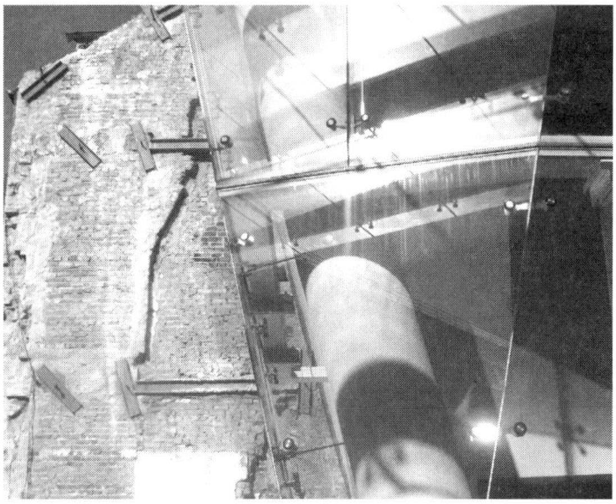

图6.6
砌石建筑构件（作者提供）

人们渐渐习惯在建筑底层地板上再添加一层地板，用于布线。这种方法在包含许多计算机或其他电子设备的空间中非常有用。抬高的地板材料可以作为一个模块系统安装，使用起来更加方便，还可以为供暖系统提供空间（见后面的讨论）。

墙壁

与建筑地板系统一样，外墙的构建可以使用成品表面，或者单独铺装一层进行表面处理。内墙可以承重，也可以不承重。它们的作用是界定空间，引导循环交通流线，也可以容纳电线。

墙壁系统可以由木材、钢或砖石建造而成。砖石是用来描述某些建筑材料的术语，包括混凝土、砖块（窑烧黏土）和石头（各种岩石）。这些材料通常与砂浆混合在一起，砂浆是水和水泥的混合物。在墙体施工中要考虑的因素包括来自上方的荷载，能够连接地基、地板和屋顶，窗和门的开口，防火和天气控制，以及于所需装饰表面的兼容性（图6.6）。立柱墙是一种典型的灵活性系统，既可以用木材建造，也可以用金属建造（图6.7 a和b）。木立柱更常用于住宅建筑，而商业建筑则更多地使用金属框架。木立柱是一个小的、直立的元素（构件），虽然有大尺寸可供选择，但常用的是2×4的。木制2×4的实际尺寸是$1\frac{1}{2}$英寸×$3\frac{1}{2}$英寸（1英寸≈25.4毫米）。

6英寸宽，称为2×6的立柱如今更常用于容纳线路和管道设备。钢立柱的标准深度为$1\frac{5}{8}$英寸、$2\frac{1}{2}$英寸、$3\frac{5}{8}$英寸、4英寸和6英寸。这些系统可以在带到施工现场的面板中预制（1英寸≈25.4毫米）。

框架墙系统类似于立柱结构，但连接顶部平面和底部转轮的垂直立柱（垂直梁）更少。这种墙之后

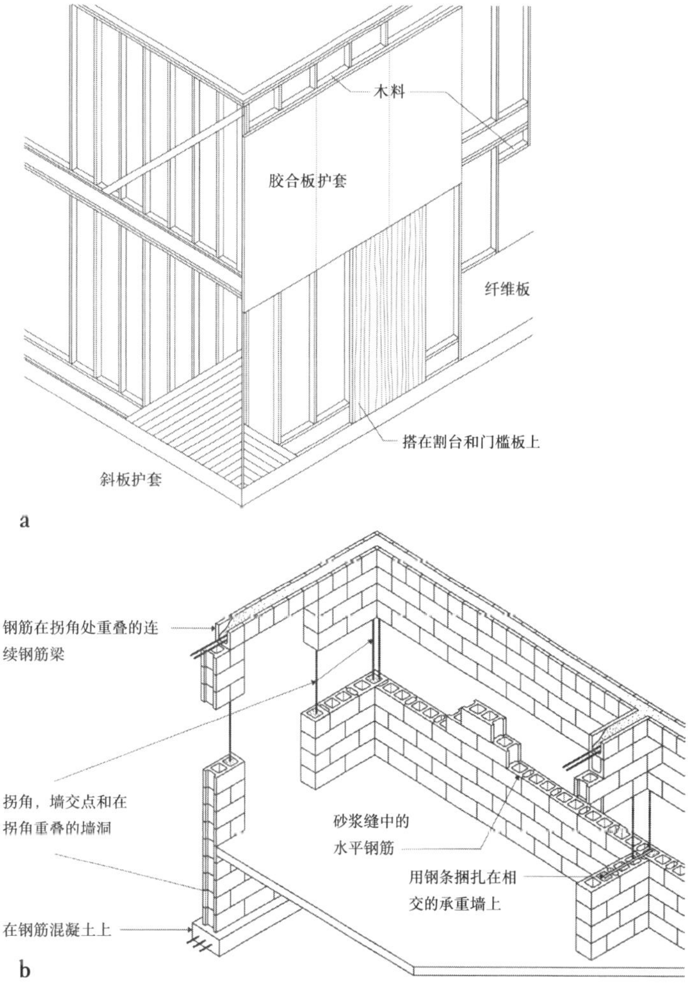

图6.7 a和b
墙框架系统。a. 木立柱墙护套。b. 钢筋混凝土砌块墙（*Bloomsbury*）

必须覆盖或包裹一层，通常使用胶合板（薄板粘在一起）或纤维板（压缩的木纤维也在薄板上粘在一起）。在老式建筑中，这些框架由板条或木条进行表面覆盖，或者是固定在横梁上，然后涂抹湿石膏（图6.8）。近年来，干壁施工已经成为规范。建筑墙壁的框架是由矿物石膏（一种硫酸钙）在金属板条上制成的面板构成的。这些面板通常被称为墙板、石膏夹心纸板、石膏墙板（GWD）或石膏墙隔板（GWP）。与内墙相关的隔板可以是地板到天花板的高度，也可以是部分高度。其可以是固定的，也可以是可移动的，有灵活性需要时，可以使用后者，特别是在划分办公空间或用于多用途区域时。这些薄板的标准尺寸是4英尺乘8英尺，以适应平均天花板高度。薄板厚度不同，最常见的厚度是5/8英寸和1/2英寸。本章后面的“热点聚焦：弹性和重建”部分介绍了一种木框架墙体结构（1英寸≈25.4毫米）。

墙壁系统也可以由砖石构建而成，包括砖、混凝土和玻璃。外墙砖块的标准大小通常为8英寸长，4英寸宽、3英寸厚。近年来，裸露的、未完工的砖墙给住宅和商业室内环境带来了一种新颖且温馨的美感（图6.9 a）（1英寸≈25.4毫米）。

图6.8
板条和石膏内墙（© 克里斯汀·弗莱彻/iStock图片库）

砖石结构（包括砖）不仅有不同的颜色和纹理，而且不同的安装技术也能塑造出大量的结构模式。在某些应用中，由石头或混凝土砌成的内墙就可以满足预期的美学要求。

混凝土可以制成实心砖或更轻的空心砖（图6.9 b）。

现在的混凝土和混凝土复合材料有各种不同的颜色和饰面，可用于家居陈设（详见第7章和第8章）。由于混凝土是多孔的，所以应进行处理和密封，以防止水损害。防水性和其他表面涂层的创新之处在于使用植物性油脂，这是一种比以石油为原料的油类更可持续的应用。

用于外墙的石材可以是未加工的，也可以是经过处理的（图6.9 c）。未加工过的石料称为碎石，可以在一个规则的水平面上以随机或整齐的排列方式排列。经过处理的或切割好的石头叫做方琢石（图6.10 a和b）。

砌体墙能够有效地承载压力，也就是来自上方的荷载。然而，其不足之处在于不擅于承受拉张力或侧向应力。由于温度或湿度的变化，砌体墙在达到稳定之前可能会因膨胀和收缩而开裂。

砌体墙可以用钢筋或金属系件进行加固，以增强其承受拉张力的能力。外部砌体墙可以是实心材料，也可以是多层结构，顶部有一个薄的表面，称为饰面板。饰面板是在较便宜的下部结构上贴上质量上乘的材料，这是一种对表面精致处理的经济有效的方法。内部砖墙表面可以将饰面板贴在立柱框架上。

屋顶

屋顶的倾斜或斜度需要考虑气候因素，如降雨的排水、太阳能的转向和通风。屋顶结构不是水平面是形成的三角形形状，叫做山墙。山墙的倾斜度可大（陡峭）可小，这取决于椽的角度。椽，是用于支撑屋顶的横梁。椽越接近垂直，屋顶越陡。

图6.9 a–c

a.用砖集成的内墙；b.室内碎石墙；c.现代建筑的室内设计，客厅以混凝土墙为特色（a: Sharp/Redcover.com提供；布雷特・拜耳摄；b: 浏览图片/通环球图片库/盖蒂图片社；c:（© 巴勃罗・阿姆斯特朗/阿拉米素材图片库）

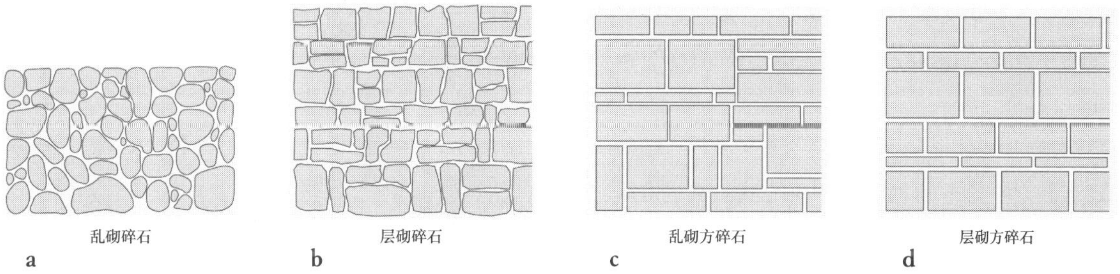

图6.10 a–d

石头的线图。a. 乱砌碎石；b. 层砌碎石；c. 乱砌方琢石； d. 层砌方琢石（Bloomsbury）

木材或金属的三角形支撑结构称为桁架，用于均匀分配荷载。这种类型的结构可支撑屋顶的框架。与地板、墙壁和其他结构表面一样，桁架也可以用饰面进行包覆，或者用某装饰材料加以修饰，通常是胶合板、石膏板或纤维板。桁架支撑也可用作成品天花板，除了具有结构价值以外，还起到了装饰效果（图6.11 a和b）。

屋顶设计与施工还必须能够承受来自下方的荷载，如天花板和悬挂式照明装置。与底层地板材料一样，屋顶系统也可以支持机械或电气线路。屋顶和天花板的形状将决定其他系统的适应程度。倾斜的屋顶可以具备储物功能，如窄小空间，甚至可以提供额外的居住空间。

屋顶形状也会影响屋顶装饰材料的选择。天花板、室内空间的布局以及外部的美观。屋顶的坡度、斜度和方向可以唤起人们不同的感觉。图6.12 a和b分别是从室外和室内展示的屋顶设计，请仔细观察。

天花板

对于一层建筑而言，天花板可以被认为是屋顶的内饰，因此与其说的结构元素，不如说是装饰元素。对于多层建筑而言，上层空间的地板系统实际上就是下层空间的天花板。选择的材料可以是一个成品平面，也可以仅仅是结构系统。大教堂天花板是一种很受欢迎的结构性天花板，庞大的三角形形状让人感受到宗教建筑的雄伟壮观。

通常，天花板的外观是基于模拟建筑或结构元素的表面精加工处理。例如，裸露的桁架或横梁天花板构造可能真的是未完成的屋顶结构，也可能仅仅是用以增加建筑风格的表面或装饰细节。不起支撑作用的木梁可以添加到内部空间，以创造一种质朴的感觉（图6.13）。

圆顶、拱形和穹窿天花板在历史上被用作结构系统，在教堂中尤其如此。在现代项目中，其更常用于制造美学的戏剧化效果，而不是出于结构方面的考虑。就像大教堂天花板一样，这些类型的天花板给空间注入了一丝严肃感（图6.14 a–c）。然而，大众对美学、舒适度和能源使用的态度发生了转变，导致这种天花板在某些情况下遭人诟病，尤其是住宅环境中。这些房间的供暖和制冷费用非常昂贵，往往通风不良而且回声嘈杂。此外，越来越多的购房者发现这种设计造成空间浪费，而这些空间本来可以用来建造

a

b

图6.11 a和b

a.金属（钢框架）桁架系统；b. 木桁架系统（*a：浏览图片/通环球图片库/盖蒂图片社；b：亚洲视野/通环球图片库/盖蒂图片社*）

图6.12 a和b

a和b高坡屋顶的外景和内景（a: 肯·海登/Redcover; b: 詹姆斯·米切尔/Redcover）

图6.13

添加到天花板上的回收木梁在空间中凸显个性（比尔·奥利里/华盛顿邮报经由盖蒂图片社）

图6.14 a–c

a.众议院佳能大楼里圆形大厅的天花板。该天花板于去年修复完成；b.拱形天花板；c.大教堂天花板（a: 斯科特·J.法瑞尔摄影/国会季刊/盖蒂图片社；b: 埃里克·泰勒摄影；c: 由山姆·帕克西亚设计并提供）

更多的房间。因为涉及到袖珍住宅（每个住房单位不足46.45平方米）。

天花板可以与屋顶相连，或与屋顶齐平，或悬挂，或下降，以适应供暖、通风、电气、照明和声学系统。吊顶系统的应用将在第9章进行讨论。

门窗布局

我们对任何内部空间的第一次接触，对这个空间的初步认识，就是在进入空间的时候。进入空间不仅仅是身体的运动，也是心理的运动。一处设计巧妙的入口需要对整个室内空间进行周详的考虑（室内设计师的角色）。

门和窗既服务于空间的内部，也服务于外部。室外门窗的功能包括指明入口、出口和通道，保护隐私和安全，隔离室内免受外部气候和环境的影响（包括声音和振动），并为室内提供额外的光线、空气流通和通向室外的远景。室内门用于界定区域、行为环境或房间，并引导交通，还具有保护隐私和吸音的功能。如今，有许多标准门窗和定制门窗可供选择。

本章探讨了涉及门窗结构方面的选择，门窗处理在第7章中有所介绍。然而，在某些领域很难将这两者区分开来，能源节约便是其中一例。特殊的窗帘处理可以用来节约能源，同时为空间增添特色。

第5章讨论的许多因素都是选择门窗作为外部和内部组件时需要考虑的关键因素。项目规划阶段包括调查研究，旨在评估与气候、场地方向、风格以及居住者感官满意度、心理和生理舒适度、安全感和幸福感相关的因素。许多在这一阶段需要确定的需求包括充足的光线、通风换气、消防安全和隐私。

另一个需要熟悉的方面是描述门窗的词汇、它们的建造（包括五金器件，如铰链、把手、控制杆、插销和锁）、操作类型和风格。大量的词汇有助于设计师与供应商、安装人员和客户保持准确的沟通。

关于门，帕拉迪奥写道，“主门（外门）所在的位置，是一个可以自由通向房屋各个部分的地方。”[9] 门可以用来表达或配合装饰的存在和意义。对于帕拉迪奥来说，主门代表着房屋主人的品质。从图6.15 a–c可以看出，装饰门的风格种类繁多。

木材、金属、玻璃（以及硬度较低的塑料）单独使用或组合使用，构成了门的主要材料。所用的木材可以是硬木，如橡木，也可以是软木，如实心松木或空心松木，用薄木片层压在一起。使用的金属材料通常为钢、不锈钢或铝。金属门常用在商业建筑中，而木制门则更多地用于住宅。

门可以是实心的或空心的，也可以是带有层压表面的通常置于一个框架或边框内。门槛通常放在门的

图6.15 a–c

外门的风格。a.木雕制作的门，位于墨西哥圣米格尔德阿连德市；b.哥特式橡木门，位于西班牙巴塞罗那；c.黄铜雕刻而成的门，位于摩洛哥国王的宫殿（*a-c:作者提供*）

表 6.1　按操作方式划分门的类型

类型	描述	使用注意事项
升降门	在垂直打开的轨道系统上运行。可以手动操作，也可远程操作，与顶部开启机制配合使用	住宅项目，用于室外、车库 商业项目，用于装载码头
旋转门	通常是玻璃镶板围绕着中心轴旋转，要么以恒定速度旋转，要么由进入旋转门的人决定	外用，一般用于商业用途。旋转门镶板的边缘与门框的边缘牢固地密封在一起，隔热效果比摆动门、滑门或升降门要好
滑门	因为一扇门沿顶部滑道滑向另一扇门，所以旁路门只留有50%的通路或一扇门的宽度。沿顶部轨道滑动的表面门提供了100%的通路。折叠门留有100%的通路，而且可构建为适合滑进墙内的宽度。障子，是一种源自日本的滑动门（或屏风），由置于木质框架内的半透明材料（如宣纸）制成	室内室外均可使用。为节省空间而放弃隔音和隔热性能
摆动门	典型的侧铰链门。可以向内、向外或者向两个方向打开	室内室外均可使用。优点包括隔音和隔热，但必须考虑足够的间隙

表 6.2 门的建筑风格

图a-g
按风格划分门的类型

物　品	描述和使用
板条门	乡村风格，用木条或板条加固门。可用于谷仓、阁楼或地下室入口
两截门	侧铰链门横向分开，使顶部和底部可以分开打开
折叠门	室内门的类型。可以用侧铰链结构或上下滑道机制。可以有多种配置，从双褶门到折迭门不等。双褶门（两块镶板向一侧打开）常用于壁橱；折迭门（多块镶板）常用于分隔大型空间，特别是多功能区域
平面门	外观时尚现代。表面是一个不间断的连续平面
法式门	最常见的是双门，从上到下都是长方形的玻璃板。用于通往阳台或门廊的室内门或室外门
百叶门	由水平玻璃叶片构造而成，可以向上或向下倾斜，以控制光线和通风
镶板门	表面有一个不完整的平面，可能是凸起的或凹陷的，通常称为横档和竖档。横档是水平的，竖档是垂直的。这种门起初只是一个建筑构件，但现在更常用于纯粹的装饰功能。增加了立体感，看起来比平面门更传统
滑门	包括几种类型的门（和窗）。侧窗：一扇狭窄的垂直玻璃窗格，通常成对安装，位于门的两侧。气窗：通常将一个玻璃窗格水平或横向安装的门的上方，通风换气的同时又能保护隐私。扇形窗：放置在门或窗户上方的半圆形窗玻璃，通常散热的竖框，如同扇子的扇骨
纱门	金属丝网包裹在木头或金属框架内。通常用来防止昆虫进入

下面，可以用几种材料建造而成，包括木头、金属和石头。竖框是一种细长的垂直构件，把门窗的各个部分隔开。表格6.1和6.2按操作方式、用途和风格描述了几种典型的门。

窗户 如果眼睛是心灵的窗户，那么窗户就是看世界的眼睛。几个世纪前，在现成玻璃和玻璃制造材料还没有出现之前，窗户只是外墙上的开口——建筑结构上的小切口。窗户提供了通风、采光的必要条件，有时还提供了向外眺望的机会，以确保免受入侵者的侵扰。或许，人们可以通过远景与近景来享受与环境的联系。那时的窗户可能已经被织物和百叶窗覆盖。有证据表明，古罗马人很少使用玻璃做窗户。窗户的方向、大小和形状也为空间增添了几分特色。在提供壮观景色的同时，窗户的大小和位置还可以指导地板和家具平面的设计。如今，虽然窗户的设计、构造和使用方式有了很大的进步，但是它们仍然具有相同的功能。窗户的位置和处理方式取决于许多因素，其中包括场地的朝向、气候以及对节能的考量。根据窗户在建筑中的摆放位置可以将它们具体分为两类：侧天窗，沿墙顶部的一排窗户；天窗，位于屋顶或天花板上的一扇窗户（图6.16）。两者的设计都是通过节省墙壁空间来最大限度地增加日光照明。侧天窗也可以像天窗一样，沿着屋顶线安装。表6.3列出了选择窗户时要考虑的重要因素。

图6.16
天窗，顶层的家庭办公室（艾略特·考夫曼/考比斯/盖蒂图片社）

虽然中世纪的欧洲已经出现玻璃（包括教堂用的彩色玻璃），但是直到19世纪末的工业革命时期，玻璃才开始大规模生产以供日常使用。使用玻璃作为建筑材料（即装配玻璃）的标志是于1851年在伦敦开放的水晶宫。技术的不断进步促进了另一种固定的玻璃结构——幕墙的发展。幕墙是用玻璃包裹的木质或金

表 6.3 选择窗户的注意事项

因素	解决方案
建筑风格	研究现有窗户的真实性，或创建价格合理的当代复制品
寒冷的天气	使用镶有木框的窗户，窗户外面覆盖着珐琅金属或乙烯基。进行绝缘处理
安全性	研究安保系统和当地适用的消防法规。放置标记，以确定透明玻璃的范围
温度极限	使用双层玻璃、三层玻璃、保温玻璃或风暴窗户玻璃。使用很少的窗户
通风	考虑窗户的位置，以保证对流通风
温暖的天气和极强的阳光	使用遮阳棚或悬臂结构。使用带有遮光屏的有色玻璃，以防止眩光和褪色，并提供隔热性能

属框架。20世纪现代建筑师勒·柯布西耶就是幕墙使用的代表人物（详见第9章）。当代住宅建筑经常使用落地窗（即大面积玻璃，通常是固定的）（图6.17 a和b）。

虽然现在的窗户大多是玻璃做的，但也会用到一些透明或半透明的合成材料。丙烯酸是一种塑料，用于某些应用当中。这些材料更不容易开裂或破裂，但其比玻璃更容易刮伤。玻璃是硅酸盐家族中的一种矿物质。硅砂在非常高的温度下与包括液体在内的一些添加剂熔合，产生了今天所使用的玻璃。激光蚀刻等技术，可用于装饰玻璃；其他技术可以提高玻璃的强度、耐久性和实用性。

钢化玻璃是经过特殊热处理以防止破损的强化玻璃。安全玻璃与钢化玻璃的抗冲击性能相似，是通过在透明玻璃片之间层压一片透明塑料而制成的。安全玻璃破裂时，会碎成非常小的玻璃片，而不是碎成有危险性的碎片。嵌丝玻璃是一种在玻璃中嵌入金属网丝以防止破碎的玻璃形式。可适用于有防火性能要求的窗户，如出口楼梯间。另一种防火玻璃材料是电致变色玻璃，也被称为智能玻璃。使用陶瓷涂层对其进行表面处理，当电流通过时，玻璃的透明度会降低。人们认为这种玻璃可以节约能源，因为其可以控制光线、紫外线能量和太阳热辐射。

经过改进的加工工艺促进了浮法玻璃的发展，这种玻璃基本替代了窗户用的厚玻璃板和平板玻璃。生产浮法玻璃时，玻璃液沿着一块平整的熔融金属移出熔炉，生产出的玻璃不易变形，隔热性能优于其前身。浮法玻璃几乎可以制成任何厚度。

无论是固定的还是可操作的窗户，通常都是由框架（由窗楣、窗框和窗台组成）和窗扇组成（图6.18）。窗户框架可以由以下任何材料单独或组合构建而成：木头、金属和塑料。窗格条或窗竖框，可以用来分隔玻璃的窗格，可以放置压条或窗饰来装饰内窗的窗楣和侧边，或用作外部装饰。垫片空间有助于稳定窗户单元。

表6.4根据操作方式描述了几种标准的窗户类型。

图6.17 a和b

窗户的风格。a.住宅空间内的大落地窗；b.落地窗和推拉门（a：照片由比尔·奥利里拍摄/华盛顿邮报经由盖蒂图片社；© Arcaid图片社/阿拉米素材图片库）

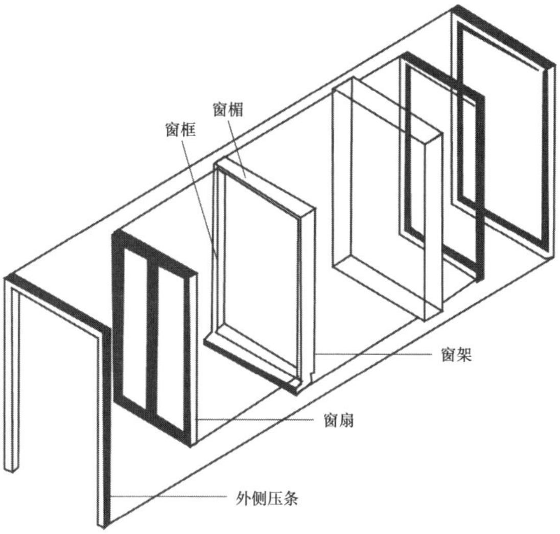

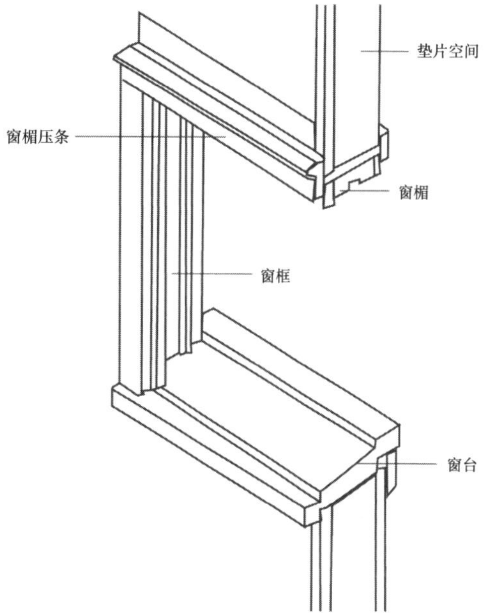

图6.18
窗户组件：窗楣、窗框、窗台、窗扇、压条和垫片空间（*Bloomsbury*）

表 6.4　按操作方式划分门的类型

	类　型	描　　述
 **图a** 按操作方式划分窗户类型	铰链雨蓬窗	顶部铰接，可以向内或向外打开
	固定窗，或不动窗	不能打开，另一种通风和消防安全措施必须落实到位。可以与可操作窗户结合使用
	下悬窗	底部铰接，向内打开
	百叶窗	水平玻璃叶片可以向上或向下倾斜，以控制光线和通风
	对开窗	像门一样，窗格用铰链固定在两侧，可向内或向外打开
	回转窗	铰接位于顶部和底部的中心，可在垂直平面上绕轴旋转
	上下推拉窗	特点是可在单层或双层上下推拉窗内上下滑动。最常见的是双层上下推拉窗，两面窗扇可上下推拉，一次只能打开一半
	左右推拉窗	特点是左右水平滑动，通常由两到三面窗扇构成

（续表）

图a–c

a.圆形设计，波兰；b.窗户周围是巴洛克风格的建筑，纽约游艇俱乐部；c.天窗和落地窗，芝加哥艺术学院（a-c：作者提供）

风 格	描 述
拱形	通常用于复制建筑物的建筑风格。可以塑造成各种形式和风格，包括罗马式、哥特式和帕拉第奥式（见第11章）
飘窗或弓形窗	窗户结构向外凸出，而不是与建筑物的墙壁在同一平面内齐平
教堂窗户	与同名的屋檐线一样，将窗户的顶部设计成三角形，通常选择大规模窗户中的某一扇
侧天窗	位于墙壁高处的狭窄的窗户开口，通常排成一排，用以通风、采光和私密性
屋顶窗	类似于飘窗或弓形窗，这种窗户也是向外凸出，特别是在阁楼层，并可建成许多形状和结构
天窗	安装在天花板或屋顶上，或两者都有，用于增加日光照明。可以由玻璃或丙烯酸制成，可操作，通常通过遥控器控制，或安装为固定窗
特殊形状	包括圆形（或圆形标志）、舷窗和六边形。一般可安装为固定窗，用于装饰效果

这些类型的窗户既可用于住宅应用，也可用于商业应用。而且许多类型既可用于外部结构，也可用于内部结构。表6.5根据建筑风格描述了几种窗户类型。

垂直系统

人（以及家具和设备）在空间内外上下移动的方式是垂直运输或垂直交通系统的主题。这些系统包括楼梯、坡道、电梯和自动扶梯。

楼梯的结构标准和装饰风格因其内部和外部元素、住宅和商业应用以及用户需求的不同而有所不同，但仍有某些适用原则。楼梯必须能够安全地承载负重，并提供通道。

梯面是台阶的深度，而竖板是台阶的高度。梯面平均深度为10英寸，竖板平均高度为7至7½英寸。住宅楼梯的建筑规范通常不如公用楼梯的建筑规范严格。梯面和竖板应按比例调节，使两个竖板和一个梯面的总和不小于24英寸或者大于26英寸。对于大多数楼梯而言，7英寸的竖板和11英寸的梯面组合能给行人带来舒适感（1英寸≈25.4毫米）。楼梯的角度也可以称为坡度或倾斜度。通常用陡度来描述。在过于陡峭的道路上行走，上行和下行都很困难，而且十分危险。楼梯的宽度也是安全因素之一，影响用以稳定步态的扶手的使用。一般来说，超过5英尺宽的楼梯需要加装中央扶手来划分空间，除去侧扶手外，还能允许两人通行（1英尺≈30.48厘米）。

在陡峭的楼梯上行走时，脚无法牢固地接触地面，因此需要扶手来增加稳定性。同样，在糟糕的照明条件下或在光滑的表面上行走，即使体格最强健的人也会感到步履维艰。除了《美国残疾人法》详细规定的标准之外，地方法令和法规也对消防安全出口处的楼梯设计和施工提出了要求。通常最佳做法是使楼梯的尺寸高于这些最低标准。

楼梯系统的基本类型是直跑式、双跑式和螺旋

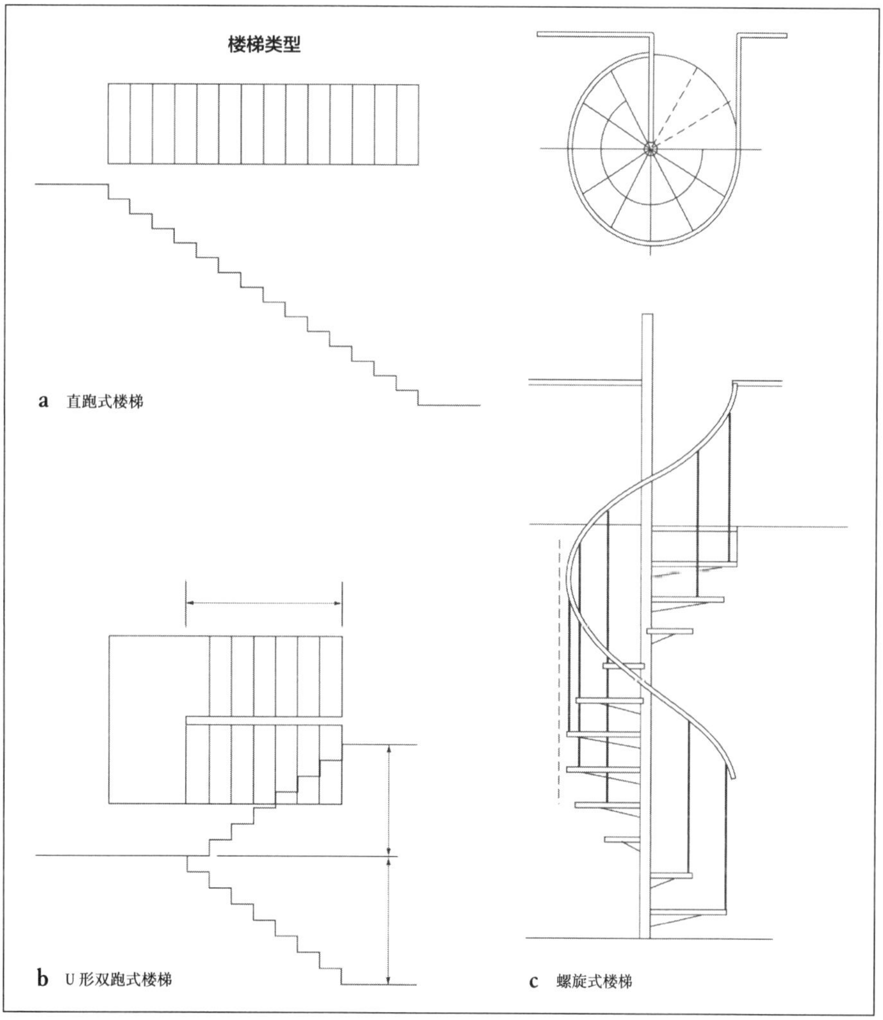

图6.19 a–c

楼梯的类型。a.直跑楼梯可以是连续的，也可以带有休息平台；b.双跑楼梯恶意是U形或L形；c. 螺旋形楼梯可以是圆形、椭圆形或弯曲结构，带不带楼梯平台皆可（a-c: Bloomsbury）

式。这些会在图6.19 a–c中加以描述和说明。楼梯可由长楼梯，通常是超过24级的连续楼梯，应该设有楼梯平台，或者休息区域。

多种材料建成，其中包括木材、钢材和混凝土。与门一样，金属更常用于商业建筑，木材更多地用于住宅。设计师可以从多种风格的建筑中选择各种可能的装饰元素。与本章讨论的其他建筑元素一样，楼梯系统也必须考虑结构因素以及美学元素。图6.20 a和b展示了两种不同风格的螺旋楼梯：一种是意大利风格，另一种是美国风格。

坡道 坡道像楼梯一样，是从一层到另一层的过渡，满足了外部和内部的需求。对于那些行走困难的人来说，坡度意味着行动方便。其还为货物、家具和设备的垂直运输提供便利。

坡道与楼梯一样，也需要考虑尺寸、坡度、表面和附加支撑。坡道的标准坡度是1:12。也就是说，坡道长度每增加365.76厘米，坡高度就应该增加30.48厘米（图6.21）。然而，超过20%的轮椅使用者不能使用1:12的坡道。为了获得更平缓的坡度，就需要更多的线性空间。公共场所必须设有坡道，以达到无障碍设计的标准。然而，一些专家认为只要保证基本的坡道数量即可，应建造更多的无障碍建筑。最好的做法是将美学设计和功能性设计融入设计概念，这样就不会将一部分人群分离出来（图6.22）。

电梯和自动扶梯 电梯和自动扶梯是建筑师或工程师管辖范围内的其他建筑构件。这些垂直运输设备最常用于商业环境和公寓楼，用来运输货物、人员或设备。行走或视觉困难的人经常使用电梯而不是楼梯，所以必须特别注意将无障碍特征纳入其中。

电梯内的呼叫按键必须包括凸起（盲文）标识，位置应不高于竣工地板标高3英尺（图6.23），这个高度也有助于孩子们使用按键。同时呼叫按键也可采用

图6.20 a和b

a.意大利拉齐奥玛达玛庄园内的螺旋石灰华楼梯，由马尔塞洛·皮亚琴蒂尼(1881–1960)设计，灵感来自皮奥·皮亚琴蒂尼(1846–1928)的设计作品；b. 纽约市政厅的中央圆形楼梯井（*a: 照片来自德阿戈斯蒂尼出版社/盖蒂图片社；b: 由埃瑞克·莱格尼尔摄影*）

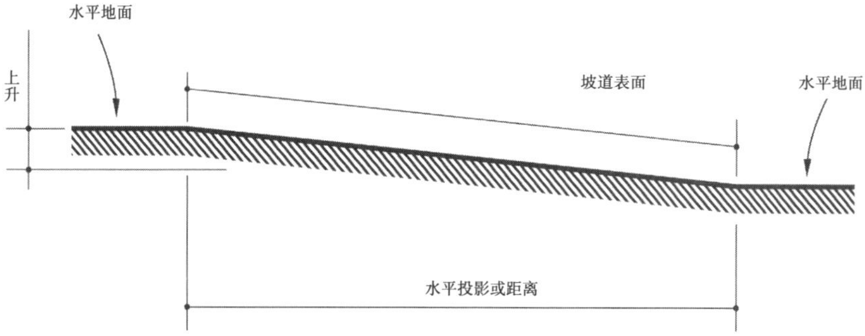

	最大上升		最大水平投影	
坡度	英寸	毫米	英尺	米
1:12 to <1:16	30	760	30	9
1:16 to <1:20	30	760	40	12

图6.21

建议坡度的上升幅度不应超过1:12的比率（*Bloomsbury*）

图6.22

坡道可以是一个创造性的建筑特色。素材图片——美术学院，慕尼黑，德国，蓝天组建筑事务所，美术学院的楼梯和坡道相交干顶部（© 观影图片有限公司/阿拉米素材图片库）

图6.23

电梯的内部面板，具有盲文呼叫按键。（史帝芬·罗素/多伦多星报/盖蒂图片社）

声音提示（1英尺≈0.3048米）。其他功能，如车内紧急双向通信，应包括触觉和视觉指令方式。

自动扶梯或移动楼梯像坡道一样，需要充足的空间（图6.24）。出发点和到达点也需要一个平台空间，自动扶梯通常以30度角安装。轮椅可用的外部升降机是一种替代斜坡的方案，虽然节省空间，但与建筑结构整体化的解决方案相比，美观性较差。

第三节　环境控制系统

与建筑物功能密切相关的供暖、通风、空调、供水、废物处理、声学、电力和通信系统都是环境控制系统。“机械系统”这一术语通常指的是供暖、制冷和通风，所有这些都在保持良好的室内空气质量方面发挥着重要作用。另外，室内设计师在管道系统固定装置上的投入有利于整体的能源节约。安全性也不容

图6.24

自动扶梯是在百货公司、地铁和机场等公共场所运送乘客的有效方法(*作者提供*)

小觑，不仅仅是火灾安全，还有其他威胁。"生命安全"一词还包括其他紧急情况下的保护措施，如地震、洪水，甚至恐怖袭击。对火灾的发生和火势的蔓延作出预防或应急规划，报警系统、安全和疏散计划都是设计师发挥重要作用的关键领域。

电气系统包括电力、照明（在第5章中进一步讨论）和通信（也可以视为警报系统的一部分）。节能问题在机械和电气系统的选择、安装和使用标准中占主导地位。"被动式房屋"指的是一套严格的建筑标准，适用于新建和翻新的建筑施工。"被动式房屋"的设计旨在积极减少能源使用的同时，营造一个舒适、健康且经济的建筑环境。这是本章后面的"热点聚焦: 被动式房屋"的主题内容。

暖通空调

暖通空调是供暖、通风和空气调节系统的缩写。这些系统在不同程度上依赖于自然和机械操作。除控制温度外，选择这些系统时还需要考虑几个因素，包括空气质量、空气循环和湿气水平或湿度。

热源包括太阳辐射产生的太阳能、作为设备运行的副产品而产生的热量，人体的热量是由人体的新陈代谢活动产生的。热量只是人们使用能源的副产品之一，交通和电力则是另外两个副产品。

无论是固定式还是可移动式，照明灯具的选择通常都是室内设计师的职责（另见第5章）。与提供照明的主要物体相比，这些灯具产生的热量只是室内设计师影响建筑结构的一个方面。第5章更全面地讨论了立法促进节能照明和新产品发展的影响。

室内设计师可以通过指定使用节能的供暖和制冷系统、固定装置和设备来节省能源。虽然初始成本可能较高，但更高效率的产品和服务的生命周期成本较低（相对于产品的使用期限的成本计算而言）。

室内空间的供暖方式有自然的、机械的、保守的或浪费的多种。

广义上的太阳能是来自太阳的能量，或者叫做辐射能。被动式太阳能系统吸收和存储直接太阳能，在不使用机械装置的情况下加热建筑物和水。例如，一栋密闭的房屋在朝向太阳的方向装有大扇隔热窗户，这可称为直接太阳能增益。自动太阳能系统机械地利用来自太阳的能量。屋顶装置、城市屋顶上的温室、风力涡轮机和水力发电装置，是利用太阳能并转化为电能的一些方式（图6.25 a和b）。

阳光也可以通过光伏效应转化为能量，光伏效应是光伏（PV）电池将太阳光转化为电能的基本物理过程（图6.25 c）。阳光由光子组成，即太阳能包。太阳光谱的波长不同，这些光子包含的能量数也不同。当光子撞击光伏电池时，可能被反射或吸收，或者直接穿过。被吸收的光子产生电流。单个光伏通常非常小，一般产生约1或2瓦的功率。要提高光伏电池的功率输出，可以将它们连接在一起，形成更大的组件，称为模件。反过来，模件又可以连接形成更大的组件，称为阵列。阵列相互连接能产生更多的能量等。

我们的祖先认识到火的“秘密”之后，人类便开始使用可再生能源。可再生能源最早来源于生物质能产生的燃料。生物质能是动植物废料产生的能量。木材仍然是使用最广泛的生物质能源。生物质能资源种类繁多，包括可持续的木材副产品，如造纸厂残渣，木材厂废料和城市垃圾。其他可用于生物质燃料的植物有玉米、大豆和麦秸。目前人们正在努力种植专门用作燃料资源的作物，如生长速度快的树木、草和藻类。

传统的壁炉可能会浪费能源，因为其使用木材作为燃料。与露天炉相比，烧木柴的炉子更为有效，排放的空气污染也更少。人们在制造使用乙醇的独立式壁炉的过程中，发现了建筑炉的替代品（在第7章中进一步讨论）。

化石燃料是由埋在地下的腐烂动植物的沉积物制成的。在恐龙出现之前，这些植物和动物经历了数亿年的地壳热量和压力，因此得名化石燃料。化石燃料主要有煤、石油和天然气三种。煤是世界上最丰富的化石燃料。在供暖方面，其已经在很大程度上被石油所取代，石油是一种对环境危害较小的化石燃料。燃烧煤炭会向空气中释放出有毒污染物，人们认为这些污染物是近几十年来地球温度升高，即全球变暖的主要原因。反过来，全球变暖又被认为是温室效应的结果。温室效应是指大气中热量的滞留和积累。煤炭开采破坏了地表，地表开采活动的径流会污染河流和溪流。

图6.25 a–c

a.人们参观肯辛顿的屋顶花园。这些花园作为“伦敦开放花园广场周末”（Open Garden Squares Weekend）活动的一部分于2015年6月14日向公众开放。“伦敦开放花园广场周末”允许公众进入伦敦27个行政区内的223个花园，其中许多花园平时都是私人花园；b.风力发电系统；c.光伏太阳能电池板系统（a：奥利·斯卡夫/法新社/盖蒂图片社；b-c：哈罗米尔·昂德拉/Dreamstime微图网）

被动式房屋

被动式房屋的概念来自德语Passivhaus，是一种严格的、自愿的能源效率标准。通过使用超低能耗系统进行空间供暖或制冷，减少建筑的生态足迹。[a] 另一个需要了解的术语是被动式房屋标准（PHS），起源于德国达姆施塔特。1990年的一个试点项目成为欧洲首个有人居住的多户型住宅，其显著降低了供暖能耗（和成本）。虽然该标准在德语国家和斯堪的纳维亚地区更为普遍，但在包括美国在内的其他地区受到了更多关注。正如前文提到的领先能源与环境设计认证一样，被动式房屋标准目前是一种自愿性标准作为应对气候变化挑战的一种方式，越来越受欢迎。被动式住房认证的类别也已经不再局限于建筑物的分类，还包括建筑构件和设计师的各种分类。

这是一种可持续的建筑理念，提供了物美价廉的建筑以及舒适、健康的生活条件。整体采用一种综合的方法，将住宅和商业建筑的工程、建筑和设计结合起来。

据纽约被动式房屋计划副主席安德烈亚斯·贝宁（Andreas Benzing）称，被动式房屋可应用于任何建筑，任何风格和大小，从游泳池到博物馆，再到超市。你必须将这座大楼视为一个完整的系统。[c]

图a

住宅小区内，被动太阳能“信封房屋”设计住宅的外观（©H. 马克·韦德曼摄影/阿拉米素材图片库）

被动式房屋的亮点如下。

- 最多可节省90%的供暖和制冷相关的能源。
- 舒适度高。能源来自于建筑物内部，包括居住者的体热和家用电器的散热，以及进入建筑的太阳热能。
- 通风系统持续提供新鲜空气，保证空气质量优良，没有任何不良影响。高效的热回收装置使废气中的热量得以再利用，改善健康状况。
- 窗户一般具有超厚隔热层，建筑外壳是隔热性能良好的外墙，这样就形成了一个封闭的气密空间，几乎没有任何热量流失，也几乎没有任何冷气渗入。

Park Passive获得了2014年华盛顿西雅图NK建筑事务所的住房奖。这栋住宅属于一个充满活力的家庭，它不仅希望降低能源成本，而且希望最大限度地利用房屋的占地面积。业主安排了游览参观和其他活动来分享他们的积极经验，于是这栋房屋成为了社区的典范。

资料来源：丹尼斯·威德力克，“被动住宅设计：城镇与乡村”，美国建筑师协会Podnet广播节目，http://www.aia.org/practicing/AIAPodnet/AIAB096019; b.Passipedia，“什么是被动式房屋？”http://passipedia.passiv.de/passipedia_en/basics/ what_is_a_passive_house; c.凯特琳·凯利（Caitlin Kelly），“被动式房屋，”《美国室内设计师协会纽约地铁分会杂志》，2015年夏季，第15期；d.美国建筑师协会，“2014美国建筑师协会住房奖，”http://www.aia.org/practicing/ awards/2014/housing-awards/ParkPassive/

石油是一种对从地球上次提取的可燃液体进行精炼之后得到的产物，是美国供暖（和为汽车加油）的主要能源。在供暖系统中使用石油替代品，是注重人类与环境相互依存关系的设计师的一个关键目标。

天然气燃烧温度更高，产生的空气污染比任何其他化石燃料更少。然而，在将天然气从一个国家运送到另一个国家之前，必须将其转化为液体天然气，这既昂贵又危险，因为可能会发生爆炸。

热量储存在水中或由水产生，这是热水和蒸汽加热系统的基础。在热水系统中，水由加热炉加热之后，通过踢脚板内的管道循环。蒸汽供暖，是将水加热直到产生蒸汽，然后通过散热器系统输送。这种供暖系统常见于老旧住宅。

强制热风是一种依靠暖炉加热空气的供暖系统，热风通过管道循环到室内的出气口，即格栅或通气孔。吊顶容纳这些管道的空间叫做压力送风道。

热空气供暖曾经在新建商业建筑中风靡一时，如今也应用于住宅空间，通常置于抬高的结构层内，这叫做辐射空气供暖。该系统通常安装在楼层内，但也可以安装在墙壁和天花板上。循环供暖系统也逐渐受到人们的青睐，这是一种性价比高且节能的辐射供暖系统。循环加热辐射地板系统是一种液体供暖系统，通过铺设在地板下面的管道系统将锅炉中的热水抽取出来。在某些系统中，房间的温度是通过调节管圈中的热水流量来控制的。这是由一个分区阀或分区泵以及恒温器系统完成的（图6.26）。

瓷砖是辐射地板采暖中最常见、最有效的地板覆盖物，因为其导热效果好，并且由于其的高热容量，储存的热量更多。

另一种供暖方式是电加热。电热将电能转化为热能，并通过加热空气的踢脚板传递热能，或通过天花板或墙壁嵌板传导热辐射。电加热虽然清洁无污染，但却价格昂贵。

通风 清洁的空气对人体健康至关重要，无论是开窗对流通风，还是通过电扇循环空气。空气中湿度过高或湿气不足，都会导致身体不适，加剧过敏状况或皮肤刺激。施工过程中或竣工之后，室内设计师可以使用加湿或蒸发多余水分的系统来减轻房屋结构缺陷带来的影响。

空气调节 暖通空调的空调部分本质上是指空气制冷系统，但也可能包括对湿度和温度的控制。空气调节可以集中置于整个室内，也可借助一些构件来完成，这些构件对较小的区域（通常是一个确定的房间）有明显影响。一般来说，中央制冷系统应在建筑的施工阶段就进行规划。这些系统并不美观，因此需要尽可能地隐藏起来。

供水及废物处理

管道系统是建筑结构机械层的一个主要方面，其提供浴室和厨房所需的供水，用于饮用和清洗活动，以及冲洗这些地方的废物（污水）。水管布线阶段是

图6.26

地板循环辐射供暖系统（*elenaleonova/iStock图片库*）

图6.27

住宅建筑工地新框架立柱之间的淋浴水管布线。（*阴阳/iStock图片库*）

规划管道和排水管位置的关键时期（图6.27）。在这一阶段，设计师通常需要从工程师或建筑师处收集信息，以便合理规划空间的功能布局。

更改厨房和浴室区域取决于房间供水和废物处理的功能。必须慎重考虑这些问题之后才能制定计划。需要对水管重新布线的翻新项目成本可能很高。

设计不合理的管道系统对业主来说可能是一场噩梦，浪费能源并存在安全隐患。在水管布线阶段可以采用一些安全措施来限制从浴室和厨房水龙头流出的热水的温度，或者选择具有保护功能的固定装置。儿童和体弱用户使用空间时，水温控制是一个重要的考虑因素。提供安全措施的产品在第8章中有详细介绍。

如第2章所述，水资源利用是资源保护的一包括厕所、淋浴喷头和水龙头。设计师通常负责指定控制水流和提供水循环利用的固定装置和器具。设计师对新资源和改进资源的了解是另一个关键因素，这不仅严重影响消费者的满意度，而且在自然资源保护方面也起着举足轻重的作用。知识点3介绍了这些领域里新产品的设计和改进。

另一种节水方法是从生活污水、工业生产废水或农业灌溉系统中回收水。可再利用废水指的是生活（非厕所）污水，可用于非饮用（不可饮用）用途，例如景观绿化。

由美国能源部国家可再生能源实验室（NREL）参与制定的国家政策，定义了未来建筑环境的类型，即零能耗建筑。零能耗建筑（ZEB）是一种住宅或商业建筑，通过提高能效大大减低能源需求，从而利用可再生技术来平衡能源需求。零能耗住宅（ZEH）特指独立的私人住宅。这类建筑使用高效的建筑和商用的可再生能源系统（通常是光伏发电）的电器，如太阳能热水器和太阳能电力。

第四节　声学系统

建筑构件中使用的材料和饰面直接影响着声音的传播能力。能够控制声音传播的材料和饰面被认为具有良好的声学价值。室内空间的形状也会影响声波的方向和效果。声音传播在某程度上可以通过隔板、墙壁和天花板的位置、角度、形状和尺寸来控制。施工期间，可以通过安装重型地板和天花板结构来控制噪音。给窗户增加玻璃装配层或使用双层门能够确保适当的声学值。

声学决策必须考虑在目标空间中的用途以及用

节能小贴士

以下是一些既适用于住宅空间又适用于非住宅空间的节能建议。

- 了解绿色公司和绿色产品。通过指定使用他们的产品予以支持。
- 选择有水控制装置的厨房和浴室固定装置。
- 使用可再生材料，如竹子、软木和油毡，而不是红木之类的濒危材料。
- 创建符合当地准则的回收区域。
- 选择可降解产品。
- 开发高效的照明解决方案，如在可行的情况下使用紧凑型的荧光灯。
- 最大限度地利用日光，例如天窗。
- 使用照明控制装置，如调光器，以节约光能，并且使用运动传感器控制灯光的使用。
- 选择节能电器。
- 咨询景观设计师，在适当的位置种植植物，以节约自然能源。

户。结构天花板高度和天花板材料在餐饮空间设计中起着一定的作用。正如前面第2章和第4章提到的，好的声学环境会因空间的功能和使用者的不同而有很大差异。年轻人对声音的舒适度水平可能与老年人有着天壤之别。对空间进行合理化设计时还要考虑处于声学环境中的时长。

规划通信和安全系统时，声学方面的注意事项对室内设计师来说非常重要。越来越多的住宅和非住宅项目需要声学专业知识来打造影音中心。这些设施可以采用娱乐剧场、会议中心或远程办公空间的形式。更多的声学控制将在第7章中讨论。

第五节　电力和通信系统

其他建筑商通常负责电力和通信系统，但室内设计师决定着这些系统如何支持和加强居住者的活动和生活方式。电力系统包括所产生的电力或电能、用于导电的线路和控制装置，以及利用和处理电力以达到实用和美观目的的装置。电力用于日常家用设备、照明和暖通空调系统的日常运行。电力系统在通信系统中的作用至关重要，依赖电力的设备包括电脑、电话、复印机/扫描仪、娱乐媒体以及安全和对讲系统。

室内设计师的决策不仅影响用户的人身安全，还影响节能性、美学完整性、易于操作性和生活方式的改善。由于其技术性质、电气系统和他们所支持的设备不断地推陈出新。面对电气系统飞速发展带来的挑战，设计师需要随时了解新的技术信息和应用，阅读时事资料（包括制造商和供应商信息），以及与专业贸易人员交流都是保证设计师知识储备与时俱进的好方法。

如果每个系统有许多专用组件，或者整个项目很大或很复杂，那么就可以单独处理电气、电力、信号和通信系统。如第4章所讨论过的，应为上述每一套系统都准备一系列的工作图和规格明细表。例如，照明电气元件可以作为天花板反向图的一部分来处理。

安全感对人类活动来说是重中之重，甚至是最原始的需求。对于住宅和非住宅项目而言，最好能有成熟完善的安保系统，这就需要一组单独的工作图纸，或部分电路布置图，或通讯系统，来检测入侵并提供危险警告。这套系统极其复杂，需要咨询安保专家。

热点聚焦

弹性和重建

最近几十年发生的许多自然灾害，其中一些已经在本书中提到过。这些灾害造成了生命和财产的巨大损失，陆地和海洋满目疮痍，民不聊生。人们认为，这其中不少灾害不同程度上是由全球气候变化引起的。自然灾害的类型包括龙卷风、飓风、地震、泥石流、海啸、干旱、洪水、持续高温和冰冻温度。其他灾害是由恐怖主义、战争、化学品泄漏或爆炸等行为造成的。

重建和修复住宅、商业空间和公共及社区空间需要付出巨大的努力和资金投入，包括政府资源。而且还需要时间，通常是几十年。自从卡特里娜飓风摧毁了美国新奥尔良的大部分地区和其他海湾地区以来，已经过去了十多年。灾后重建工作大多是被动的。然而，如下文所述，人们正在逐渐转变为采用更为积极主动的做法，以防止未来在如此衰弱的情况下再次造成破坏。虽然大多数的恢复和重建都是在灾后进行的，但人们越来越关注这种弹性变化，一种积极预防的战略。目的不仅是使建筑物和社区生活恢复到灾前的状态，而且还要恢复到更好的状态。

弹性这个词不是一个新词，但它与这个主题有关，弹性设计院给出了一个定义：

“弹性，是指适应不断变化的环境的能力，是在面对压力和干扰时保持和恢复功能性和生命力的能力。它是指在干扰或中断后反弹的能力。”[a]

弹性设计原则的重点，节选自弹性设计院[b]。

- 弹性设计策略涉及到生态系统范围内的独立建筑、社区和更大的区域。
- 弹性系统满足人类的基本需求，包括饮用水、卫生设施、能源、宜居温度和湿度、照明、安全空气、居住者的健康和食品的公平分配。
- 被动系统（与机械系统不同）和灵活系统可以手动控制，以适应不断变化的条件。
- 本地可用的、可再生的或回收的资源更具弹性，包括太阳能、地下水补给和当地食物。
- 适应气候变化的必要性日渐显著，如气温升高、暴风雨频发、海平面上升、洪水、干旱以及森林火灾。包括恐怖主义在内的其他灾难需要通过改进系统进行预测和规划。
- 自然系统已经发展到弹性阶段，提供了学习和应用的经验教训。
- 在强大的、文化多元化的社区中，人们彼此了解、相互尊重或关心，才会在充满压力或烦恼的时候生活得更好。[c]

2005年卡特里娜飓风过后，非营利组织Make it Right在美国墨西哥湾沿岸地区成立，旨在为有需要的家庭建造住房，尤其是新奥尔良州第九区的家庭。此后，该公司的业务不断扩大，包括新泽西州的纽沃克市和密苏里州的堪萨斯城。在社区的参与下，他们的住房成为救灾工作的榜样，证明了即使以低成本建造的住房也可能更安全，并减少了浪费，包括建筑面积。例如，Make it Right团队已与电视连续剧《袖珍房国家》（Tiny Homes Nation）合作，制作并展示了一套面积不到46.45平方米的住宅。[d]

据其创始人布拉德·皮特（Brad Pitt）称，“这些住宅符合绿色建筑的最高标准，获得了领先能源与环境设计白金认证，并受到从摇篮到摇篮思想的启发。”此外，该组织还创建了图书馆和实验室这两种资源，“以分享自成立以来所获得的知识，以使用更好的施工方法和材料建造房屋”。[e] 所有的房主、设计师、施工人员和任何想要了解更多的人都可以使用这些资源。

这里列出了Make it Right提供的一些施工技术。

- 先进的框架技术提高了家庭的能源效率，创造了一个结构完好的住宅，与传统的木结构房屋相比，材料和劳动力成本更低。建筑构件间保持24英寸的距离，使用较少的木材并使用保温材料取代木材，以最大限度地提高墙体区域的耐热性（1英寸≈25.4毫米）。
- 在有可能因暴雨和飓风造成洪水灾难的地区，例如海湾地区，房屋都建在飞机上。
- 人行道和车道路面由透水混凝土制成，含有水泥、粗骨料、水和沙子，可以在大面积土壤上吸收更多的雨水。这反过来有助于补给宝贵的地下水，从而更有效地利用土地，促进树木生长。
- 无线照明系统通过无线电频率工作，无需电池就可为可编程的中央控制器提供路线照明。抛弃电灯开管布线的需要，只用一个中央枢纽来控制整个家庭的照明，便可以创造出无尽的照明场景组合，而且不需要任何的重新布线就可以进行改变。

图a

住宅小区内被动太阳能信封式房屋的设计外观（西区61股份有限公司/米素材图片库）

图b

木纹的方向可以显著增加空间的体积（© H.马克·韦德曼摄影/阿拉米素材图片库）

本章小结

室内的许多建筑构件（外壳）由建筑师、工程师和建筑商负责。然而，无论是作为合作者，还是为了确保构建与前期项目阶段中设计的内容一致，室内设计师都起着十分重要的作用。熟悉基本的建筑材料和建筑系统以及用于描述它们的词汇，有助于设计师进行室内设计。

室内任何部分的情境框架都涉及场地和方向的选择。需要对特殊环境的气候条件有所了解，以合理规划地基、地板和墙壁系统、屋顶、天花板和门窗布局。用于建筑外壳的许多建筑材料也可以用于室内的装饰和饰面，这些材料包括木材、混凝土、金属和石材。

门窗有多种不同类型可供选择，操作方式也有所不同。住宅项目和非住宅项目也有多种设计风格。这些风格和细节影响着空间的特性。

垂直运输系统包括楼梯、坡道、电梯和用来从一层移动到另一层的自动扶梯。

这些构件除了具有功能性之外，还为空间提供了特殊的美学效果。环境控制系统包括供暖、通风和空调系统。这些建筑或机械系统以及水、废物处理和声学系统，都会显著影响空间的感官体验。节能对电力和电力系统的选择影响越来越大。通信技术和应用可以用于室内空间，以提高居住者的人身安全和幸福感。

词汇表

active solar energy 自动太阳能

ashlar 方琢石

biomass energy 生物质能

casing 压条

cast-in-place 现场浇筑

cathedral ceiling 大教堂天花板

clerestory 侧天窗

concrete slab system 混凝土板系统

curtain wall 幕墙

dead load 静荷载

direct solar gain 直接太阳能增益

drywall construction 墙体施工

dynamic load 动态荷载

electrochromatic 电致变色

fenestration 门窗布局

fiberboard 纤维板

float glass 浮法玻璃

footing 基脚

fossil fuel 化石燃料

framing wall system 框架墙系统

gable 山墙

glazing 装配玻璃

global warming 全球变暖

glulam (glued-laminated timber) 胶合板（层压胶合板材）

gravity load 重力荷载

graywater 灰水，可再利用废水

greenhouse effect 温室效应

grille (register) 格栅（通气孔）

GWB (gypsum wallboard)石膏墙板

GWP (gypsum wall partition) 石膏墙隔板

HVAC (heating, ventilation, and air-conditioning systems) 暖通空调

impact load 冲击荷载

hydronic 循环供暖系统

jamb 窗框

joist system 托梁系统

landing 楼梯平台

lateral load横 向荷载

lath 板条

life-cycle cost 生命周期成本

life safety 生命安全

live load 活荷载

masonry 砌筑

mortar 砂浆，灰浆

mullion 竖框

muntin 窗格条

open (floor) plan 开放式平面图

organic architecture 有机建筑

partition 隔板
passive solar energy 被动太阳能
passive house 被动式住房
pervious concrete 透水混凝土
photovoltaic effect 光伏效应
picture window 落地窗
plank-and-beam system 板梁系统
plenum 压力送风道
plywood 胶合板
precast 预浇制
radiant air heating 辐射空气供暖
rafter 椽条
rebar (reinforced bar) 螺纹钢筋（加固钢筋）
resiliency 弹性
riser 竖板
rough plumbing 水管布线
rubble 碎石
safety glass 安全玻璃
sheathed 覆盖
shim space 垫片空间
skylight 天窗
smart glass 智能玻璃
stud wall 立柱墙
subfloor 底层地板
tempered glass 钢化玻璃，强化玻璃
threshold 门槛
tread 梯面，踏面
truss 桁架
two-by-four (2 × 4) 二乘四
wire glass 嵌丝玻璃
yurt 蒙古包，圆顶帐篷
ZEB (Zero Energy Building) 零能耗建筑
ZEH (Zero Energy Home) 零能耗住宅

练习：本地领先能源与环境设计

调查研究附近通过领先能源与环境设计认证的项目。

该项目可以是独立住宅、多住宅小区或商业建筑。准备一份总结，整理该项目获得LEED认证的主要特征。包括与下列有关的材料。

- 能源效率
  - 照明光
  - 供暖和制冷
  - 采光
- 室内空气质量和通风
- 减少有毒物质
- 可持续材料
- 节约用水

第七章

室内装修：内饰

室内设计师可以使用一系列的材料和技术来改造原始空间，或对现有的空间进行内部装饰。室内设计师的选择不仅能够影响空间的美感，还能影响其使用功能。设计师要对设计概念和空间规划考虑周全，实施方案时选择合适的材料，其规格必须满足空间使用者的生理和心理需求。

设计必须遵守适用标准和法规要求，并促进环境的可持续性。选择材料和内饰时，要采用一种合理的方法来决定哪些产品符合客户的审美、功能和经济需求，并且要选择安全、耐用和可持续的产品。

设计师需要了解不断变化的的物质世界，同时要留心有社会责任感的设计的安全性、舒适性和注意事项，包括能源和资源的保护。传统材料与方法要与生产、应用和终饰的创新相结合，从而获得了大量的自然和合成资源及流程。个体和公共监督部门逐渐开始关注生产这些原材料产品的企业，严格执行监管规定，并根据环境影响来评估公司的业绩。在这些组织中，有美国绿色建筑委员会（USGBC），该组织开发了评级系统LEED（领先能源与环境设计），其从绿色设计的角度对建筑物进行评价（详见第2章和第8章）。室内设计师为项目选定产品时，可能要要求公司提供产品的环保信息和技术资料。

几个世纪以来，时尚界和室内设计领域在设计理念和材料选择上不断碰撞出思想的火花，在现代技术时代，设计的创意和解决方案往往涉及多个行业。拓展材料用途的灵感可能来自不同的领域，不仅包括时尚界，还包括照明、计算机技术、航空航天设计、医疗研究和印刷领域。

第8章中已经介绍过一些材料，用作建筑施工的组成部分，即框架。包括混凝土、石材、砖、金属、木材和玻璃。有时，空间的内部和外部使用的材料几乎没有差别；有时，差异可能在于材料的厚度以及应用和安装方式。

本章探讨了这些建筑材料的使用，以及用于室内空间内饰的材料，包括地板、墙面、天花板和木制品。本章的大部分内容都是有关内饰的介绍，也就是室内软装的第一步，软装包括内饰、家具和设备。这些材料中的一部分不仅用于内饰，还可用来“营造安乐窝”（增加室内陈设和终饰部分），这是第8章的主题。

第一节　地板

地面覆盖材料通常分为硬质材料、弹性材料的软质材料。地板材料的选择取决于所寻求的外观和舒适性以及底层地板的支撑力。选择地板材料之前，设计师必须考虑几个因素，包括耐磨性、对疾病和环境条件的敏感性、初始成本、是否易于安装和维护以及生命周期成本（在第6章中提到）。一个主要的考虑因素是安全性，包括地板的防火性能。其他重要因素还包括与过敏源的关系、用户的身体舒适度、隔音和隔热效果。用户和空间内的活动类型是关键信息。地板材料的可持续性问题也非常重要。地面覆盖材料的选择和安装方式也可以帮助划分行为场景和区域，如设建立交际区（图7.1）和指示通道方位。

硬质地板

硬质地板包括木质、竹制、石材、陶瓷和玻璃地板。这些材料既可用于住宅项目，也可以用于非住宅项目。硬质表面可能会很滑，尤其是湿的时候，而且会给使用者的关节造成不同程度的伤害。

图7.1
使用一块地毯来划分交际区域（照Malene b手工地毯定制公司提供）

木材 木地板通常是由硬木或落叶乔木制成，这种树的叶子很宽，从生长到脱落的生命周期为1年。如今，美国的森林中硬木的数量比1960年增加了90%。据美国林业局预测，北美地区可用于木地板的树木品种将进一步增加15%至20%，包括橡树、杨树、白蜡树、樱桃树、枫树、桦树、山毛榉树和赤杨树。橡木，尤其是红橡木，仍然是最常用的硬木地板（图7.2 a）。橡树以其鲜明的纹理和色彩范围而闻名。进口木材不常用于木质地板，如来自巴西和亚洲的柚木和南美洲的桃花心木。

松树和冷杉等针叶树种的软木也可用于地板，但不如硬木耐用，更容易腐烂。这些品种通常被称为“常青树”，树叶呈针形（图7.2 b）。

硬木与其他硬质表面（如石材）相比，具有很高的抗冲击性。这一特性能够抵抗表面受到的压力，这意味着对地板的损伤风险更小，对使用者的肌肉骨骼系统的压力更小。硬木地板也比其他硬质表面更耐用，可以预制或现场完成。

现场铺装允许木材在进行适当的表面处理前适应其环境。由于木材易受潮湿和温度变化的影响而膨胀和收缩，因此通常需要对其加以处理。表面加工有助于维持地板的颜色和纹理，保护木材不受潮气和污渍的影响，并保持木材的整体一致性。预制地板通常用聚氨酯进行表面处理，聚氨酯是一种用树脂制成的合成材料，在地板表面形成保护层。现场表面加工可以使穿透力更强，能够渗透进木材纤维的密封剂。这些通常是天然蜡和油或丙烯酸树脂。任何一种表面材料都分为哑光和光泽效果，可以根据外观需要自由选择。通过染色改变木材的本色实质上是基于美观的考虑。

其他的表面加工技术可以改变木材的特性，例如漂白、酸洗、破坏处理、上漆和镂花涂装。但是，其中一些技术，尤其是漂白，可能会对木材造成损害，并在安装过程中对环境产生有毒影响。

木地板通常有三种规格：木条、厚木板以及镶木地板（有时也称为地板块）。这三种类型都可以通过舌榫结构来安装（图7.3 a）。这种方法是将一块木板

图7.2 a和b
用于地板材料的木材。a.硬木：橡木；b.软木：松木（a：韦伯硬木地板和美国硬木信息中心；b：由Isda Funari和Tony Melendrez提供（© Arcaid 图片社/阿拉米素材图片库）

典型的地板接缝

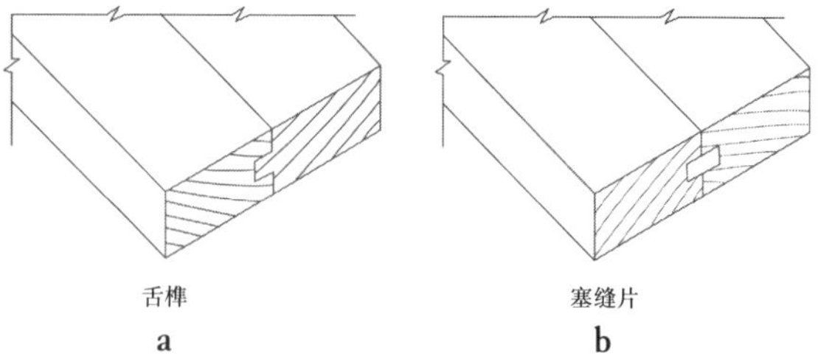

图7.3 a和b
标准细木工。a：舌榫法；b：塞缝法（Bloomsbury）

边缘切割出的凸起，即榫舌，插入另一块木板边缘切割出的凹处，即凹槽内，从而将两块地板进行拼接。其他的拼接方法包括使用胶水和塞缝片，用一张薄片在两块地板间形成楔，将它们锁在一起（图7.3 b）。

条形是硬木地板铺装的主要方式。木条通常为2¼英寸宽，用钉子与底层地板连接。厚木板更常用于户外设施，如甲板和露台，铺装方式与木条相似。厚木板宽度不一，通常在3英寸到8英寸之间，宽度大于8英寸的木板往往价格不菲。虽然木条和厚木板给人一种质朴的感觉，但也可以用于现代室内装修（图7.4）。

拼花地板由硬木块组成，通常为正方形，可用于各种图案。由小木片组成的正方形，通常大小从6英寸到27英寸不等。拼花地板可与条形地板毗邻铺设，看起来比单用条形地板或厚木板更整齐（1英寸≈25.4毫米）。

实心硬木和全木质结构之间是有区别的。实心硬木指的是左右裸露部分都是由硬木木材制成的，而全木质指的是不同纹路的胶合板或薄层木片黏合在一起，也可以称为复合木地板或强化木地板。复合木地板比实木地板更不容易变形，防潮效果更好。另一种不错的防潮方法是，在顶部表面少量使用稀有或昂贵的木材，如亚洲的柚木、巴西的樱桃木和非洲的鸡翅木，而其他层则由硬木胶合板组成。这种方法有助于减少对稀有树种的采伐。丙烯酸浸渍，指的是将丙烯酸注入到木材中，是一种增加木地板强度的技术，用于人流量高的非住宅项目。

专门从事地板木材和天花板横梁木材再利用的公司越来越多。使用老式木材（也称为再生、重新打磨、获救、回收或再生木材）是一种保护措施，提供了吸引人的特性，并以其生动的外观。这些木材可能来自移动被拆毁的建筑，甚至可能来自旧酒桶。

一些地板制造商生产的高压强化地板模拟了木材和其他材料的外观。这种地板结合了纸张和合成材料，用复杂的印刷技术制作而成。

竹子 竹制地板正逐渐成为木地板的替代品。这种材料非常环保，因为其是一种可再生和可持续的自然资源。竹子生长得非常快，3至5年就可以收割。全世界可开采的竹子种类超过1000种。竹制地板可以制成实心结构或复合结构，表面可以处理，也可以不处理，条状或板状铺设方式都可。竹制地板可以维持原貌或碳化处理，其中碳化处理能够使地板颜色变深。竹制地板也是一种硬质不易变形的产品。竹子还可用于其他表面，如墙面天花板，也可制成家具（图7.5）。

图7.4
宽板地板（阿尔瓦罗·阿罗约/盖蒂图片社）

竹地板的一项创新之处在于使用软木和竹子的混合材料。将编织过的竹丝注入软木接缝处，增强了地板的吸音性能。虽然软木被认为是弹性材料而不是硬质材料（见后面的讨论），但由于其密度高，不易变形，因此专用于非住宅项目。另一种以植物为基础的材料是棕榈木，是树的副产品。

石材 如第6章所述，石头是一种砖石建筑材料。这个类别中有许多类型的石头可用作地板材料和室内建筑组件、固定装置和装饰品。石材的开采和挖掘取自从许多不同国家和地区。可用作地板的石材有大理石、石灰华、黄岗岩、板岩和石灰岩。这些有机材料在加工过程中可加入树脂、环氧树脂等其他物质，通常称为骨料，例如，水磨石和混凝土。除了用于建筑外观，混泥土在其他方面的用途也越来越受到人们的青睐。对于室内装饰表面（如地板饰面），可以在传统的水泥成分中添加额外的矿物质，如硅酸盐，使表面更硬更耐磨，并具有抛光效果。普通水泥混凝土（详见第6章）可以用粉煤灰混凝土代替。粉煤灰是燃煤电厂的废弃物，对环境的影响小于水泥。外加剂，包括着色颜料、染色剂、上釉和上蜡，可用来改变混凝土的外观，用作表现处理或家具。水泥常被浇注成厚平板，但也可以制成瓷砖。混凝土不再仅仅局限于工业空间，也在高档住宅和医疗保健设计项目中占有了一席之地。

“地砖”这个词通常用来泛指各种材料，如陶瓷、地毯、玻璃或石材。然而，更确切地说，地砖指的是材料的形状和铺装方式，而不是材料本身。在这种用法中，地砖是区别于其他用途的材料总称，比如平板（可以覆盖整个表面）或浇注（如材料的总量）。同样，马赛克一词表示由各种材料（如石材、陶瓷和玻璃）组成的更小块的地砖（图7.6）。

室内石材地板通常为瓷砖，有各种尺寸和厚度可供选择。瓷砖和马赛克可以单独手工铺设，当更常见的是，将它们预装在钢筋网上，以便铺设时更方便、更精确。

图7.5
竹制品室内效果图（大卫·约瑟夫摄影；由松山国际设计）

技术进步使得不同类型地板的设计和安装方式更加丰富多样。尤其是水射流激光切割技术使制造商能够较为轻易又精准地生产出复杂的图案，如曲线图案设计。从传统的几何网格到随机图案，再到精准的计算机化设计，图案设计几乎没有任何限制。

此外，灌浆的间距和颜色以及瓷砖之间使用的填充物（通常是灰浆或水泥混合物）可以影响地板的特性。例如，与使用较厚的灌浆相比，大块瓷砖周围如果使用少量薄浆勾边会看起来比较均匀，瓷砖也会显得更大、更整齐。使用厚浆勾勒边线的棋盘图案看起来更加随意（图7.7）。灌浆可以加以染色以增强修饰效果。新产品能防止霉菌和染色，不需要封固。

石头作为一种天然产物，在颜色深浅、脉纹、着色和肌理方面各不相同。不同的表面处理技术能够制造出不同的外观效果，还能够影响地板的安全性和维修保养。常见的饰面包括滚花、磨光和抛光。滚花饰

图7.6
大理石马赛克（© 德拉甘·尼克里奇/阿拉米素材图片库）

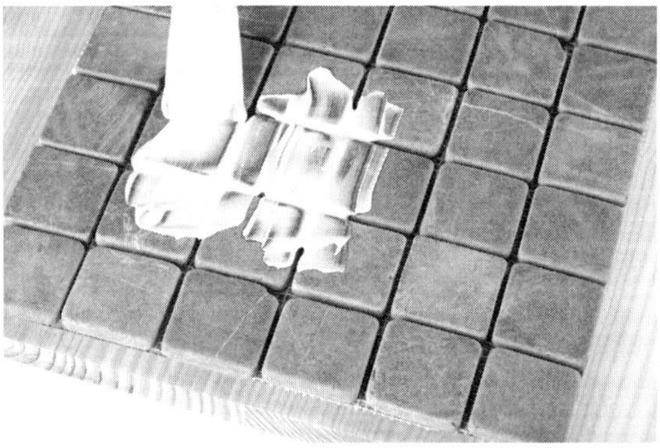

图7.7
地砖和灌浆模式（© 恩里克·雷默/阿拉米素材图片库）

面保留了石头本身的天然粗糙表面，给人一种质朴或古色古香的感觉。磨光饰面的地砖表面更平滑。抛光饰面更平滑更滑溜，看起来也更正规。石头打磨得越好，越不防滑。因此，某些时候会在大理石上刻出凹槽作为防滑的安全措施，特别是在可能有水的地方，如浴室或楼梯上。石材可以加以封固以防止沾污。

虽然用作地板的不同石材都有其固有的特性，但是特殊材料的选择往往是基于其外观和纹理（自然的或经过处理的）以及应用模式，而不是确切的石头种类。图7.8 a–d展示了几种比较受欢迎的石材地板材料。

- *大理石*。长久以来，大理石一直被认为兼具奢华与古典美，尤其是抛光之后，大理石可以呈现多种颜色和不同的脉纹效果。颜色从传统的白色到黑色、绿色、蓝色、棕黄色和红色。但最常用作地板材料的大理石是介于白色和奶油色之间的颜色，叫做卡拉拉白。大理石既可用于住宅项目，也可以用于非住宅项目。大理石种类繁多，既能打造出旧世界（仿古或传统）的风格，也能创造出现代美学效果。大理石非常耐用（尽管浅色很容易褪色），但出事成本很高。其缺点是抛光后或有水时，表面变得非常滑溜，并且缺乏减震能力，会导致使用者肌肉疲劳。由于触感很冷，铺装时还要考虑气候因素。
- *板岩*。板岩的纹理表面是地球粒子经过数亿年的沉淀而形成的。这些沉淀物粘结成页岩，这是一种柔软的层状岩石，在热和压力的作用下转化成板岩。表面的分层纹理和裂缝可以保持自然原貌或打磨光滑。板岩的颜色从黑色到灰色、紫色和绿色不等，反映了沉积岩中不同的微量金属元素。巴西板岩也可用作地板材料，表面有着不太明显的裂缝。因为板岩容易被沾污和刮伤，通常采用保护性的表面处理方式，使用表面封固剂或者是渗透到板岩本身的

图7.8 a–d

石材地板材料。a.石灰华；b.板岩；c.大理石和花岗岩；d.骨料（水磨石）（a：Luis2007/Dreamstime微图网；b：Bloomsbury；c：作者提供；d：Zoonar GmbH/阿拉米素材图片库）

浸渍处理。板岩的初始成本处于中高价位，而且由于其表面不平整，用作地板可能会有危险，尤其是在潮湿的时候。

- *花岗岩*。这种坚硬的结晶岩石含有微量矿物质，如石英晶体。花岗岩典型的颜色是冷灰色，但也有其他颜色，如浅棕色和深棕色。由于其耐磨性高，建议在人流量高的地方使用，但花岗岩价格高昂。此外，与大理石和板岩一样，花岗岩质地坚硬，表面触感较冷，抛光后会变得很滑。通常花岗岩中有一种晶体成分是石英。市面上所售的许多种大理石，尤其是柜台台面，都被称为石英石。
- *石灰岩*。这是一种碳酸钙，呈浅灰色，颜色变化不大。石灰华是一种石灰岩，因其凹凸不平的外观而闻名，通常呈黄褐色。用作地板材料时，可以往其表面空洞内填充环氧基树脂，更易于维护，基础更稳固。石灰华不像花岗岩那样坚硬。
- *骨料*。这一通用术语包括磨碎的石头、砂砾或用液体添加剂和其他外加剂黏合的碎片。水磨石是一种聚合材料，将大理石或其他石头（如花岗岩）压成碎片，用液态环氧树脂或砂浆混合物将其凝固，干燥至表面坚硬后抛光而成。水磨石可以用预制的模子制造，也可以用混凝土等板材浇筑。20世纪中期经常使用水磨石，尤其是在人流量高的商业区。现在，水磨石正重新流行起来，特别是作为一种可持续的替代品。例如，将制造石材的过程中产生的废料与其他填料（如玻璃碎片）一起使用，可制成聚合材料。

陶瓷 陶瓷是一种通用术语，指的是粘土（泥土或土壤的细砂粒）经过高温烧制而制成的陶器，用于地板、其他结构体以及装饰品。陶瓷建筑材料通常以砖、瓦或马赛克的形式呈现。两种常用的陶瓷地板材料是陶瓦和瓷器。瓷砖的质量参差不齐，这严重影响着瓷砖的耐久性、防水性、热胀冷缩和耐化学磨损性。饰面类型主要为釉面（一种高度抛光的表面）、未上釉的自然的表面和漆面。

陶瓦，意思是“烤土”，通常是棕红色（图7.9）。

图7.9
陶瓷地板材料；粗制陶瓦（Dutourdumonde图片/阿拉米素材图片库）

通常需要使用渗透封固剂和面漆封固剂来保护其表面不受潮。

一种用于地板材料的高品质瓷砖称为陶瓷砖。陶瓷砖比普通瓷砖的烧制温度更高，时间更长，从而去除更多的水分，密度更高。陶瓷砖适用于人流量高的住宅和商业区，室内室外皆可用。其比普通瓷砖的气孔要少，适合潮湿地区。瓷砖可以仿制成更昂贵的材料，如大理石、花岗岩和板岩，同时具有耐磨、成本低和易养护的特性。

玻璃 玻璃虽然不常用作地板，但人们越来越喜欢在夸张的应用中使用它。用作楼梯或地板时，其应具有防滑的纹理。玻璃的透明性可以用来增强光的效果，打造出轻快、宽敞的感觉。玻璃也可以制成瓷砖形式。玻璃与其他产品，尤其是瓷砖一起使用时，可作为强调的重点，体现有趣的纹理对比（图7.10）。

弹性地板

弹性地板材料比硬质表面减震能力更强，为用户带来诸多好处。弹性表面的反弹力更大，因此能够抵消更多的冲击力。这意味着，无论是表面还是与之碰撞的物体，都不会受到严重损伤。这一点是较硬的地板表面无法做到的。这种类型的地板材料满足人体工程学原理，因为其对行人肌肉骨骼系统的影响较小（见第2章）。由于其具有防滑性，因此广泛应用于学校和娱乐室、厨房、洗衣房、地下室和浴室等人流量

图7.10

布鲁克林博物馆内的玻璃瓷砖地板。2008年后翻新的美术馆三楼景观（项目建筑师：波尔舍克建筑事务所；照片由布鲁克林博物馆提供）

大的地方。弹性地板材料的应用曾一度局限于公共设施和杂物间，但是技术革新改善了它的性能，提高了其认可度，如今在商场、医疗保健区域和家庭中也可见到弹性地板材料的应用。相比其他硬质表面，弹性地板材料通常成本较低，适合各种各样的产品和铺装模式。

弹性地板材料有各种类型的天然表面和合成表面，包括乙烯基、橡胶、油毡、软木和层压板。使用黏合剂，可以将弹性地板材料制成瓷砖的样式，通常为正方形，尺寸从9英寸到18英寸不等，也可制成6英尺和12英尺的卷筒。弹性材料干净卫生，很多种类能够掩盖污渍和磨损痕迹（1英寸≈25.4毫米）。

乙烯基 乙烯基是由化学物质聚合物，特别是聚氯乙烯（PVC）制成的产品构成的，分为固态乙烯基和乙烯基复合物两类。固态乙烯基更有弹性（也更贵），是因为其通常含有90%的乙烯基。相比之下，乙烯基复合物可能只含有20%的乙烯基和80%的石灰岩。

因其出色的成像能力，乙烯基产品可以仿制其他表面和镀膜的外观。乙烯基产品经过处理可具有防静电特性，尤其适用于医疗手术室，以防止产生火花。除各种各样的商业应用，这些产品还常用于住宅中的厨房、杂物间和娱乐室。

橡胶 真正的橡胶是由一种从热带橡胶树中提取的具有弹性、粘性的天然物质制成的材料。一张合成聚合物也可称为橡胶。

橡胶地板初始成本很贵，但其生命周期成本较低。被用于人流量大的长远应用，包括体育馆、健身俱乐部、医疗保健设施、老年中心、学校、交通运输枢纽和购物中心。橡胶也可用于斜坡、楼梯踏板和楼梯平台。其维护费用相对较低，能很好地承受日常磨损。橡胶具有良好的牵引性，走在上面脚感很舒服。不仅静音有弹性，而且防滑，能够忍受潮湿的环境。橡胶地板材料通常与橡胶墙基配合使用，以实现墙地的一致连贯性。许多从事绿色设计的公司使用轮胎再生橡胶生产地板（图7.11），包括类似水磨石的瓷砖以及其他产品。橡胶也可以与软木结合使用。

图7.11

儿童医院的再生橡胶地板（圣文森特医院，印第安纳波利斯，印第安纳州；生态表面提供）

油毡 亚麻油毡是一种经过加工的天然混合物，油毡中含有取自亚麻树的固化亚麻籽油、软木和木粉（类似沙子的木屑）、石灰岩和颜料。油毡背面是黄麻或粗麻布，铺在薄板或瓷砖上，可以用很长一段时间。油毡出现于19世纪晚期，在20世纪30年代和40年代十分流行，之后便逐渐淡出人们的视线。如今，油毡这种天然产品再次兴起，最常用于商业领域。由于其对环境和自然资源的影响较小，开始在高档住宅领域引起关注。油毡非常耐用，有多种颜色和图案可供选择（图7.12）。

图7.12
现代油毡地板（© 尼尔·迈克迪米德/阿拉米素材图片库）

软木 软木是从软木橡树树皮中提取出来的物质。软木是一种可补充的材料，因为其是在不砍伐树木的前提下提取的。

软木能够吸收声音，具有阻燃性和浮力。其可以制成瓷砖和薄板，用于住宅和商业用途的地板材料。软木可通过将瓷砖黏合或使用悬浮地板板材的方式进行铺装。这种方法是用不同的材料将高密度纤维板（HDF）和软木芯包裹起来，涂上水性聚氨酯，并使用舌槽拼接方式安装。除具有吸音效果外，软木还有一个优点，那就是灵活性，其能够与底层地板的形状保持一致，但不一定是水平的。颜色从黄色到棕色，都是暖色（图7.13）。

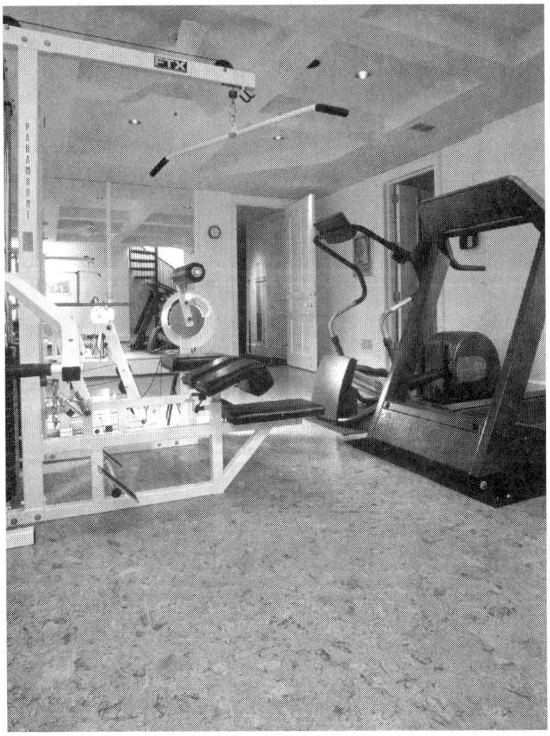

图7.13
软木地板（Cork Direct提供）

层压板 层压板是一个通用术语，用来描述几种产品，包括经过高压分层技术处理的地板、门和家具，其代表着多层产品。强化地板是用各种材料将高密度纤维板内芯包裹起来而制成的（图7.14），可以模仿木头、石头或陶瓷的外观。这种地板不易变形，维护费用低，并且不易导致过敏。层压板不防水，但要比天然木地板防水性要好。虽然铺装时有时需要使用胶黏剂，但更常见的做法是在现有地板上使用悬浮式铺设法，尽量不受底层地板类型和条件的影响。强化地板可以制成木地板或瓷砖的样式，有多种颜色和图案可供选择。

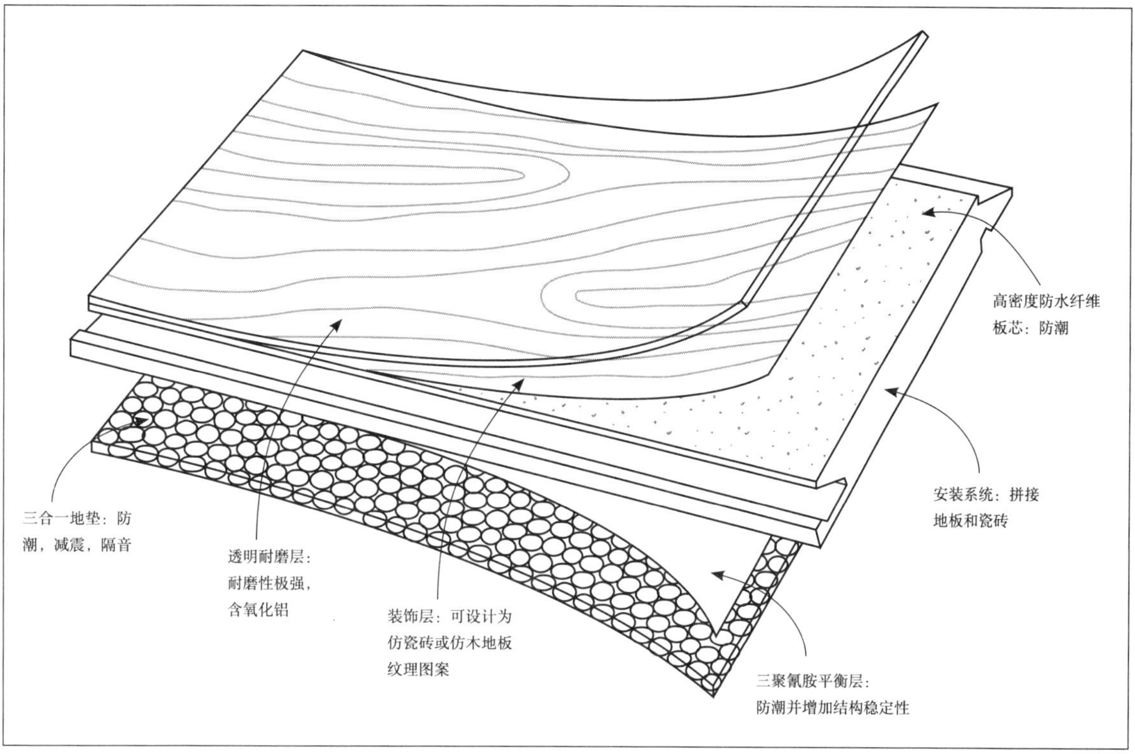

图7.14

强化地板系统的各个分层（Bloomsbury）

软地板

软地板主要是由纤维构成。纤维是一种天然或合成线或长丝，能够缝制、编织或纺制成纱。纤维可制成地毯，覆盖整个区域；也可以制成小地毯，随意搬动，覆盖部分区域。由各种天然纤维和人造纤维制成的织物将在第8章中讨论。地毯和小地毯的常用纤维见表7.1。

从设计的角度来看，地毯铺满整个地板，可以将空间内的所有元素统一起来。小地毯可以作为装饰重点（在第8章中进一步讨论）或划分区域，如建立交际区（如前面提到的和图7.1所示）或者在一个大房间里将用餐区和生活区分割开来。小地毯的种类很多，尺寸风格各不相同，其中包括装饰地毯、拼块地毯或小张地毯以及长条地毯。

软地板不同的生产方式（手工或机制、染色或印花）使得表面特征不同。纤维可以单独使用，也可以组合使用。软地板的制造、铺装、废弃处理和再利用是可持续发展的重要问题。大尺寸的地毯主要由合成纤维制成，如尼龙（表7.1所示）。合成纤维的制造过程一直因资源浪费和污染而备受诟病，合成纤维工业正在努力减少这一工艺的负面影响。其中一项重大贡献是回收再利用，用回收的地毯材料制成新产品。可持续发展的另一进步是在制造地毯底布时使用由植物蛋白和大豆油制成黏合剂。

地毯最初是在狭窄的织布机上织成的，现在被制成卷毯或薄毯。地毯也可以制成瓷砖样式，这样更容易（而且花费更少）更换受损区域。这一优势不仅适用于商业应用（图7.15），也适用于人流量大的住宅区域，如游戏室。

与硬质和弹性地板材料一样，在指定住宅应用和非住宅应用中的地毯用途之前，必须考虑几个因素。从安全的角度来看，小地毯——尤其是带流苏的较小的拼块地毯——是不安全的，会令人被绊倒或摔跤。同样如果地毯或小地毯的高度（纤维）很高，虽

表 7.1 常用的软地板覆面纤维

类型	起源	特征
羊毛	动物	价格昂贵，有弹性，经久耐用。触感奢华，柔软。具有固有的防尘性和防烧灼性。染色美观。喜马拉雅地区的羊毛富含羊毛脂，因此具有光泽。许多藏式和中式地毯都采用了丝绸，使图案具有不同程度的光泽感
棉花	植物	休闲的外观。容易染色。绒头太长不耐用，平纺棉耐用
剑麻（椰壳纤维、大麻、可可、海草、黄麻）	植物	休闲的外观。价格相对便宜但不耐用。极易染色，很难用真空吸尘器清洁。以前主要用于热带气候，现在已经成为各类气候条件下住宅建筑的现代设计标志
尼龙	合成纤维	价格便宜，结实耐用，是主要的软地板覆盖材料。较新的品种有内置的防尘抗污能力，并且防静电。在医疗设施中使用时可适用抗菌整理剂。需要定期清洗
聚酯纤维	合成纤维	出色的色彩清晰度和护色性。防水渍。由于缺乏弹性无法回弹，绒头高度在承重后无法完全恢复
丙烯酸纤维	合成纤维	外观与羊毛相似，防潮防霉。Has low容易变形
烯烃	合成纤维	结实，不会褪色，易变性。长期使用要求纤维长度短，结构紧密
混合纤维	混合	最常见的是羊毛与合成纤维的结合，既降低了全羊毛结构的成本，又增加了羊毛耐用的优质特性，尤其是与尼龙结合时，更是如此。羊毛与剑麻或其他草类纤维的结合为原本粗糙的纤维增添了一份奢华的质感

图7.15
地毯瓷砖（《丹佛邮报》员工照片，由 格伦 · 川提供/盖蒂图片社）

然摸起上去很柔软，但对那些使用轮椅、手杖或助行器的人来说，可能会造成行进困难。软地板及其铺装方法对空气质量的影响（包括致敏性）也十分重要。其他考虑因素还有区域间的过渡、水平面变化以及墙壁和地板连接处所需的组件。例如，从长绒地毯过渡到毗邻的木地板可能需要一个较高的门槛，而从大理石过渡到木地板则不需要。

地毯使用的衬垫和垫料，不仅会影响地面覆盖物的舒适度，还会影响其使用寿命。用作垫料和衬垫的材料包括各种厚度的黄麻纤维和乳胶。

大多数地毯是用一种簇绒技术而不是编织法而成的，编织法更常用于制作小地毯。第8章中详细介绍了非织造物的织造技术和方法。一些比较随机、乡村风格的小地毯往往用于住宅空间，如编织地毯、绳条地毯和碎呢地毯。之所以叫“碎呢”地毯，是因为这些地毯不是用织布机织成的，而是用碎布手工制作的。这些类型的地毯因减少资源浪费而重获青睐。

簇绒地毯 地毯或小地毯，无论是机器编织还是手工编织，都包括很多层。将绒头或面纱用力穿过基底布，然后使用黏合剂，把第二层衬垫黏合到绒头上。绒头的密度越大（即每英寸纱线越多），产品使用时间越长。

纱圈可以剪（割绒），也可以不剪（起圈绒头），产生明显不同的纹理，还能影响商品的外观。地毯也可以分为割绒地毯和起圈绒头地毯两类（图7.16f）。雕刻地毯在不同程度上混合了割绒和未割绒，因此质感更胜一筹。

割绒风格的一个例子是长毛绒或天鹅绒地毯，这种地毯绒毛较长（图7.16 c）。另一种割绒地毯是萨克森羊毛地毯，纱线比长毛绒地毯绞得更紧，因此看上去不如长毛绒地毯那样正式（图7.16 d）。更为随意的地毯类型是起绒粗呢地毯，紧绞的纱线形成有皱状纹理的表面（图7.16 e）。绒头较长的地毯造型奢华，却不适合使用频率高的区域，更适合放在卧室。密度高，绒头短的地毯在住宅环境和商业应用中经得起经常性的磨损。

未割绒地毯或起圈绒头地毯比割绒地毯更耐磨。一般来说，地毯是非住宅项目的首选地面覆盖材料。起圈绒头地毯包括一层线圈和多层线圈（图7.16 a–f）。

编织 地毯和小地毯，无论是机器编织还是手工编织，都是将纱线或纤维束以经纱（纵向）和纬纱（横向、交叉、填充）交织的模式制成的。可以使用节点构造，也可以不用（图7.17）。

威尔顿机织绒头地毯是一种在特定类型的织布机上织成的羊毛地毯，这种织布机称为提花织机（图7.18 a）。威尔顿地毯的颜色有限，因为提花织机通常只能容纳三到六种颜色。提花织造是一种生产高档产品的昂贵工艺。

法国曾以生产精细编织的挂毯和地毯而闻名，地毯如萨伏内里地毯和奥布松地毯（图7.18 b）。20世纪60年代流行的一种希腊织造的长绒羊毛地毯——弗洛卡蒂毯，如今再次流行起来，包括合成纤维款。基里姆地毯是一种来自东欧国家的编织地毯，表面平坦，类似于印第安人制作的名为纳瓦荷（纳瓦霍）的地毯（图7.18 c）和印度产的达丽地毯。

正品手工地毯价格昂贵，尤其是通过政府标准认证的产品。

对于当代的室内设计师来说，“东方地毯”这个词有许多层含义。严格来说，它指的是亚洲手工编织的地毯，无论是古董还是当代的产品。但是，它也用来表示与中东地区的设计相关的风格和主题，包括现代机器制造的设计产品。这些地毯的产地包括中国，波斯（现在的伊朗）、中亚、北非、土耳其、阿

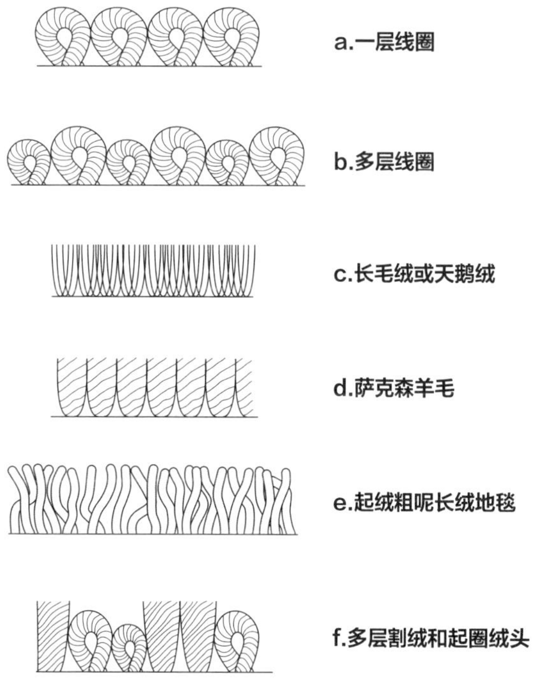

图7.16 a–f
簇绒地毯。a.起圈绒头层；b.多层；c.长毛绒；d.萨克森羊毛；e. 起绒粗呢；f. 割绒和起圈绒头（*Bloomsbury*）

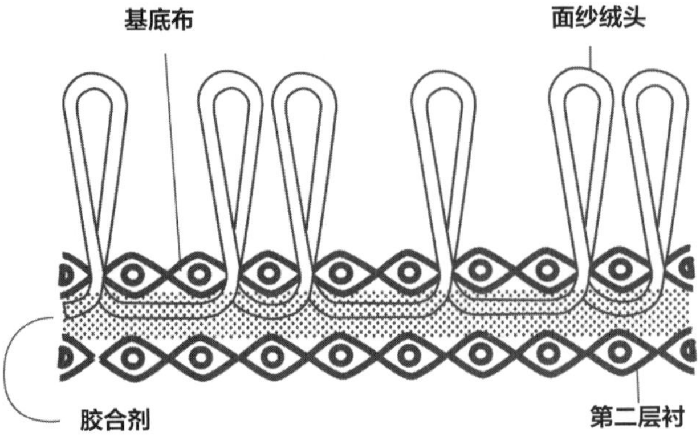

图7.17
由经纱（纵向）和纬纱（横向）交织成的一种织物图案（*Bloomsbury*）

图7.18 a–c
编织地毯。a. 英格兰的彭布罗伯爵定制的威尔顿机织绒头地毯；b. 古董奥布松地毯；c.美国新墨西哥州圣达菲市展出的纳瓦霍地毯（*a: 罗恩·布伦特/ronbluntphoto.com; b: 奥布松地毯，19世纪的最后三十年[织物]，法兰西学派 [19世纪]。私人藏品/照片/© 佳士得图片的/布里吉曼艺术图书馆; c: 菲利普·盖姆/阿拉米素材图片库*）

富汗、印度、巴基斯坦、克什米尔、西藏和尼泊尔。因此，织造工艺、天然染料和图案的使用各不相同。典型的图案包括几何图案、风格化的动物、火焰、树木、和花园象征符号。相反，亚洲部分地区所使用的地毯，特别是尼泊尔的地毯，现在也采用世界各地的图案，包括当代、西方风格的设计或者是非洲或印度主题的现代化版本（图7.19 a和b）。

第二节　墙壁

室内墙壁的表面和饰面材料在类型和成本上都有所不同。此外，在非住宅应用中的部分墙壁、隔板和镶板可以以不同的方式进行处理，这很大程度上取决于空间的功能性，隔音和防火的需要，预算、耐久性的要求，节能和审美需要。

人们对镶板和镶板系统的要求比以往更高，不仅要美观，还要高效，部分原因是由于开放规划的增加。住宅空间也是如此，镶板、屏风和隔板常常取代传统的满墙来分隔空间。

图7.19 a和b

东方地毯，过去和现在。a.苏玛客结古董地毯；b.以印度古老传统为灵感，在尼泊尔手工制作的当代地毯（a: DEA图片库/德阿戈斯蒂尼出版社/盖蒂图片社；b: Malene b手工地毯定制公司提供）

墙壁和隔板的表面处理方式主要有三种油漆和油漆产品涂料；壁纸，乙烯基树脂墙纸或墙面织物；或包层，如砖石材料。镶板表面通常覆盖乙烯基或纺织品。

墙壁可以不进行表面处理。通常情况下，将砖块或金属保护层与砖石材料或其他材料一起使用作为饰面处理（详见第6章）。瓷砖常用于潮湿环境中的墙面处理，如浴室、卫生间、厨房、游泳池和喷泉。

墙壁也可以用木器装饰，通常是门饰或窗饰。这种对内饰的优化处理被称为“木制品”。木制品如果在设计和应用中体现出高超的艺术性和技巧，会成为室内空间非常重要的一个结构层。用木材进行墙面处理将在本章后面讨论。大多数情况下，内墙都是用壁纸、乙烯基或纺织品来粉刷或覆盖。

涂料

标准和装饰性涂装是住宅项目和非住宅项目中实用的饰面类型。

油漆　油漆和油漆产品是使用最广泛的内墙饰面材料，因为其色彩范围广，具有多种纹理，而且能够适应墙面变化。几百年来，人们用不同的工艺增强油漆的视觉效果。作为表面涂层的油漆可以防止天气状况对墙面造成的腐蚀，防火防菌，还可以起到装饰效果。对于一些项目来说，这是一个主要的考虑因素，如图7.20所示的住宅项目。

油漆本质上是颜料的混合物，即天然或合成的着色物质，悬浮在液体载体或溶剂中，再用黏合剂使液体硬化。其他成分（如添加物或添加剂）使油漆呈现不同的光泽度和其他特性，如可洗性、防霉性和阻燃性。

根据实用的黏合剂类型，可以把油漆分为两类：乳胶漆或水性漆，以及醇酸涂料或油性漆。乳胶漆质量的优劣决定着成本的高低，质量要看颜料和黏合剂（把色素颗粒结合在一起）与液体（通常是水）等其

图7.20

室内设计师肯特·布拉斯洛夫展示了其作品中色彩的创造性运用(设计:肯特·布拉斯洛夫/肯特咨询公司;照片:弗朗辛·史密斯)

他成分的比例。主要的颜料是白色的二氧化钛,加入少量色素时可改变颜色。二氧化钛的比例越高,遮瑕能力越强。高品质的油漆作饰面层时,可以不需要底漆。含有100%丙烯酸黏合剂的乳胶漆质量最好,以其耐污性和耐久性著称。瓷漆是一种光泽度高的油漆涂料。

油性漆干燥时间长,有刺鼻的气味,容易变黄,并排放对地球臭氧层有害的气体,即挥发性有机化合物(VOCs)。人们日益关注健康、安全和环境问题,加上水性乳胶漆制造技术的进步,导致了油性漆的使用量下降。美国主要的油漆公司将油漆分为无挥发性有机化合物类和低挥发性有机化合物类。如今,醇酸涂料使用的是合成树脂,而不是亚麻籽等天然油。

油漆可根据光泽度进一步分类,即表面肌理的光反射率。虽然不同油漆制造商之间存在差异,但室内用油漆的典型光泽度由低到高分为平光、蛋壳光、半光和亮光。其他使用的术语包括介于平光和半光之间的丝光和珠光。一般的经验法则是,平光漆是最友好的,也就是说,其更善于隐藏墙面的缺陷,而亮光漆最能突显墙面的瑕疵。相反,油漆的光泽度越高,越容易擦洗,越防潮。因此,半光漆和亮光漆常用于厨房和浴室以及模具造型上。然而,光泽度越高并不意味着抵抗真菌或霉菌的能力越强。蛋壳光饰面,不等同于灰白色,在住宅室内很受欢迎,因为其能在平光和亮光之间找到平衡,这在大多数墙壁表面都是可行的。蛋壳光饰面相对容易清洁,也能掩盖微小的墙面瑕疵。最近,许多制造商开发出了性能与光泽度更高的饰面材料相似的平光饰面材料。大多数油漆公司都有各种颜色的可洗哑光漆或平光漆。

墙面的准备和底漆是涂装过程中最重要的部分。底漆是涂在基材上的第一层漆面,为后续的终饰漆面做准备。底漆的选择更多地取决于它所覆盖的表面,而不是后续涂层的类型。许多油漆公司已经成功地将漆面漆和底漆合二为一。底漆也可以作为多空底材的封固剂,例如木材和石膏板(GWB)。首先,整面墙都用石膏夹心纸板覆盖。然后在防水布上涂上浆料,通常是墙板或石灰泥。

装饰涂料 装饰涂料一词涵盖了古代和现代的各种工艺,其拓展了涂料产品的多功能性,创造了大量微妙或戏剧性的装饰效果。工匠,通常也称为艺术家,专门从事一项或多项技术工作。他们经常使用错视技术,通过在平面上创造一种浮雕的错觉来迷惑观众(图7.21 a)。人造涂饰是指各种天然材料或金属镀层制成的伪装饰,如旧的粉刷灰泥或破损饰面,人造木香模仿木材的样子,人造大理石模仿大理石的样子(图7.21 b)。人造饰面也可以仿制其他石材和宝石,如虎眼石、玳瑁和孔雀石。最近出现的仿混凝土饰面工业感更强。

其他的涂装工艺还可以为空间增加肌理感和空间放大感。这些工艺通过使用多种颜色制造各种细微的或戏剧化的对比效果。有时可称为分色法。

- 上釉。透明的彩色薄膜悬浮在油性或水性介质和载体上,涂上一层底彩色涂料。以实现色彩深度。
- 洗色。在白色或彩色的地面上涂上一层薄薄的半透明涂料(图7.22)。这种技术可以制造一种破损或老化的仿纹理效果,如仿皮革。
- 海绵擦法。用毛刷或滚轮涂底漆。其他颜色的附加层用一块天然的海绵轻轻蘸上颜料,随意轻拍上色,从最深的颜色开始以增加色彩深度。
- 布滚油漆法。包括各种各样添加和移除颜料层的技

图7.21 a和b

装饰漆饰面。a.错视法；b.人造大理石（作者提供）

图7.22

分色法（厄休拉·奥尔特/盖蒂图片社）

术，通常是给颜色上色，以创造出大理石、石膏或石头的外观。通常情况下，釉料使用软毛刷涂上去，然后用绢布擦掉。

- 拖动和梳刷。这种技术是在湿釉上滑动干毛刷或梳子，常用来塑造明显的木纹和编织纹理。

上述技术大多起源于古代，但如今使用的是现代的、毒性更小的材料，例如，使用水性涂料而不是油性涂料。整个墙面或饰边都可以使用这些饰面进行装饰，其可以模仿木材成为装饰重点，也可以模仿镶板墙分隔空间，否则就只能通过木制品来实现这些功能。

其他装饰饰面包括镂花涂装和镀金。

- 人们习惯用镂花涂装来代替昂贵的墙纸，打造古雅的、民间的到戏剧性的艺术风格。镂花涂装是在一块醋酸纤维布上剪出或刻出一幅图样或图案，然后轻轻地将涂料涂在或撒在模具上。每移动一次模具，都重复这一步骤，从而创建出一个图案。实用的特殊刷具和涂料以及模板可以在商店购买或定制设计。
- 镀金和其他金属效果。这些都是劳动密集型和极为精细的技术，重点用于使用金、银、或较便宜的复合材料、合金或金属。这些效果最常用于天花板，也可用于墙面装饰（图7.23）。

覆盖材料

满墙或部分墙可以覆盖许多不同的表面材料，其中包括纸张、乙烯基和纺织品，一系列其他天然产品，如皮革、草和软木，以及纤维与沙子、玻璃、金属或其他矿物颗粒的混合物等。

纸 壁纸作为装饰艺术，有着悠久的历史，如今作为墙面处理材料重获人们的青睐。壁纸，尤其是手工制作的壁纸，如彩绘壁纸、丝网壁纸或印花壁纸，在21世纪大放异彩。除当代的设计，还有许多传统的设计，如东方风格或中国风格（图7.24）。

墙纸通常用于使用率较低的住宅区，在那里，清洁的便捷性不是主要的考虑因素。人们可以在墙纸背面涂上小麦浆糊或纤维素浆糊将其贴在墙上，或者制造商已经提前预贴墙纸。墙纸有非常多的图案和纹理可供选择。许多墙纸图案模仿自然景观，如木头、石头和草。除标准墙纸，还有数不尽的方案可以定制壁纸的颜色和图案。无论是标准墙纸还是定制墙纸，都可以从国内外各种地方购买到。

把图案印到墙纸上有很多方法，其中包括木板印刷、滚筒印刷和丝网印刷（详见第8章）。墙纸可以手工绘制也可以定制。模仿金属、皮革或木材的表面手绘墙纸容易被撕破，适用于打造无接缝外观。防火、易于修补的非织造墙纸适合某些商业领域。

图7.23

银色打造的金属效果；现代化的客厅，有书桌和壁式书柜（© 建成图像/阿拉米素材图片库）

乙烯基 乙烯基最初是在商业环境中用作墙面覆盖物，现在也用于住宅项目，尤其是使用频率高的区域，如浴室、洗衣房、厨房、儿童房和娱乐室。乙烯基表面具有防水性，比普通纸张更耐用，能很好地防油污、蒸汽和指纹。乙烯基易于清洁，因此在医疗保健领域很受欢迎。乙烯基涂层纸介于乙烯基和纸覆盖层之间，同时兼具两者的良好性能，适用于更加正式的住宅区域，如走廊和卧室。

乙烯基墙面覆盖物背后衬有不同重量的梭织布或非织布材料。表面材料越重，需要的衬布也就越重（图7.25）。和墙纸一样，这些覆盖物也有不同的颜色、图案和样式。

乙烯基虽有诸多优点，但并不是绿色产品，因此遭人诟病。人们采用各种方法，努力减少生产过程中对环境造成的污染和破坏，例如使用一定比例的回收乙烯基，使用水性油墨和涂料代替油性涂料，以及使用能够消除臭氧的化学物质。

图7.24

手工墙壁覆盖材料（安妮·/施雷希特/Art Rep事务所）

纺织品 作为墙面覆盖物，纺织品分为天然纤维织物和合成纤维织物。用于墙面覆盖物的天然纺织品有棉花、亚麻、丝绸和羊毛，特别是毛毡。人造丝现在也可用作墙饰。合成纤维包括尼龙、烯烃、聚酯纤维和Xorel，这是一种叫做卡内基面料的合成机织面料，用来替代乙烯基。Xorel材料耐用、易清洗，本身具有阻燃性，且使用寿命长。合成纤维可以单独使用，也可以与前文提到的纸张和乙烯基产品混合使用。天然纺织品和合成纺织品的特点将在第8章更详细地讨论。

早年间，人们用挂毯和地毯作墙饰，既能保温又能起到装饰效果。将纺织品直接安装在墙壁上是一种新兴的做法。用织物覆盖墙壁，尤其是带有一层衬垫的织物，有良好的吸音隔音效果，目前普遍用于会议室。然而，保温和吸音功能必须与其他因素相权衡，例如是否容易染色和防霉。纺织品墙面覆盖物、乙烯基或砖石墙不吸潮不防污，不适合用于使用频率高的区域，如浴室、洗衣房、厨房和儿童房。

市售墙面覆盖织物主要使用纸张做被衬，以保证稳定性。织物用板材包覆，也就是用木板或纤维板包裹起来，然后贴在墙上。织物也可以用作墙壁软垫（图7.26），即用一连串的夹子或图钉将织物固定在墙上。

正如前面所讨论的，除固定的墙壁外，镶板和隔板在室内内饰中发挥着越来越重要的作用。镶板系统通常使用聚酯纤维、烯烃和玻璃纤维，因为它们具有阻燃性和良好的尺寸稳定性，也就是材料保持形状不变的能力。目前人们正在探索毒性较低的解决方法，其中包括使用无毒材料，如再生羊毛、棉花和大麻纤维，以及使用石膏制成的具有声学特性的海绵。覆有再生棉质牛仔布的镶板现已问世，其质量可与刨花板媲美。将小块剩余再生布料与非甲醛黏合剂混合，在高温下压制、裁剪，再进行饰面处理即可完成。

羊毛毡 也称为毛毡，源自数千年前的中亚地区，是一种重要的天然可持续的建筑材料，用以替代可能有害的合成材料。当代艺术家将这种材料灵活地

图7.25
乙烯基墙面覆盖物（照片由乔治·兰布罗斯拍摄，玛雅·罗曼诺夫提供）

图7.26
餐厅环境中的软垫墙面（由Gaia工作室设计并提供）

应用于墙壁和隔板制作中（图7.27）。由于羊毛毡具有出色的声学性能和防火性能，许多公司都在用这种材料生产定制的和标准的隔板和镶板。

其他覆盖物 天然产品作为墙面覆盖物颇受欢迎。这些产品中有皮革、麻布、软木和薄木片。

混凝土是几千年前由罗马人发明的，现在已经转变成一种布料，用来创造安全、耐用、不易燃的结构。[2]

皮革瓷砖是一种昂贵的墙面处理材料，其自然散发出的光泽在一些人看来具有奢华和优雅之美。

多年来，麻布作为墙壁覆盖物一直很受欢迎，但是随着更加实用的合成纤维的出现，麻布逐渐淡出人们的视线。如今，人们推崇可持续材料，于是麻布重返墙面饰料的舞台。酒椰叶纤维、黄麻纤维和芦苇也属于这一类（图7.28）。

软木和软木复合材料的可再生性也使得它们更多地用作墙面覆盖材料。在软木中嵌入金属碎片（如铜和金）会产生戏剧性的效果。

图7.27

安娜·克尤·奎恩制作的毛毡装饰品：墙面覆料、软垫搁脚凳和靠枕（作者提供）

覆盖层

覆盖层指的是用砖石，如金属、石头、陶瓷、玻璃、木材，固体表面材料和层压板材料作墙壁饰面。

砖石 砖石材料可以起到装饰效果，也可以使空间内部与外部具有相同的特性。这些材料中有些既适用于垂直表面，也可用作成品地板。大理石或石灰华造价昂贵，但用于垂直装置和墙壁时，会产生戏剧性的夸张效果。它们最有可能用于大面积区域，通常以片材形式铺装（图7.29 a–d）。

金属 金属片使室内空间呈现一种戏剧性的或工业化的外观效果。瓷砖有各种各样的尺寸、形状、厚度、釉面（包括金属釉）、图案和颜色。瓷砖可以在对角线上以马赛克形式排列，或以其他形式排列，例如图示面板。

玻璃 玻璃可应用于瓷砖，或以块状形式用于墙壁覆盖层处理。玻璃砖是一种透明或半透明的玻璃，通常是将两片玻璃熔合在一起，便于光线的漫射。玻璃也可以用于马赛克瓷砖的处理，或作为各种回收玻璃的骨料。玻璃有助于让自然光或来自邻近空间的采用光投射到室内。玻璃可用于住宅、餐厅和其他空间，通常作为部分墙壁起到装饰的作用。玻璃不仅是重要的建筑特色，还是一种艺术媒介。玻璃层，无论是浮法玻璃还是安全玻璃（详见第6章），在嵌入各

图7.28

麻布（德鲁·麦克古金提供；布雷特·拜耳摄）

图7.29 a–d

a.大理石：布兰卡·卡雷拉大理石；b.金属：电梯；c.玻璃砖利用采用光照亮室内；d.层压板：用于装饰零售空间的木质层压板（a：© 蒂姆·斯推特-波特/贝亚特作品/考比斯； b：作者提供；c：肯·海登/Redcover；由安德鲁·佩客设计；d：Chemetal公司的树蛙胶合板，由埃瑞克·莱格尼尔拍摄，纽约佐伊陈列室；由斯蒂芬·贝克曼设计）

种其他材料（如穿孔金属）时，可以采用背光照明并代替传统玻璃用于淋浴房、门、楼梯、房间隔断等。

Washi是一种日本传统的造纸和羊皮纸制作工艺，受其影响，人们发明了熔合有机材料的新技术，如薄层树皮、纺织面料和玻璃层之间的金属。

玻璃用作镜子，能够从视觉上增加，空间的面积。仿古镜的表面看起来有些斑驳。新镜子也可以制造出这种效果，做法是在透明的玻璃中添加水银，从而制造出仿古做旧的镀银外观，颇具浪漫气息。

固体表面 固体表面是一种用于模拟大理石、花岗岩、石头、宝石和其他天然材料的合成材料（聚合物）。因为其更便宜、重量更轻，因此可以代替天然石材。与复合材料相比，固体表面的优势在于颜色和图案渗透整个产品，而较便宜的复合材料往往可以从边缘看见内层芯板的接缝，两者形成鲜明对比。这意味着，固体表面出现轻微的损伤，只要稍加打磨或清洗就可以轻松修复。固体表面常用于住宅环境中的台面，也可以用于住宅或非住宅空间的内墙处理，还可以用作标识。在有些产品中添加天然颗粒（如石英或贝壳）可以增加其光泽度。一种以石英为主要成分的产品称为石英表面，比其他类型的花岗岩或大理石更坚固，既可以用于垂直表面，也可以用于水平表面。

层压材料 各种不同类型的层压表面可用作墙面覆盖物。金属层压板作为墙体表面处理的应用越来越广泛，特别是在商业项目中。该产品是经过高压处理压到衬垫上面的一块薄金属箔片。常用这种方法处理的金属包括不锈钢、铝合金、锡、黄铜、铜和合金或金属混合物。表面可以是磨毛的、哑光的或者打磨成天然或带有铜绿的样子。金属层压板可以经压花、蚀刻或穿孔处理，增加其尺寸、肌理和图案。可制成薄板或瓷砖。这种类型的墙壁处理最适合潮湿室内环境中的轻型垂直表面。

其他通用层压板常用于零售展示、卫生间和更衣室的隐私隔板以及办公桌，这些层压板由合成材料制成，如塑料，表面处理可选择纯色或模拟天然材料。这种类型的表面也适用于所有的可回收产品。实木面板（详见第6章）也可以用来覆盖墙面。用途广泛的胶合板也可用作层压镶板。

树脂 一种涂料黏合物，同样也可用于墙壁、镶板和隔板材料。天然树脂呈黄褐色。合成树脂本质上是熔融的丙烯酸树脂或片状聚酯的合成物，可制成多种颜色。也可以在树脂中嵌入一些自然物体，如草、树叶、鹅卵石等。大部分树脂基材是由回收材料制成的，这并不罕见。

树脂产品通常呈半透明，在保证光投射的同时还能保护隐私。背光投射时，戏剧效果尤为明显。

第三节　天花板

空间内的天花板有时被称为“被遗忘的平面”，实际上却兼具装饰性和功能性于一体。图7.30展示了定制天花板对餐厅环境的衬托作用。

最常见的天花板类型是上漆石膏板，与墙壁使用的材料相同。天花板可以用前面描述过的任何一种饰面材料进行装饰（图7.31）。

通常会在结构天花板上另外添加一层以起到吸音隔音的作用。有些天花板处理材料除了具有装饰性之外，还具有防火性、防潮和防霉性以及保温性能。另一个考虑因素是成品天花板的光反射值。在第7章讨论过，光反射值等级从0到100%，100%的意思是表面

图7.30
德国斯图加特-迪琴根Barkow Leibinger建筑师事务所2009年为“特朗普校园”设计的造型极为复杂的天花板。餐桌、自助餐台和包厢，由Barkow Leibinger建筑师事务所设计（观影图片有限公司/UIG图片集团经由盖蒂图片社）

将最大限度的光照量反射到空间中。对天花板加工处理的一个主要原因，尤其在商业应用中，是为机械和电气管道、水管和隐蔽照明提供空间。这个空间叫做压力送风道，是藏在吊顶里的（详见第6章）。

吸声天花板

吸声天花板通常会制成各种大小和材质的瓷砖或镶板。安装通常采用吊顶网格系统的形式，用铝分隔瓷砖或镶板（图7.32）。大多数吸音天花板由矿物纤维制成的。有些镶板是由强化玻璃石膏、玻璃纤维、或乙烯基石膏混合物制成。

这种天花板主要用于开放办公室、学校、医院和其他必须减少噪音干扰的非住宅环境。有些吸声天花板材料具有较高的可回收产品含量和性能，经过处理可抑制霉菌的滋生。

与许多商业环境中使用的其貌不扬的标准吸声瓷砖相比，造型复杂、如雕塑般的新式天花板更适合于高端商业项目。

金属天花板

最初在天花板上使用金属是一种廉价的隐藏受损石膏的方法。天花板瓷砖或镶板（和线脚）由加盖印花或压有浮雕图案的锡料制成，以实现建筑和视觉效果。

现代建筑通常不使用石膏，金属天花板通常用于装饰目的，以模仿19世纪晚期的室内建筑。如今，这些镶板由钢制造，然后用聚氨酯进行表面处理加以保护，或者镀以铬、铜、黄铜或涂漆（图7.33）。其他外观看起来更加新潮的金属天花板则可用于大型非住宅项目。

石膏 石膏制品和用玻璃等其他材料加固的产品，已经普遍取代灰泥，成为新建筑的建筑材料。然而，仍有公司继续生产依赖传统设计和技术的装饰性石膏板。这些服务大多是历史保护项目或室内高端定制项目的一部分（图7.34）。

聚氨酯制成的天花板与锡制天花板瓷砖外观相

图7.31
风格独特、精心设计的手绘天花板（作者提供）

图7.32
美国有线电视新闻网纽约办公楼的吸声天花板（艾德里安·威尔逊/贝亚特作品）

图7.33
不同饰面的锡金属天花板（芝加哥金属公司提供）

似，是一种比石膏装饰板价格更低的替代品，尤其是对于天花板的处理来说。

玻璃 人们通常把“玻璃天花板”理解为在品质提升上遇到的无形障碍，但真正的玻璃天花板在室内设计领域正日益流行起来。当代设计师正在探索半透明材料的使用，包括钢化玻璃、玻璃纤维、云母、树脂和其他玻璃以及玻璃类产品，最大化地将人造光和自然光引入空间（图7.35）。

木制天花板

木制天花板就是木制品，如墙壁和天花板嵌板、造型、门面、窗饰、橱柜、壁炉架和嵌入式家具。这包括在工厂中现成的产品，以及定制的建筑木制品。木制品往往能够塑造空间的特性。木制天花板不容易拆卸和更换，成本昂贵。因此，在室内装潢的过程中，木制品的选择十分重要。

无论室内设计师、建筑师还是技工（如木匠），在准备木制品的合同或工作文件时都需要大量的详细信息。现代家居中定制橱柜可用于浴室和厨房，甚至扩展到娱乐中心、储藏室、图书馆、酒窖和酒吧。在商业项目中，定制橱柜和其他类型的木制品可以应用于各种空间，从电梯间到酒店大堂、会议室、接待区和商务接待空间。

用于木制品的材料有不同的类型和品级。这些材料为实木，但更多的木制品是由复合材料薄木片和重组木材制造而成，如纤维板和胶合板。

在墙壁、天花板、嵌入式橱柜、书柜或家具中大量使用木材，可以营造一种温馨的氛围。木材的种类、木材本身的处理方式以及用途的不同能够产生或奢华或质朴的效果。材料的选择通常很大程度上取决于木材本身固有的美，因此设计师可以采用自然的表面处理方式进行装饰，而不是掩盖其自然之美。表面涂漆比抹油或涂蜡能更好地保护木材，但用油或蜡进行表面处理能够保留木材的本色。

木制品可以少量使用于如图7.36 a所示的标志性现代室内环境，或精雕细刻，用于如图7.36 b所示的传统风格室内环境中的嵌板和造型。

造型简单的木板、厚木板或条型木板与墙壁、天花板和门处于同一平面时，看起来休闲随意，而凸起的镶板则更加正式。护壁板是一种用于内墙的处理方法，通常由覆盖墙体下部的木板组成，并延伸到距离地面4英尺高的地方。墙裙是护壁板的另一种说法。护墙板指的是距离地板上方4英尺高内墙上的木条。

方格天花板是由凹型嵌板组成的。方格天花板作为木制品，可用来打造一种传统而宏伟的室内空间环境。这种天花板主要由木材制成，但也可以用价格较为便宜的塑料来仿制这种雅致的效果。

把木件连接在一起的工艺叫做细木工，是一门专

图7.34

以传统方式在天花板和墙壁上使用石膏作为装饰。爱丁堡一所公寓内的传统、错综复杂的乔治亚风格的飞檐造型近景（乔治·克拉克/盖蒂图片社）

图7.35

多伦多机场与众不同的半透明玻璃天花板（作者提供）

业技能。掌握制作木制品和家具的细木工基本类型，有助于室内设计师了解建筑的质量。地板使用的舌榫法和塞缝法也适用于此。其他方法，如开槽、凹凸榫接以及斜接（图7.37 a–c）。

图7.36 a和b

不同风格的木制品。a：经典住宅范斯沃斯庄园内流线型的现代木制品，由建筑师路德维希·密斯·凡德罗设计而成；b：这个当代风格空间的木制品由室内设计师马歇尔·沃森设计，嵌板、造型、窗户框架和书柜均精雕细琢（a：拍摄：乔恩·米勒，赫德瑞奇·布莱辛；图片由卡罗尔·海史密斯提供；b：设计师：马歇尔·沃森。照片：米克·黑尔斯/绿色世界）

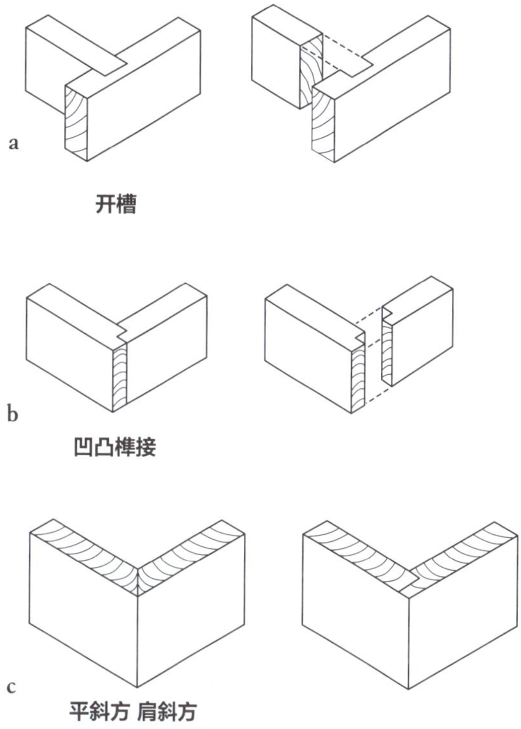

图7.37 a–c

典型的细木工。a：开槽；b：凹凸榫接；c：斜接（Bloomsbury）

材料大世界——MC新材料图书馆®

1997年，乔治·贝莱尔（George Beylerian）创建了MC新材料图书馆（Material ConneXion®）以满足指定材料和规划未来建筑环境的需要。该图书馆囊括了偏远地区小公司的新型材料，也收集了全球主要制造商生产的新材料。由经验丰富的专家和材料科学家组成的专业团队对新材料进行严格挑选。这成就了世界上第一家拥有先进创新型材料的图书馆，涵盖了各个行业并为之提供服务。撰写本文时，MC新材料图书馆在美国纽约有一家旗舰店，在亚洲和欧洲也有8家实体图书馆。

该公司在可持续材料方面的专业知识通过森科实验室为人所了解，并受到企业的高度追捧，它们希望通过开发环保产品和工艺来保护全球生态。MC新材料图书馆是全世界最大的基于订阅的材料图书馆，拥有超过7500种创新材料和工艺，覆盖设计的各个领域。涉及了包括建筑业、室内设计、产品设计、医疗、汽车、航空航天和时尚等在内的多元化知识体系。通过严格的审查程序挑选材料，每月有30~40多种材料分别进入到材料库。其被分为碳、水泥、金属、玻璃、聚合物、陶瓷、工艺流程和天然材料八类。以下是来自每月资料更新（MMU）的三个最近条目。

2011年，MC新材料图书馆被山道传媒公司（Sandow Media）收购，山道传媒是出版界的领军人物，出版了《室内设计》（*Interior Design*）月刊杂志。这本月刊杂志在“事件”板块中推广材料、项目和创新发明。森科实验室组织的一系列题为“材料革新”的报告，重点关注当前全球消费者和生产商感兴趣的材料、产品和技术发展。在一份题为《成长》的报告中，材料革新传递了一个明确的信息：“地球是我们赖以生存的唯一家园，我们希望它依然美好，并继续造福子孙后代。我们知道，只要合理利用资源，这就有可能实现，同时还需要我们大力开发新成长材料。20世纪曾出现无数的创新发明，如果把当初的一小部分脑力拿来思考21世纪全球经济增长问题，我们就不用再担心未来了。”“成长”指的是任何基于植物、动物、真菌和细菌类自然生长周期的原材料、产品、技术和过程。

资料来源：资料节选自www.materialconnexion.com和http://www.materialconnexion.com/Portals/0/GrownReportPreview.pdf

a

b

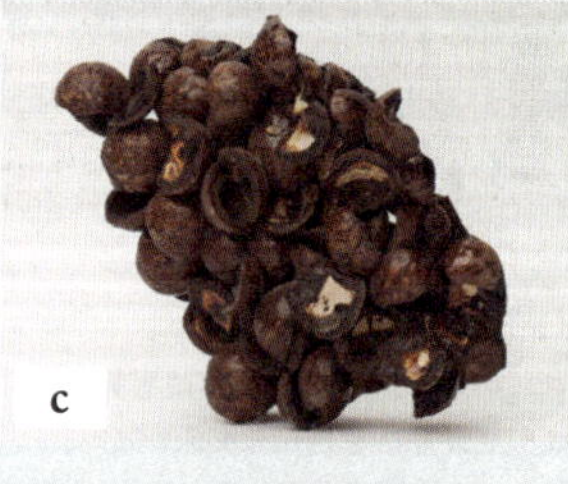
c

图 a–c

a.用回收摩托车内胎手工制成的橡胶瓦是屋顶的非传统替代品。回收的橡胶瓦片制成的天花板在具有防护功能的同时，还保留了原来轮胎内胎老化的纹理外观。尽管手工缝制、切割和通过解聚作用回收橡胶的过程成本高昂，但与把轮胎扔在垃圾填埋场相比，这是一种对生态环境无害的做法；b:泰国的工匠创造的PUNN是一个将菠萝种植园中的农业废料制成彩色材料的方法。这些可定制的纸盘由80%的菠萝纤维制紧密包裹，以保持高耐磨性和吸水性，非常适合用作杯垫，或者简单用作装饰品；c.绿色夏威夷坚果的果壳是一种装饰性的吸声材料，可以定制并且环保。这些板材由农业废料制成，可以切割成任何大小和形状，经过修整可在室内或室外使用。百分之六十未变形的腰果壳液可用作黏合剂，处理之后可轻易地固定在任何表面之上（*新材料图书馆提供*）

本章小结

进行室内空间装潢时，室内设计师和客户面临着许多选择。要做出合理明智的决定，他们需要考虑诸多因素，包括预算、功能、用户需求、风格和环保性。了解室内内饰材料的物理特性和美学特性，有助于设计师在决策过程中做出合理的判断。

除在第8章中提到的建筑材料，大量的产品和技术可以用来处理地板、墙壁和天花板的表面。室内表面的饰面不仅具有装饰效果，还有诸如防止磨损、防火和防潮、改善声学效果等优点。

地板表面分为硬质地板、弹性地板和软质地板三类。与硬质地板相比，弹性地板的优点在于其低冲击力。硬质地板表面材料有木材（软硬木材）、竹子、石头、陶瓷和玻璃。乙烯基是一种常用的弹性地板材料，可用固态乙烯基或较便宜的乙烯基复合物。硬质地板中另一种较受欢迎的材料是层压板。橡胶、油毡和软木产品是弹性地板的天然环保替代品。地毯和小地毯属于软质地板材料。这些软地板覆盖材料是用不同的天然纤维和合成纤维经过各种手工或机械工艺制作而成的。

涂层、覆盖层和包层是装饰墙壁和隔板的三种基本方法。油漆是涂墙最常用的方法。纸张、乙烯基、织物和其他材料可用来覆盖墙面。砖石、金属、层压板、陶瓷、玻璃和固体表面是包墙材料。

吸收噪音的吸声瓷砖和镶板常用于许多商业项目中的天花板。有些更昂贵的材料不常用于天花板，如金属、石膏装饰材料和玻璃。

木制品的生产工艺能够装饰室内空间的建筑风格。木制品通常用于墙壁、天花板和定制橱柜，或用作门窗的框架，把墙壁和地板以及天花板区分开来。护壁板和护墙板是其他常见的木制品应用方式。

建筑和设计领域不断发掘出新产品和材料的新用途。产品革新的发展趋势是不仅要追求美观性和功能性，还要注重环境保护。

词汇表

acrylic impregnation 丙烯酸浸渍
aggregate 骨料
alkyd paint 醋酸涂料
all-wood construction 全木质结构
Aubusson 奥布松地毯
binder 黏合剂
broadloom 宽幅地毯
carpet 地毯
chair rail 护墙板
chinoiserie 中国风
cladding 覆盖层
coffered ceiling 方格天花板
cork 软木
cut pile 割绒
dhurrie 达丽地毯
dimensional stability 尺寸稳定性
enamel 瓷漆
engineered (laminated) 实木（层压）
faux finishing 人造涂饰
fiber 纤维
flokati 弗洛卡蒂毯
fly ash 粉煤灰
frieze 起绒粗呢
grout 灌浆
hard flooring 硬质地板
hardwood (deciduous) tree 硬木树（落叶乔木）
joinery 细木工
kilim 基里姆地毯
laminate 层压板
latex paint 乳胶漆
linoleum 油毡
loop pile 线圈
parquet (block) flooring 拼花（块状）地板
pigment 颜料
pile (face yarn) 绒头（面纱）
plush (velvet) pile 长毛绒（天鹅绒）
porcelain ceramic 陶瓷
primer 底漆

quartz 石英
reclamation 回收再利用
resilient flooring 弹性地板材料
resin 树脂
rug 地毯
Savonnerie 萨伏内里地毯
Saxony 萨克森羊毛
sheen level 光泽度
skim coat 撇渣面层
softwood (coniferous) tree 软木树（针叶树）
solid surface 固体表面
solvent 溶剂
spline 塞缝片
terracotta 陶瓦
tongue and groove 舌榫
tufted 簇绒地板
underlayment 地毯衬垫
vinyl 乙烯基
wainscot 护壁板
warp 经纱
weft 纬纱
Wilton 威尔顿机织绒头地毯
woven 编织
tread 梯面，踏面

练习：寻宝游戏——新型建筑材料及应用

本练习旨在寻找新产品、新生产工艺或室内空间装潢的新应用。您的列表中应该包含那些真正“炙手可热”的产品，而不是本文中描述过的产品或产品用途。

您可以使用多种研究方法，例如参观陈列室、生产地、项目地点、贸易或工艺展览，也可以查看产品目录、贸易和住房出版物、文章、新闻简报和书籍。登录网站，特别是那些由政府或公共机构、教育资源或专业协会的网站，可能会为您提供大量信息。

分别寻找至少一种新产品或新应用适用于下列表面处理：地板、墙壁和天花板，并以文字说明和插图的形式总结每种产品。请仔细考虑产品与美学、可持续性、通用设计、人体工程学和生命周期成本等因素的关系。

第八章

内部装潢：房间装饰

本文分别详细介绍了空间的结构、外壳、室内建筑和内饰，这一章涵盖了固定装置、家具和设备（FF&E）的平衡性。“鸟巢”建成之后，室内设计师便要继续为其配备家具——“用羽毛进行装饰”。这一阶段需要对室内环境进行个性化设计。设计师需要再次考虑形式、功能、安全和环境标准。

前面章节中讨论的许多材料都会在此阶段使用，但用途不同。本章将进一步探讨这些材料作为固定装置、家具和设备、器具和配饰的使用。

第一节　纺织品

第7章介绍了纺织品作为墙面、地板和天花板处理材料的用途。本章将进一步介绍各种纺织品的特点及其在窗户处理中的应用，作为家具装饰，用作配饰，以及墙面艺术品。纺织品是固定装置、家具和设备的重要组成部分，有助于室内设计师提升空间设计感。纺织品手感较好，蕴含着丰富的文化含义，体现了许多传统工艺，可用作画龙点睛之笔。纺织品的改进也是技术进步的一部分，能够为住宅和非住宅空间提供多功能和可持续的应用。。

纺织品过去仅用于表示机织物，如今是指以各种方式制造的任何布料或织物。除分为机织物或非机织织物外，纺织品还可以按其结构成分（即天然或合成的纤维）、颜色（天然或染色）、结构（纱线：线、股或丝；面料：天然或合成的布料或其他材料）、饰面、性能和最终用途等进行分类。

图8.1
各种家用纺织品（作者提供）

纺织界的词汇很多，而且常用术语经常被滥用。例如，“印花棉布”一词可以追溯到18世纪，源自印度语，指的是一种平纹棉布，有时涂上蜡并印上彩色的植物图案，通常是大型花朵。现在印花棉布可用于描述丝光棉布（釉面光泽）或任何大型花卉图案面料（图8.2 a）。同样，“锦缎”一词源自大马士革（叙利亚），指的是一种昂贵的带有花卉图案设计的丝织面料，很多货物经由此地从中国运往欧洲。现在，这种带有双色花卉图案的织物，无论是什么材质，即使不是织成的，都可以被称为锦缎（图8.2 b）。提花织机是18世纪法国发明的一种特殊织布机，这种织布机可以编织大而复杂的图案，而不是某一种特定的印花图案。然而，该术语最近常用于描述传统图案的纺织品。

织物标签上使用了很多科技词汇，成立相关组织的目的是确定纺织品的特性和性能标准。虽然室内设计师在选择面料时首先想到的可能是颜色、纹理和图案，但本章中描述的其他因素也应予以考虑。

纤维

纺织品可由天然纤维或人造纤维制成，或者通常情况下，是由几种不同种类的纤维组合而成。

天然纤维 天然纤维分为有机纤维，如蛋白质纤维（动物纤维）和纤维素纤维（植物纤维）和无机纤维，如矿物质纤维（岩石纤维）。

蛋白质纤维　动物纤维　用于室内设计的毛织品主要来自各种绵羊的羊毛。虽然价格相对昂贵，但羊毛本身就具备在建筑环境中使用的品质，如良好的弹性、超常的韧性、阻燃性和防污能力。羊毛手感柔滑，触感舒适。马海毛是安哥拉山羊的羊毛，是一种有光泽且价格昂贵的蛋白质纤维，可用于长毛绒装饰织物。越来越多的人关注有机羊毛的生产，但这需要遵守联邦政府关于饲养牲畜的程序和认证。使用天然染料给羊毛纱线染色是有机认证的要求之一。优质羊毛织物通常价格不菲。

a

b

图8.2 a和b
a.印花棉布，或丝光棉布，通常制成花卉图案的织物；b.带有图案的非机织锦缎面料，用作床上用品和乙烯基墙纸（a：作者提供；b：特索卡斯/ Dreamstime微图网/复合材料和艺术墙来自www.vinylattraction.com）

蚕丝从蚕茧中提取，因其富有光泽而备受推崇（图8.3）。其是最结实的天然纤维，但是用于织物时，很容易在阳光下褪色，且耐磨性一般。因此，不适合用于频繁使用的家具，用作窗帘时应该添加衬里。蚕丝可以与羊毛或亚麻混纺。蚕丝从许多国家进口，主要来自亚洲，等级不同价格也各不相同。用大豆制品替代蚕丝纤维生产仿真丝面料是一种趋势。大豆丝绸（SOYSILK®）是由中国豆腐生产过程中产生的大豆残渣制成的。这种工艺100%纯天然，不含石油化工产品，是一种极其环保的产品，常用于家居用品市场，如床单。

纤维素纤维 棉花是从棉株的种荚中获得的，广泛种植于美国南部和西南部（图8.4 a）。优质棉花也可从印度进口到美国。首次使用棉花作为织物的国家是印度，一些棉布（包括印花棉布和马德拉斯棉布）的名称就来自印度语（梵文）中的词语。棉花韧性比较好，手感细腻。其本身并不具有防火性，而且非常容易脏。棉花吸水性好，因此需要很长时间才能干燥。与羊毛一样，有机棉花的种植也正在推广中。

亚麻，取自亚麻植株的茎，用于室内装饰品、窗帘和墙面覆盖物以及桌面配饰（图8.4 b）。亚麻不耐磨，弹性差。通过添加树脂或与其他纤维混纺，可以减少亚麻织物在生产过程中产生的褶皱。人们认为亚麻是一种很凉爽的面料，而且光泽度很高。

黄麻，是从草中提取的一种绿色产品，用来制作粗麻布，用于软体家具以及地毯和油毡的背衬或里衬。

取自植物或草类的其他纤维包括大麻纤维、剑麻纤维、椰壳纤维（椰子）、海草纤维、苎麻纤维（中国的一种草）和拉菲亚树叶纤维。最近，室内装饰市场也出现了其他天然纤维素纤维，其中有蕉麻（香蕉）、凤梨麻（菠萝叶）、棕榈草和玉米苞叶。通常用于地板和墙面覆盖物，也用于织物的生产。

玉米纤维 玉米纤维是一种年年都有的可再生资源。这种环保产品具有良好的吸水性和透气性，同时具有漂亮的垂褶，既柔软又保暖，而且不会褪色。玉米纤维不含石油成分，所有的产品都是用从摇篮到摇

图8.3
绢丝纤维：a. 一位缅甸妇女在传统的木制织布机上编织丝绸（格尔森/ASAblanca图片网经由盖蒂图片社）

篮的方式制造生产出来的（第2章讨论过）。这种纤维可生物降解，用于床上用品和其他各种时尚家居用品。

矿物纤维（岩石） 石棉由某些矿物的长纤维制成，20世纪广泛应用于隔热和防火材料。但是后来发现这种纤维致癌，便不再使用。

a

b

图8.4 a和b
天然纤维素纤维。a. 待摘棉花；b. 亚麻纤维和面料（a：图片素材/iStock图片库；b：Fotosearch创意图片库&影音素材库/盖蒂图片社或英国多林金德斯利出版公司/盖蒂图片社）

人造纤维 人造纤维分为纤维素纤维、非纤维素纤维或矿物纤维。有些人造纤维取自天然物质，通常是木材、植物或原油，但可能经过化学处理，因此很难将其归为“绿色产品”。其他仅由化学聚合物合成的纤维称为合成纤维。

纤维素纤维 纤维素纤维中最常用的是人造纤维和醋酸纤维。人造纤维于1884年首次在法国获得专利，但直到20世纪初才在美国开始用于商业用途。1904年美国人发明了醋酸纤维，20年后才被开发制造成纺织品。人造纤维和醋酸纤维都是天然纤维素纤维（主要是木屑）经过化学处理得来的。另一种莱赛尔纤维是在上世纪90年代发明的，因为生产过程中使用的化学品是经过回收再利用的，所以这种纤维的发明象征着可持续实践的突破。坦西尔（Tencel）是莱赛尔纤维的注册商标。

人造纤维，以前称为人造丝，经常用于窗户处理，价格比丝绸低。人造丝织物柔软，垂坠性好，光泽度高。人造纤维易变形，潮湿时容易拉伸。人造纤维中最受欢迎的是粘胶纤维。人造纤维的性能与棉的性能相似。人们正逐渐用竹类植物替代木屑制作粘胶纤维，以生产更加环保的产品。

醋酸纤维价格低、不易变形，但是容易起皱也容易燃烧和褪色。由于其不够柔软且垂坠性差，所以更常用于窗帘的背衬。

非纤维素纤维 非纤维素纤维取自天然气、石油、煤和水，通常称为合成纤维，尽管其是由天然产品制成的。

丙烯酸纤维和变形聚丙烯晴经常用作羊毛的经济型替代品，因为它们外观相似。它们抗晒，垂坠性好，且具有弹性。变形聚丙烯晴宜用于室内装饰，因为其本身具有更高的阻燃性，因此可用于窗饰品，特别是用于非住宅用途和室内装饰品。格伦·雷文（Glen Raven）于1961年研发的赛百纶（Sunbrella®），可能是最广为人知的纺染丙烯酸品牌，可作为遮阳篷棉布的替代品。以前人们认为这些织物仅适用于室外，现在也可用于室内。如今，许多面料制造商都有一条生产流水线，专门生产各种图案和颜色的室内外织物，而不仅仅生产与最初的条纹帆布遮阳篷相关的织物（图8.5）。

尼龙是第一种真正意义上的合成纤维，取自化学聚合物。其是一种非常结实的产品，具有良好的垂坠性，可单独使用或混纺使用，多用于室内装饰品和地毯。尼龙在室内主要与羊毛混纺，用作地板覆盖物。

聚酯纤维，最初注册商标为的确良（Dacron®），优点是坚韧耐磨、易干燥、抗皱和抗褪色，缺点是易产生静电。像尼龙一样，其可以与其他纤维混纺使用，通常与棉花混纺用于垂直应用，例如帘子和隔板。聚酯纤维因其经久耐用而广泛应用于酒店中。目前，一种绿色解决方案是用可回收塑料瓶来生产聚酯纤维。

烯烃可用于室内外地毯和室内装饰。优点是耐用、干燥速度快、重量轻、价格低廉，特别适合使用频繁的室内装潢和墙面覆盖物。

氨纶以前仅用于服装行业。由于其优越的弹性，还可用作内饰织物，特别适用于曲面家具。莱卡（Lycra®）是氨纶的商标品牌。

矿物纤维 人们不断采用各种新方法将玻璃纤维和金属纤维添加到织物中，用于室内装饰。这些纤维具有良好的光泽度和质感。

图8.5

变性聚丙烯晴面料有不同的颜色和图案，为室外空间增添了生气（内维尔·洛克哈特/加洛图片社/盖蒂图片社）

织物的构造

织物结构分为机织或非机织两类，大多数织物是机织而成。机织是将两组纱线以直角交叉织成一种织物的过程。如第7章所述，两组纱线称为经纱和纬纱。经纱是在织机上（用于织造的设备）纵向延伸的纱线；纬纱在经纱之上和之下编织。近距离观察，可以发现机织物品具有结构图案，由一种或多种编织方法组合而成，包括平纹织法，斜纹织法和缎纹织法（图8.6 a–c）。

用平纹织法织造的织物有塔夫绸、粗横棱纹织物和纱布。牛仔布属于斜纹织物。棉锻属于缎纹织物。缎纹织物的质地通常较为丝滑。这些织物以及许多其他织物相关信息如表8.1所示。

机织织物首先将纤维制成纱线；非机织织物的生产步骤则少一步。它们价格昂贵，但由于低维护性和美观的特性，常用于室内装饰。非机织织物的技术包括刺绣，例如针织、钩编、编织和簇绒，以及黏合和毡合。毡合织法是数千年前在中亚发明的一种技术（详见第7章），能够织出一种非机织面料，这种面料通常是通过润湿、加热、施压将羊毛编结而成的。天然毛毡具有良好的防震、隔音性能，是一种绿色产品。

a

b

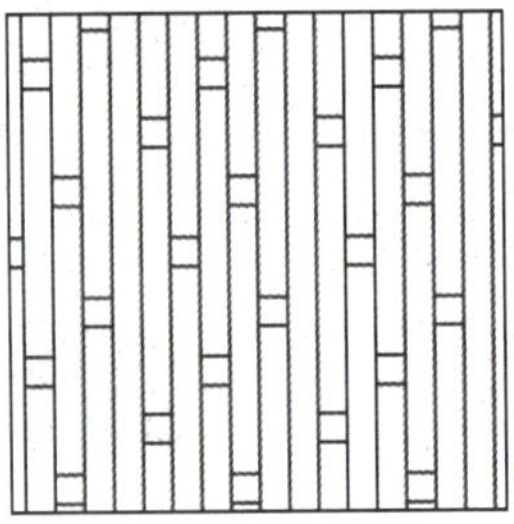

c

图8.6 a–c

编织结构：a.平纹；b.斜纹；c.缎纹（*Bloomsbury*）

表 8.1 室内纺织品及其应用

名 称	描 述	应 用
羊驼毛	这种纤维取自羊驼的毛发。羊驼原产于安第斯山脉，是一种驯养类骆驼科动物。羊驼毛纤维细腻、有光泽，质地比美洲驼纤维更加柔软	室内装潢和小地毯
树皮布	该布料以非洲和波利尼西亚等地区的树皮为原材料加工而成	现代对树皮布的定义是粗制机织布料，通常为印有大片图案的棉或棉混纺，用于装饰品、帘子、衬垫料。树皮原料不宜多用
蜡染布	蜡染布是用防蚀蜡方式加工而成的织物。染色之前先用蜡在布料上描绘图案，然后浸染，点蜡部分不会上色。浸染之后，将布料用清水煮沸去除蜡质，也可用溶剂溶解或熨烫吸附除蜡。重复以上过程便可形成色彩丰富的图案。蜡染工艺发源于印度尼西亚，最早以棉布为蜡染布料	家具套或帘子
细亚麻布	最初，这种纯亚麻织物以法国著名织布工让·巴蒂斯特工（Jean Baptiste）的名字命名，他在13世纪便制作出精致的亚麻织物。如今，细亚麻布可以由棉和聚酯纤维等人造纤维合成，通常为纯色	可用于窗帘或帘子
圈绒	源于法语单词，含义为卷曲的。由羊毛、人造丝、棉或纤维混纺制成的机织或针织面料。织物表面是线圈或打结的。有大小和间距各不相同闭合的线圈	
织锦	昂贵、厚重的提花织物，带有凸起的花朵或提花图案，通过表面或颜色的对比进行强调。由一组以上的纬纱编织而成，通常用金线或银线织造。这种设计只出现在织物的表面，因此很容易与背面区分开来。织锦原产于中国或日本。目前，各种主要的纺织纤维质量良莠不齐，价格参差错落，选择范围十分广泛	窗帘，室内装潢和装饰用途
凸花厚缎	类似织锦的提花织物，但图案是凸起的，并用填充纱线填充。这种织物通常质地结实，纱线支数高，并且可以用丝绸、人造丝、棉花、亚麻布或混纺制成。外观看起来比较饱满	帘子和室内装潢
硬麻布	质地粗糙、结构松散的平纹织物，用于衬里和表面布料之间的里衬，使织物具有形状。由棉、亚麻、大麻和其他材料制成，也可以将两件组织稀松、上过浆的棉织物粘合在一起制成。通常是白色或素色	窗帘盒
烂花织物	由两种不同的纱线织成的织物，通过在印刷过程中使用酸类化学物质而不是颜料破坏其中一种纱线，从而产生图案效果	
细帆布（见粗帆布）	坚固、结实、紧密的织物，通常用棉花制成，最初由麻或未漂白的亚麻制成。等级和质量多样，要轻柔地进行表面处理或上厚浆	罗马遮光帘，室内外遮阳篷，休闲风格的室内装潢或沙发套
窗帘布	结构松散可透光。颜色可以是白色、印花或彩色的	帘子和窗帘

（续表）

名 称	描 述	应 用
羊绒（或丝光羊毛）	克什米尔细毛山羊的优质柔软绒毛，产自南亚克什米尔地区及其他地区，现在也包括美国。绒毛丝滑、柔软、结实，呈圆柱形。与羊毛混纺可以使布料更耐用	精美的床上用品，披肩和毯子
印花薄织物	由羊毛、人造丝、棉或人造纤维混纺制成的柔软的、悬垂性好的平纹织物。柔软轻盈，通常印有小型花卉图案。这种面料最初1832年产于英国诺威奇，由丝绸和精纺羊毛制成	被子和床罩
绳绒织物	由紧密的棉纱或人造纤维制成。编织后纵向切割，产生连续的纱线后加捻	室内装潢、装饰、床上用品和浴巾
V形格（也称为人字呢）	由垂直切面组成的斜纹织物，右边和左边交替编织，形成连续反转的斜的锯齿形图案	帘子、沙发套和室内装潢
印花棉布（也称为丝光棉布）	棉质的平纹织物，有光泽，在印度通常绘有或印刷颜色鲜艳的动植物图案。印花棉布现在适用于任何平纹织物，包括印花或纯色，棉或经过处理带有光泽感的棉混纺。通过涂蜡、浆粉或化学树脂等饰面材料，然后热压实现其光泽的表面	休闲风格的室内装潢和沙发套
椰壳纤维	种籽纤维取自椰子的外壳和真正椰果之间的纤维物质。通过将其外壳浸泡在盐水中几个月来取出纤维。椰壳纤维极其坚硬，耐磨损，防水，适应大多数天气条件。斯里兰卡是椰壳纤维的主要生产国	户外垫、小地毯、户外地毯和刷子
灯芯绒	结实耐用的棉质织物，通常带有垂直割绒条纹。灯芯绒织物的底布可以是平纹或斜纹织物。编织布料后，以起绒的位置为中心切割浮绒；切割之后，纤维容易向上翘起，然后用刷子将纤维向上刷，形成条状或棱状的绒头。形成的条纹宽度各异，如粗条灯芯绒、窄条灯芯绒或细条灯芯绒	帘子、窗帘、沙发套和室内装潢
双线刺绣	用取自精纺羊毛的纱线在平纹、灰白色的织物上进行刺绣。设计灵感来源于东印度或英国的树叶图案	地板覆盖层
Crypton®	这是Hi-Tex公司的注册商标。这种面料具有乙烯基的许多特性，包括柔软、耐用、抗污渍、防潮和抗菌性	室内装潢
锦缎	由一组经纱和一组纬纱编织而成。最初是一种中国制造的昂贵的丝绸面料，采用编织花卉图案，经由大马士革引入欧洲，由此得名。如今，锦缎指的是由多种天然和人造纤维以及纤维混纺物制成提花织物，具有精美的花卉或几何图案。通过对比光泽度将图案与底色区分开来，两面皆可用。在双色锦缎中，两面的颜色相反。锦缎是最古老、最受欢迎的布料	室内装潢和窗帘，桌上和床上用品
牛仔布	结实、厚重的斜纹棉织物，一般会染成蓝色。牛仔布是从法国尼姆生产的斜纹织物演变而来的	休闲风格的室内装潢和沙发套
多臂提花织物	用多个线束制成的织物的总称。通常是小的几何图案。必须由多达20或30个线束来编织成所需的各种梭口	室内装潢和沙发套

（续表）

名称	描述	应用
粗帆布（见细帆布）	此术语泛指各种牢固、结实的平纹织物。通常由棉制成，但有时使用亚麻或棉和人造纤维的混纺制成	帐篷、遮阳篷、休闲沙发套和室内装潢
双宫绸（也称为山东绸）	由不规则纱线织成的平纹织物，具有纹理效果。原产于中国山东省，将野蚕丝在手工织布机上纺织而成。目前由双宫绸丝制成，保留了纱线中所有的瑕疵，或用人造丝，棉线或人造纤维制成	窗帘和照明装饰
毛毡	自古以来，毛毡是一种由木材或某些人造纤维等无光泽材料制成的无纺布。真正的毡合织法是进行润湿、加热、施压，不使用粘合剂	地毯和桌布，通常为绿色。现代用途包括抱枕和室内装潢及沙发套，通常有各种颜色和重量可供选择
玻璃纤维	通用纤维，联邦贸易委员将其定义为“以玻璃为成纤物质的人造纤维”。将玻璃制造原料混合，在高温炉中加热，然后将熔融玻璃挤压成细丝状，从而得到玻璃纤维。玻璃纤维很结实但耐磨性差。不易燃，不导热，并具有良好的耐光性	垂直百叶窗和板式隔断
火焰针法	类似于人字形图案，但不规则，像是非写实的火焰图案	多用途
法兰绒	源自威尔士语，意思是“羊毛”。轻盈或中等重量的平纹或斜纹织物，表面略微起绒。一般是棉花或羊毛	室内装潢和毯子
绒头织物	绵羊或山羊身上剪下的羊毛。这个术语特指一次性从羊身上剪下来的整块羊毛，再进行修剪。或者可以是厚重的羊毛状织物，其可以是绒毛织物或简单地起绒，有时是针织结构	毯子
起绒粗呢	这种织物水平的未割绒表面由多丝纤维纱线制成，这种多丝纤维纱线由硬质尼龙纤维组成	窗帘和室内装潢
纱布（也叫平纹棉麻织物）	平纹编织，通常为纯色的薄棉纱，结构松散。最初用于舞台布置，可以染色，可用于住宅和商业室内的固定或横向窗帘嵌板	窗帘和床帐
马毛	早期用于装饰靠垫填充物的天然材料	室内装潢
千鸟格	通过交织两种对比色纱线产生的明显的方格图案	多用途
伊卡特	印度尼西亚语中的经纬扎染织物	多用途
闪光织物	具有变色效果，特别是表面受到光线照射时。这可能是染色、表面处理或编织的结果	窗帘
提花织物	这种织法可以织出大面积、多种颜色且及其复杂的交错图案。提花织机是19世纪初由法国的约瑟夫·马利·雅卡（Joseph Marie Jacquard）发明的。按照打样纸上的图案在卡纸上打孔，提花织机可携带大量图案卡纸	挂毯，织锦，锦缎，凸花厚缎和地板覆盖物
蕾丝	网线编织而成的透空织物，紧捻打结形成图案。由手工或机械织成。机织蕾丝用于窗饰、床上用品和桌面装饰。使用小线轴手工织成的蕾丝用于装饰用床上用品的装饰	帘子和装饰

（续表）

名 称	描 述	应 用
金银线织物	用扁平金属纱线作底料或图案的织物。源自法语单词lamé，意思是“用金或银叶子进行装饰”	窗帘
彩花细锦缎	类似于由丝绸、人造丝、羊毛或棉花或这些纤维的混纺织成的锦缎。用两组经纱和一组纬纱在提花织机上织作，通常纱线颜色各不相同。这种织物带有典型的17和18世纪的精美设计图案。缎面和纬向缎纹交织产生细节图案	窗帘和室内装潢
纱罗织物	松散平纹编织工艺变化而成，其中经纱成对排列。	可用于窗帘或帘子
花边	由两组经纱和一组纬纱编织而成的织物。在许多花边织物中，花边上点缀着缎织条纹	帘子和室内装潢
美洲驼纤维	驼毛纤维来自南美骆驼。这是一种驯养类骆驼科动物。美洲驼纤维比羊驼毛纤维更粗糙，却不如羊驼毛结实	小地毯
流苏花边	将纺线打结和捻制而成的相对厚重的织物	装饰门帘
薄罗纱	由棉、丝绸或人造纤维制成中轻质、松散网眼的透明面料。通常是单一颜色的纱罗织物	帘子、蚊帐和床帐
马特拉斯提花凸纹织物	双重纺织的织物。绗缝和凸起图案是在提花织物或多臂织机上制成的。颜色单一	床罩和室内装潢
超细纤维	多年来一直用于服装行业，并迅速发展成为家居业的一部分。其是小于1旦尼尔纤度的人造纤维，1旦纤度是丝的大小。这是非常细的长纤维或短纤维，用于生产轻质、可悬垂的柔软织物	多用途
马海毛织物	从安哥拉山羊身上获得的长而白且有光泽的被毛。长度在4到12英寸之间，排列整齐，但相对粗糙，没有任何卷曲。马海毛非常有弹性，比羊毛鳞片少，卷曲少。其纤维更光滑，纤维长度达12英寸，光泽度高。安哥拉山羊原产于土耳其，得名于安哥拉省，已被饲养了数千年，如今除土耳其之外，美国和南非也大量饲养安哥拉山羊。这种山羊每年剪毛两次，为单色（英寸≈25.4毫米）	室内装潢，地板覆盖物，窗帘
波纹织物	加工制程产生类似木纹或水印的波浪图案。由刻花辊将图案压入织物，然后加热定型或化学定型。图案上未压和受压部分光线反射的差异会产生波纹效果。通常用于棉织物、醋酸纤维织物、人造丝织物、丝绸织物和一些人造纤维织物	多用途
平纹细布	结实的平纹棉织物和棉混纺织物，从轻盈薄纱到厚实单布，质量和重量各不相同。可用多种方式整饰处理	床单和枕套；天然的灰白色布料既可作为装饰点缀，也可以作为终饰面料
尼龙绸	平滑、光洁、轻柔的丝绸或人造纤维织物，采平纹法松散编织而成。比雪纺厚重。用于拉帘或固定的帘子，通常与窗帷一起使用	帘子

（续表）

名称	描述	应用
尼龙	一种人造合成纤维，具有良好的韧性、伸长率、耐磨性和弹性等特征。尼龙易于清洗，不易变形，弹性稳定。这是第一种合成人造纤维	地毯、毯子、帘子、床罩
玻璃纱	平纹梭织而成的轻质透明织物，手感清爽，通常由非常细的长丝纱线制成。常用纤维是丝绸、尼龙、聚酯纤维或人造丝。真丝上残留的天然树胶保证了面料的挺括。人造纤维需要特殊的表面处理	窗帘
粗横棱纹织物	结实、有光泽的平纹织物，带有扁平的水平棱纹。用羊毛、丝绸、棉花或人造纤维制成	室内装潢
凹凸织物	凹凸织物需经过丝光处理以及漂白、染色、印花、预缩水处理，有时略微起绒。纤维主要从生长在菲律宾的菠萝的叶子中获得，用于生产非常轻盈的薄纱面料	帘子
平纹织物 （也称为平纹组织）	双层布料一般是棉布，但现在也用人造纤维。从窄到宽的纵行线圈进行生产。凸纹可宽可窄。平纹编织是最简单的织法，只需要生产两股线束	多用途
细绉布	该棉布用溶液处理，使部分面料缩水，从而产生褶皱效果。除非洗涤之后进行熨烫，否则该织物的褶皱效果不会消失	床罩
长毛绒	这是一种经编绒面料，其表面割绒长于天鹅绒，但结构较为松散。是平纹编织的变体。底布通常是棉布，绒毛可以是马海毛、羊毛、棉花或人造纤维。可以是纯色的，也可以是五彩斑斓的；可以仿制兽毛，也可以是多种提花图案	地毯、窗帘和室内装潢
涤纶	涤纶自1953年开始在美国市场出售。与尼龙一样，涤纶生产商能够通过控制纤维的形状和形式来设计纤维的特性。通过拉伸和热定型，还可以控制纤维的强度、伸长率、耐磨性、弹性和尺寸稳定性	地板覆盖物、帘子和窗帘面料以及衬里、床上用品、墙面装饰和桌布
拉菲亚树叶纤维	纤维取自各种棕榈树。一般编织成篮子	墙面装饰及室内装潢
苎麻纤维	与亚麻相似的纤维素植物纤维，通常与其他纤维混纺，是最结实的天然纤维	墙面装饰及室内装潢
人造丝	由再生纤维素组成的人造纤维，其中不超过15%的羟基由取代基替代	多用途
条花织品 （或棱纹平布）	该织物上的狭窄棱纹间隔紧密，纵向分布。可以用任意一种纤维或不同结构类型的纤维混纺制成	帘子和室内装潢
棉缎	一种纬面缎纹织物。由结实、有光泽的棉布或棉布混纺面料制成，一般采用彩色印花	帘子、沙发套和里衬
缎子	由丝绸或人造纤维织成的缎纹织物。光滑，有光泽，质地厚实紧密。通常，表面的纱线比背面的纱线多。缎纹组织可以以多种方式与对比设计相结合，如塔夫绸、斜纹布、绒布和其他结构（尤其是提花织物）	床罩、衬里和被子，使用较少的室内装潢，背衬可用较厚重的面料制成，如醋酸纤维

（续表）

名　称	描　　述	应　用
透明薄织物	透明或非常轻薄的织物，例如雪纺、绉纱、乔其纱或各种结构和纱线织成的巴里纱，尤其是丝绸和人造纤维纱线。薄纱采用短纤纱和长丝纱制成	窗帘、窗帘内层、床帐
丝绸	天然蛋白质纤维，以其柔软、舒适和光泽度著称。丝绸的主要生产国是中国、日本和印度	多用途
氨纶	这些弹性纤维因其伸长率高、弹性回收率高和支撑力高而广受赞誉	室内装潢
横纹布	窄条纹或条纹效果几乎与底布颜色相同。可以设计的效果，或由面料本身的瑕疵所致	多用途
塔夫绸	平纹织物，表面细腻、平滑、光洁，有光泽。品质多样，可以是素色，也可以有印花，具有多变的效果，如波纹。塔夫绸最早只是用丝绸制成，但现在也使用丝绸、棉花和醋酸纤维。这个词来源于波斯语taftah，指的是一种非常精致的平纹织物， 在16世纪被认为是一种奢华的女装面料	床罩、窗帘、灯罩、衬里和装饰
挂毯	手工制作或用提花织机制作的厚实织物。使用对比色纱线起到装饰效果，通常用于描绘历史场景。结构类型因地域而异。挂毯起源于东方，最初是在底布织物上刺绣或在经纱中编织图案制成的	壁挂、地板覆盖物、室内装潢、窗帘和靠枕
格子呢	斜纹羊毛或精纺格子图案的织物。最初在苏格兰用于披肩和短裙，具有不同的颜色和图案，代表着不同的部落和场合。这个词也适用于具有类似图案的其他织物。如今，格子呢多由人造纤维和羊毛制成	多用途
坚质条纹棉布	结实耐用、紧密编织的平纹、斜纹或缎纹织物，通常为蓝色和白色条纹。一般由棉或棉混纺制成。坚质条纹棉布是一种统称，指覆盖床垫、弹簧床垫和枕头外部的织物。坚质条纹棉布可能图案简单，也可以极具装饰效果	覆盖弹簧床垫、床垫和枕头、休闲装饰、沙发套或窗帘
棉质印花布	棉质、亚麻或真丝织物。通常在轻质单色底布上印有花卉或风景图案，一般为田园风格，类似于精美的雕刻。这是受18世纪法国流行的印度印花棉布的影响。当时，在法国凡尔赛附近的茹伊昂若萨建立了一家印度印花棉布工厂。当地最著名的印刷图案是印在雕刻铜盘上的单色图案。现代棉质印花布的设计图案更加丰富多样	多用途
特拉维拉®	德国Hoeschst-Celanese公司聚酯纤维的注册商标。表面可做阻燃处理	多用途
粗花呢	粗糙的羊毛织物，金属丝般毛茸茸的表面。面料柔软，质地不均匀。由羊毛和人造纤维混纺制成，有多种效果。可以采用平纹、斜纹、人字纹或新颖的织法，一般使用两种或更多种颜色以产生杂色效果。最初由特威德河附近的人们手工编织，这条河将英格兰与苏格兰分隔开来。今天大多数粗花呢都是在哈里斯（英国苏格兰一地区）用机器纺纱织成的，还有一些粗花呢是用机织纱手工编织而成	多用途

（续表）

名 称	描 述	应 用
斜纹布	斜纹织物的统称	多用途
奥司维®	该名称是Spring Mills公司的注册商标，指的是一种用合成树脂浸渍的、类似天然麂皮的非织造合成织物	帘子和室内装潢
丝绒	厚实的织物，表面绒毛紧密排列并朝向同一个方向铺开。大多数丝绒由棉纤维制成，因此手感柔软温暖。最初丝绒由羊毛制成，现在也用其他纤维制成。类似天鹅绒	帘子和室内装潢
天鹅绒	经编绒织物，短而紧密编织的割绒赋予织物丰富柔软的质感。双层布料构造。最初，绒毛是用丝绸制成的，但现在也用棉，人造纤维和各种混纺面料制成。可做抗压和防水处理，或者压花或使用兰花织法编织图案	帘子和室内装潢
巴里纱	轻薄透明面料，由脆而硬的手工紧捻纱线制成，采用低纱支平纹织法。由棉、精纺羊毛、丝绸、人造丝或醋酸纤维等材质制成。纯色、印花和彩色经线条纹。新型巴里纱由花式纱线和植绒点制成	帘子
羊毛	取自绵羊皮肤的毛囊。其他任何天然或人造纤维都不具备羊毛纤维的综合性能，如阻燃性、保温性、成毡性、拒水性，以及在不受潮的情况下吸水的能力	多用途
精纺毛织物	用于描述细长羊毛纤维和由复合羊毛纺成的纱线织物。精纺毛织物可以是匹染布或散纤维染色布，有多种织法	室内装潢
Xorel®	卡内基纺织公司（Carnegie Fabrics）的注册商标，作为乙烯基的替代品。其也是一种合成产品，与乙烯基相比，污染更少，具有阻燃性，使用寿命长	室内装潢，墙面装饰
牦牛毛纤维	取自西藏的大公牛。这种柔软的短纤维是从胸部和腹部的毛皮处手工摘下的	毛毯

染色

在生产过程的不同阶段，颜色都是织物的一部分。保留天然颜色，或者未着色的合成织物，称为本色布或胚布。可以通过多种染色工艺将本色布变成彩色织物。下面三种是最常用的织物染色的方法。

- 纱线染色。在这个过程中，织物中的每一股纱线都是单独染色的。条纹和格子织物通常以这种方式染色。
- 溶液染色。这是一种更经济的方法。在早期的生产中，将纤维浸入染料溶液中。使用的颜色为标准流行色。
- 匹染。将整匹织物染色。通常用于纯色织物。

随着人们对手工艺品及其制造工艺的兴趣日益提高，目前出现了许多天然染色的纺织品可供选择。人们在许多传统和现代家居陈设中使用了一种天然的植物染料，这种染料取自靛蓝植物，通常是墨蓝色。

印花

与织物编织过程中产生的结构图案相比，应用图案产生于印花过程（详见第3章）。大多数图案和多色设计都是通过各种印刷方法创造出来的，布料生产出来之后才可以印花染色。这里描述了一些常用的印花方法。这些方法不仅适用于室内装潢织物和窗饰的表面处理，还适用于墙面装饰（详见第7章）。

- 织物的模版印花是一种传统的手工操作方式，每种颜色都需要雕刻单独的木块（图8.7 a）。
- 滚筒印花（机器印花）是一种直接印刷方式，依靠刻有图案的金属滚筒或圆柱体，每种颜色对应一种图案。这个过程类似于报纸和壁纸印刷（图8.7 b）。
- 照相印花是一种利用光反应染料处理织物并将照片的底片转移到织物上的过程。
- 筛网印花是一种在框架上安装细网格的方法。筛网表面的某些部分是不透明的，因此可以抵抗颜色解决方案，类似于模版的创建方式。然后用橡胶刷帚将颜色刷到框架上。由于织物的某些部分被遮挡，只有一部分织物接触到颜色，这样便会形成一种图案。这种方法可以通过手动或旋转机制完成（图8.7 c）。
- 防染印花包括几种不同的工艺，如蜡染和纱线扎染。在面料的某些部分涂上热蜡。蜡可防止染料被吸收，从而创造出不同的图案（图8.7 d和e）。
- 计算机辅助设计打印技术的应用越来越广泛。也被称为数字印花。

饰面

织物生产出来之后，可以再使用其他处理方法来提高其性能和美观性。可以增强织物的功能性，从而提高其抗皱、防水、防尘、防蛀和防霉的能力，并减少静电和缩水。Crypton®是一个商标品牌，是一种增强织物防污渍、防潮和抗微生物的工艺，适用于医疗保健应用等领域。织物也可用树脂处理使其具有抗皱性。

热定型技术可以让织物的褶皱永不消失。有目的地让部分面料缩水以形成褶皱是另一种精加工技术，例如打褶便是一种美学选择。之前提到的另一种表面处理方式是上蜡，通过加热加压在织物（通常为棉）表面形成釉面或光泽的纹理。在织物上添加背衬可增加其尺寸稳定性（保持其形状的能力）和耐用性。为丙烯酸和乳胶常用作其他织物的背衬，同样具有以上功能。

纺织品装饰是另一种用作点睛之笔的方法，如刺绣和贴花等针线工艺。

图案

选择室内织物时，图案或图形是重要的考虑因素。两种基本图案分别是几何图案和有机图案。有机图案可以用不同的风格进行诠释：自然的，非写实的或者抽象化的。有机图案包括第3章讨论过的植物（花、叶、树、植物）或图形（人、动物）象征。

图案有不同的大小和方向。对于室内设计师而言，当织物用于窗户或墙壁以及家具装饰时，这些是

a

b

c

d

e

图8.7 a–e

印花工艺。a.雕刻模版和印花织物；b.滚筒印花；c.筛网印花棉布；d.防染印花。蜡染；e.防染印花：仿古扎染（*a：谢丽尔·库兰德提供；b：艾米·威尔班克斯提供，www.textilefabric.com；c：保罗·修特 [1803–1869] [后] 棉质印花布。亚麻，茹伊[1760–1842]制造。*

CFAC206.照片：克里斯蒂安·让。地点：法美合作博物馆，布莱朗库尔，法国。照片：美国国家艺术馆/艺术资源，纽约；d和e：艾米·威尔班克斯提供，www.textilefabric.com）

重要的考虑因素。图案重复指的是两个连续图案之间的距离。这需要从水平和垂直两个方向上进行测量（图8.9）。有些物品需要特殊安装，在估算这些物品的订购数量时，图案重复是一个关键因素。

协调各种织物，使整体赏心悦目的关键在于了解设计元素和设计的原则（详见第3章）。除色彩、肌理、图案和规模外，节奏、对比度、均衡与和谐的原也影响各种材料在空间中的使用。

性能标准

消费者希望购买的产品能够耐穿、耐用，使用舒适，并且不会造成危险。在室内装饰方面，特别是在公共空间，性能标准非常重要。合同纺织品协会（ACT）成立于1985年，是一个非营利性贸易协会，致力于解决合同纺织品的相关问题。该协会制定了统一的合同纺织品标签，使用图形图标表示五个性能标

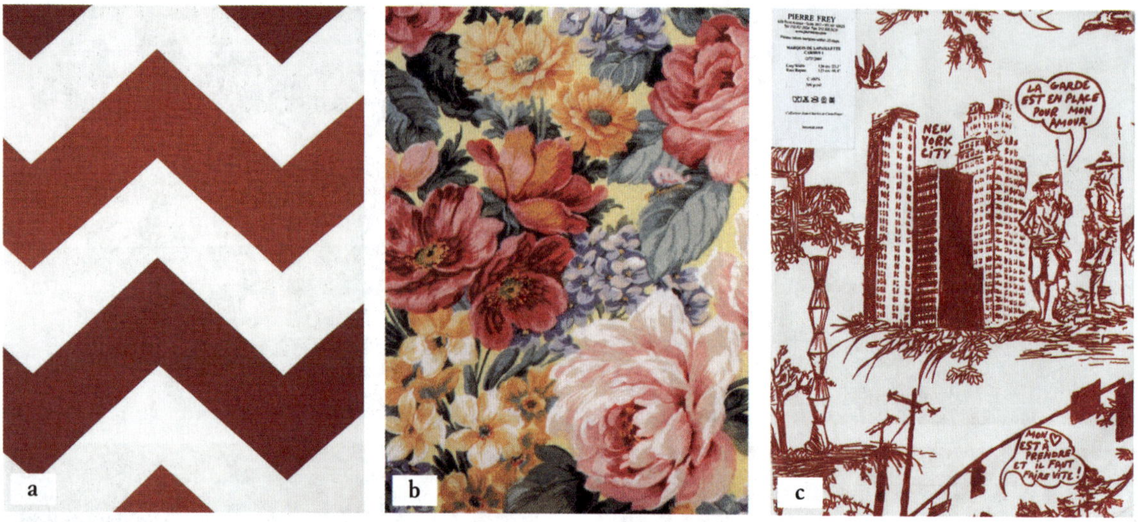

图8.8 a–c

图案。a.几何图案；b.自然花卉图案；c.旧时人物形象图案（a：Bloomsbury；b：Bonathos/Dreamstime微图网；c：Bloomsbury）

准。如图8.10所示为合同纺织品协会针对下述领域内的产品制定的标签图标。近年来，合同纺织品协会还制定了自愿性标准，对合同织物的可持续性因素进行排序。

从本质上讲，纺织品的性能可以从以下五个方面进行判断。

- 阻燃性。火灾发生时，要么能够灭火，要么能够减少火势的蔓延。
- 耐磨性（耐摩擦性）。织物能够防止与其他织物接触或摩擦而产生的磨损。
- 色牢度。纺织品在光照和潮湿条件下保持色彩特性的能力。
- 干磨。摩擦时防止表面间染色的能力。
- 物理特性。保留其原有特征的能力。

有几个测试可以评估纺织品的这些属性。最关键的也许是关于可燃性的测试。虽然各地的建筑规范要求各不相同，但可以肯定的是，商业建筑应用的大多数标准比私人住宅的标准更加严格。隧道测试用来评估纺织品对高温和火焰的反应。威士伯试验通常用于评估纺织品的耐磨性。结果可参考双重摩擦数；数值越高，织物的耐磨性越好。例如，商业装潢应达到至少15,000双重摩擦的指数；30,000次双重摩擦则被认为是高度耐磨。氙气测试可测量纺织品在光照下时抗褪色的能力。

A&B Cohen Fabrics

西区 890号，37大街，纽约市，纽约州，10000(212) 555-1800 传真: (212) 555-1801

专用
宽度 54英寸（137.2厘米）
垂直重复 1英寸 水平重复 1/2英寸
美国制造。
人造丝38% 聚酯纤维34% 棉28% 铁氟龙

图8.9

织物标签上的图案重复信息（Bloomsbury）

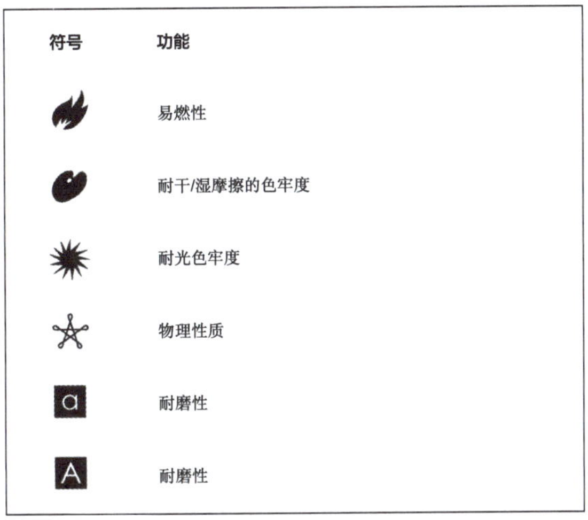

图8.10
合同纺织品协会规定的产品标签图标（*Bloomsbury*）

第二节 非纺织材料

这类材料用于住宅和非住宅室内装潢，包括从鹿和牛等动物兽皮转化而来的皮革，以及来自小型动物（如羊羔、山羊和小牛）的皮毛。可以染色及进行表面处理，为面料增加光泽、肌理、压花图案或破坏处理以及其他表面细节。编织或压花的皮革在装饰家具或墙壁时可以增加空间的层次感。最近的新型非纺织材料包括加工鲑鱼皮（这是食品工业的副产品），可用来替代动物皮革。虽然鲑鱼皮最初用于服装和鞋子，但现在正逐渐用于家居用品。

成本低廉的仿皮革覆盖材料一直是由聚合物合成材料制成的。其中包括瑙加海德革（Naugahyde®），一种类似于皮革的材料的商品名，以及奥斯维（Ultrasuede®），由聚氨酯制成的一种面料的商品名，具有天然麂皮，即皮革底面的触感。这些仿麂皮材料具有比真正的绒面皮革材料更强的抗污性和耐用性。另一种具有柔软麂皮质感的材料叫做微纤维，由非常轻盈的纤维制成。

乙烯基也可用于室内装潢。乙烯基制成品可以仿制出塑料的光泽感，为室内空间打造一种更休闲或复古的风格，或者让纺织品看起来更高档。

第三节 窗饰

窗饰可分为软窗饰、硬窗饰或两者的组合。窗户的处理和装饰可能纯粹是为了实用、装饰，或两者兼而有之。在决定如何、何时，甚至是否需要安装窗饰时，需要考虑隐私、视野、隔热、光声控制、节能、安全、成本和外观等问题。有大量的风格和材料可供室内设计师选择，包括用于安装的硬件和装饰用的镶边（图8.11）。

窗饰的外观是设计的重要组成部分，但关于隐私和光线控制需求的问题则是重中之重。在材料的选择标准中，光的透射度（半透明、透明或不透明）是一个关键的考虑因素。另一个考虑因素是窗户处理的灵活性，以适应一天中不同时间、不断变化的照明条件和不同的功能，如穿衣和睡觉。隐私关系到从外部到内部的可见性。从内到外的可见度同样重要。正如前

图8.11
窗户处理与外露的窗帘杆（摄影师：梅拉比·M.米勒；设计师：南茜·布朗，美国室内设计师协会成员）

面第2章和第5章所讨论的，远景和视野带来的积极影响以及其与自然的关系（自然保护）是提升幸福感的十分重要的因素。

节能在窗饰选择中发挥着关键作用，特别是在使用频率高的空间中。

窗户处理的基本类型是窗帘和帘子、百叶窗和遮光帘、外百叶窗和纱窗。窗帘一词更多地用于形容精美的及地式的窗饰，对于那些更加简洁、长度较短、更随意的窗饰则用帘子表述。百叶窗由一系列可以升降、开合及倾斜的叶片组成。遮光帘可上下移动，但其是由连续的材料组成的，因此不能开合或倾斜。第6章中讨论的外百叶窗可作为室外窗户处理，也可以作为室内的硬窗饰。有些窗饰看似是柔软的，但是由硬质材料制成，包括由编织金属丝网和玻璃珠制成的线圈。

软窗饰

柔软的材料如织物，通常用于窗帘和帘子。长度各不相同。从窗框到窗台（在窗框下方）到及地。在选择软窗饰时，可以考虑所有的织物及其特性。

窗帘 窗帘的帘片可以是活动的，也可以是固定的。窗帘可以向一侧或两侧展开（指一组窗帘在拉开和闭拢时所依据的窗户中心点），当织物悬挂在杆上时，可以通过窗帘轨道上的绳索拉动，或者用手拉动。有些窗帘系统是电动的，可远程操作。窗帘可以由一层或多层组成，例如垂挂在遮板、罗马杆或窗帘杆上的内层窗帘。窗帘样式通常由帘头的类型定义（图8.12 a–i）。

短帷幔是一种固定的、柔软的顶部处理方式，通常以某种方式打褶或覆盖，可能隐藏也可能不隐藏五金件（图8.13）。檐板是用木材制成的，用织物装饰后，称为窗帘盒。如果织物是用硬麻布（黄麻或棉花）制成且足够结实，窗帘盒可以不使用木制骨架。垂帷位于窗帘两侧和窗帘顶部（图8.14 a和b）。

与服装一样，窗帘底边也各不相同。长度到窗框或窗台的窗帘，通常被认为是非正式的窗户处理方式。传统的窗帘底边距地面大约3.81厘米。拖地安装是一种正式的、不太实用的方法，就是将多余的织物覆盖在地板上（图8.15）。

窗户装饰所需的码数取决于许多因素，包括窗户的尺寸、材料的宽度、垂直和横向图案重复，所选择的样式以及所需的饱满度。

减少织物接缝的另一种方法是使用条形斜纹布。这是一种构造织物图案的方法，使得织物可以水平

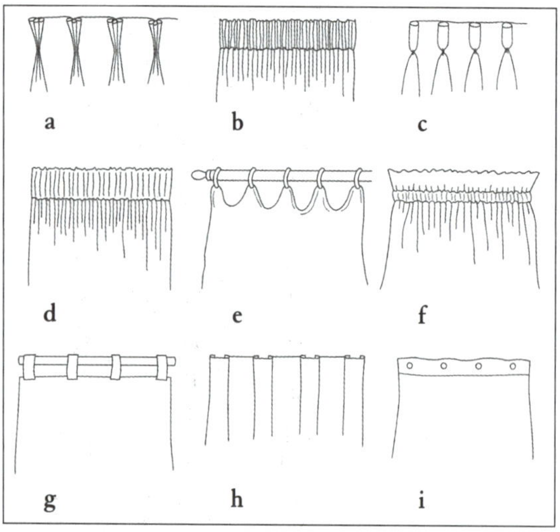

图8.12 a–i

窗帘帘头的类型。a: 法式褶; b. 平行抽褶; c: 贝尔褶; d: 铅笔褶; e: 扇形褶; f: 带荷花边的平行抽褶; g: 袢扣 h: 工字褶 i: 金属扣眼（*Bloomsbury*）

图8.13

传统的住宅窗户处理：带有尖顶饰的木质罗马杆，柔软的工字褶短帷幔，两侧窗帘用流苏绑头扎起来，还有奥地利遮光帘（摄影师：梅拉比·M.米勒；设计师：南茜·布朗，美国室内设计师协会成员）

放置而不是垂直放置。这种方法也可用于室内装饰（图8.16 a和b）。

饱满度指的是织物宽度与窗口宽度的比率。例如，一块完整、豪华的正式窗帘是采用三倍饱满度制造的，那么面料的宽度是每扇窗户宽度的三倍。通常来说，两倍到两倍半的饱满度看起来更讲究。决定饱满度时要考虑的一个因素是材料的重量，例如，如果采用三倍饱满度设计，天鹅绒窗帘可能会太重（图8.17）。影响织物码数计算的其他因素包括底边和翻边（窗帘与墙面的距离）。

英语中Stackback是指窗帘打开时占用的空间量。该宽度受窗帘饱满度的影响。反过来，这会影响通过未受窗帘遮盖的窗户的光量和视野。

图8.14 a和b
硬顶处理。a.窗帘盒；硬顶处理。b.垂帷（摄影师：梅拉比·M.米勒；设计师：南茜·布朗，美国室内设计师协会成员）

图8.15
拖地窗帘（约纳图片/盖蒂图片社）

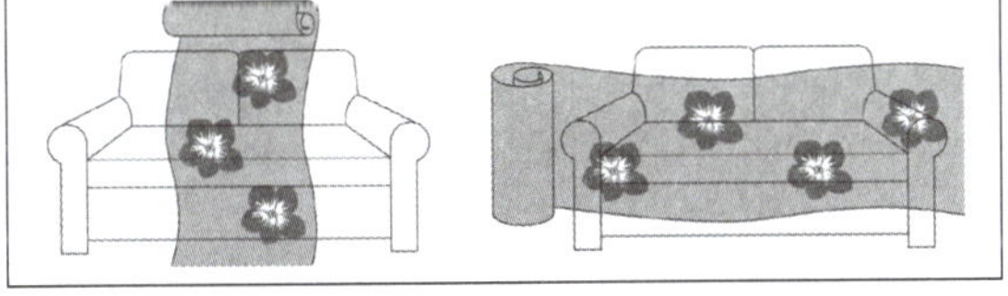

图8.16 a和b
a.织物垂直铺开；b.条形斜纹织物（Bloomsbury）

图8.17
非正式的定制窗口处理（建成图片/阿拉米素材图片库）

不同风格的窗帘帘片聚集在一起，看上去高贵上档次。垂幔是半圆形的织物，可以是固定的也可以是松散悬垂的。其通常与褶皱花饰（也称为瀑布状花饰）结合使用，褶皱花饰是一种折叠的织物，悬挂在窗户的两侧。除作为配饰外，这些处理还增加了软窗帘的装饰性，尤其适用于更正式的款式（图8.18）。

镶边 镶边源自法语单词passement，意为“装饰”，指的是用于软窗处理的装饰品（以及用于软垫家具、床、浴室和桌面的纺织品）。镶边的例子如图8.19 a–n所示。这与历史上服装中使用的时尚装饰非常相似。

图8.18
这个精心设计的窗口处理分别展现了窗户中间和两侧的垂幔和褶皱花饰（约翰·A.布斯卡洛）

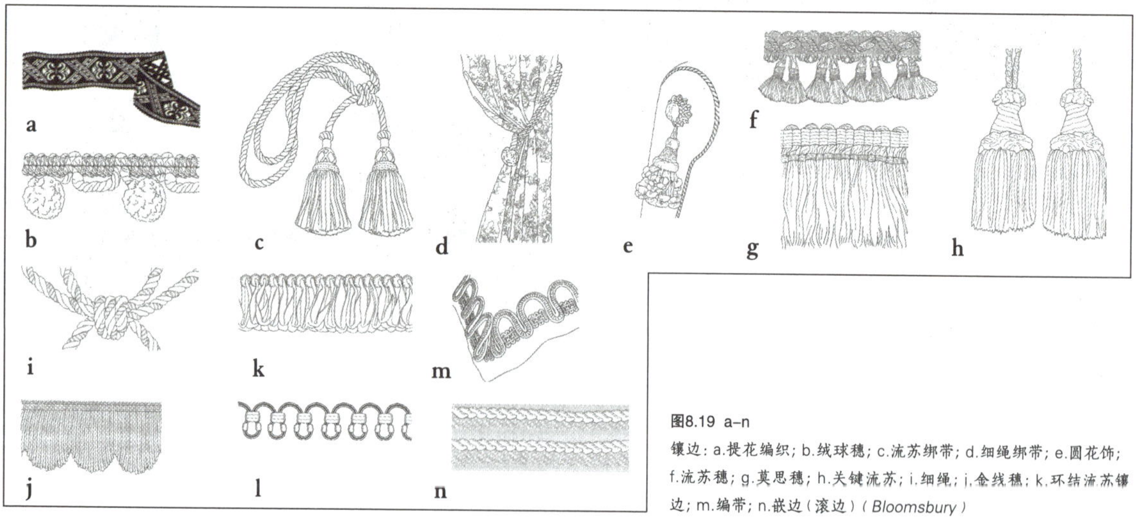

图8.19 a–n
镶边：a.提花编织；b.绒球穗；c.流苏绑带；d.细绳绑带；e.圆花饰；f.流苏穗；g.莫思穗；h.关键流苏；i.细绳；j.金线穗；k.环结流苏镶边；m.编带；n.嵌边（滚边）（Bloomsbury）

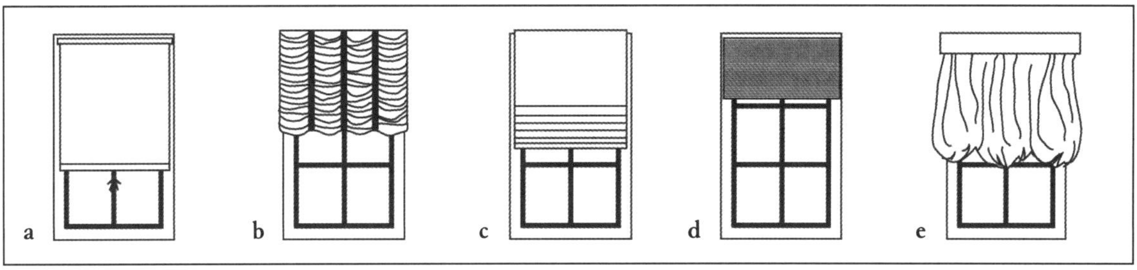

图8.20 a–e
镶边：软质遮光帘和百叶窗。a.上卷式；b.奥地利式；c.气球式；d：罗马式；e.手风琴式褶（*Bloomsbury*）

百叶窗和遮光帘 作为窗户处理的百叶窗和遮光帘既属于软窗饰也属于硬窗饰，并且以织物、乙烯基、金属和木材为材料。遮光帘和百叶窗通常安装在窗框内，从底部拉起；而窗帘和帘子则安装在窗框外部，向两侧打开。

百叶窗和遮光帘可以手动操作，也可以机械操作，可以提供遮光和太阳能保护的功能。常见的软质款式包括滚轮（上卷）式、奥地利式、气球式、罗马式和手风琴式褶式（图8.20 a–e）。

硬窗饰

窗户可以部分或全部用硬质材料覆盖，如木材、塑料或金属。这些材料可用来制造百叶窗、遮光帘、纱窗和外百叶窗。

滚轮式或上卷式遮光帘 这些遮光帘可以由硬质材料制成，例如薄木板或竹板条，通常与纺织纱线结合。目前生产的许多卷帘是由网眼织物制成的遮阳帘，在过滤阳光的同时还能让人看到外面的景色。网眼大小决定了光的过滤量，以百分比计算。网眼越小，进入的光线越少，减少了紫外线照射带来的负面影响。

软百叶窗 软百叶窗是一种普通的水平叶片的窗户处理方法，最初由木材制成。 其类似于百叶门，可以以不同的角度来控制光线并保护隐私。20世纪的大部分时间里，住宅和商业环境都喜欢使用各种乙烯基产品。小型和微型百叶窗的叶片分别为1英寸和1/2英寸宽。20世纪末和21世纪初，以原木和染色木材制作的各种宽度的木制百叶帘再次出现。软百叶窗也可用仿木制品和铝制成（图8.21 a）。

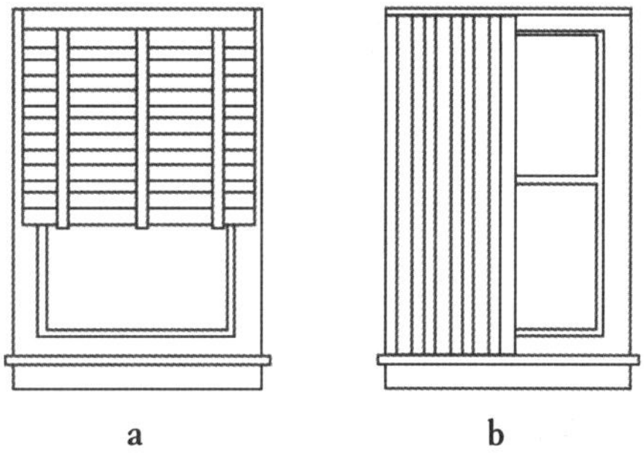

图8.21 a和b
硬质遮光帘和百叶窗。a. 软百叶窗；b. 垂直百叶窗（*Bloomsbury*）

垂直百叶窗 垂直百叶窗与软百叶窗相似，使用垂直板条或叶片来控制光线和保护隐私。垂直板条可用作宽敞的窗户和庭院门的解决方案，按标准尺寸和长度制造，具有多种颜色，透明度、隔热性和阻燃性也各不相同。可以插入织物衬垫，主要由乙烯基或金属制成。垂直百叶窗也可以定制（图8.21 b）。

外百叶窗 外百叶窗就像百叶门一样，是另一种硬窗饰，可以灵活地控制灯光并具有保温功能。其由各种木材、乙烯基包覆木材和木质复合材料制成。叶片可窄可宽，宽叶片的外百叶窗被称为透气窗（图8.22）。

遮阳篷 一般用于室外，遮阳篷通常是刚性骨架，覆有适合户外条件的织物。遮阳篷可以保护室内环境免收天气因素的影响，包括太阳热能的传输，使其成为环保型产品。

图8.22

透气窗（保罗·希尔/阿拉米素材图片库）

纱窗 作为窗户处理的纱窗分为滑动纱窗和折叠纱窗两大类。许多都是木质骨架。障子由木材和半透明材料制成，如宣纸，是日式风格的衍生品。其他类型的纱窗包括格子、浮雕和镂空，打造出各种各样奇妙的光线扩散效果。

金属网制成的功能性纱窗可防止昆虫进入。如今还有一些其他金属网纱窗可以减少太阳负荷并保护隐私。大多数情况下非住宅项目的窗户可以加装安全网格系统，以防止入侵或毁坏。

第四节　家具

家具的选择几乎涉及设计过程的每个方面。对人的因素（人体测量学，人类工程学和空间关系学）的理解指导着家具的选择和摆放（详见第2章），并在空间规划、布局、循环模式以及时代风格或情绪的创造中发挥重要作用。第11章讨论了不同时期的家具风格。

作为家具、固定装置和设备的一部分，家具分为软垫产品和装箱产品。无论是家用还是商用，装箱产品都属于非软体家具类。通常情况下，诸如办公桌、书柜、衣橱或墙壁系统之类的箱柜家具用于存储或展示。此类别还包括娱乐或影音系统、独立式衣柜和组合式办公桌。该术语也可用于描述其他大型家具，例如卧室和餐厅的成套家具。箱柜家具可以由木材或其他材料制成，例如金属、草类、塑料或组合物。玻璃、镜子、石头和混凝土也可用于家具设计，通常用作桌面。“内阁”一词通常指的是嵌入部件或靠在墙上的家具（无论是预制的还是定制的），也可以看作是木制品的一部分（在第7章中进一步讨论）。

材料

木材、金属、草类、塑料，以及近年来的混凝土和硬纸板都可用于家具。这些材料可以单独使用，也可以组合使用。

木材 目前大多数家具仍然是用木材制成的。木材自然美观的特性使其适合于室内外建筑，也适用于家具的建造。与地板一样，家具生产也会用到各种木质结构。除实木生产外，家具还通过层压和胶合工艺制成，例如刨花板、压制木材、胶合板和饰面板。使用再生木材和木质饰面板的优点（见第6章和第7章）同样适用于家具。例如，查尔斯（Charles）和雷·伊姆斯（Ray Eames）在20世纪40年代生产的胶合板家具（将在第11章中讨论），现在可以用森林管理委员会（FSC）认证的木材制成，使用无甲醛粘合剂（如大豆）和无毒漆面，使其成为绿色产品（图8.23）。

常见的细木工类（包括榫眼、榫头、斜接和燕尾榫）也可用于家具。可以采用其他方法进一步保护木制家具，例如染色、上漆和上蜡。

软木取自一种橡树，不仅用于地板（详见第7章），还可作为可再生资源制作家具。

图8.23

用康尼岛的木板步道上的废弃木材制成的躺椅，布鲁克林，纽约（旋风躺椅，来自Uhuru品牌，布鲁克林，纽约，www.uhurudesign.com）

图8.24 a和b

金属家具。a.铝制桌椅；b.混合材料：埃里克·大卫·莱克斯曼（Eric David Laxman）用不锈钢、大理石和玻璃手工制作的桌子（*a：盖蒂图片社/英国多林金德斯利出版公司；b：美国海博创意公司*）

金属 许多种类的金属（实际上是合金或金属混合物），包括铝、铁、钢和铬，用于商业和住宅家具。金属家具与木质家具一样，通常需要进行表面处理，抛光至高光泽度；刷漆或涂蜡使家具外观更柔和、光滑；或针对气候和耐刮擦性进行处理。（图8.24a和b）中展示的手工桌是由混合材料制成的，包括玻璃、不锈钢和大理石。

- *铝*。储量丰富，质量轻，不会生锈，因此常用于户外家具、桌子和椅子骨架。虽然人们习惯将其用于户外咖啡馆和餐厅座椅，但其优势使其适用于许多其他应用，包括厨房用具。
- *铜*。铜最近重获青睐，主要以薄铜板的形式从土耳其进口。用于包装其他材料，如制作桌面和其他家具的木材，还可以作为固体金属用以打造固定装置，如浴室和厨房、家用电器和照明设备。
- *铁*。储量丰富，遍布世界各地。铁是一种坚固的重金属，可以铸造（即模塑）成家具或锻造（即手工打造）成各种形状和样式。铁在潮湿环境中会生锈，保持其自然状态不做处理能够形成氧化饰面，也可用彩色珐琅烘烤，或通过任何一种表面处理方式制造陈年铜绿的效果。其常用于桌子底座，支撑玻璃或石头台面，也可用于楼梯栏杆、其他装饰家具以及床架。
- *钢*。铁和碳的合金，具有坚硬和坚固的特点。加入铬后可以防止生锈，称为不锈钢。多年来,钢被用于办公家具，包括文件柜和办公桌，后来高端家具逐渐使用木材代替钢。从此，钢在住宅和非住宅应用（特别是厨房）中再次得到普及。
- *铬*。通常以管状形式与皮革内饰结合，用于制造现代家具。铬主要用于软体家具的骨架和腿。
- *黄铜*。锌铜合金，呈现金黄色。主要用于桌子底座和床体骨架。表面可以进行抛光（有光泽）或仿古（无光泽或做旧）处理。

草类 用于墙壁和地板覆盖材料的一些草类和其他植物也可用于制造家具。这些家具大部分是从亚洲国家进口的，因为这些国家的植物材料（如竹子）丰富。这些家具类型指的是材料的构造而不是具体的制作原料。柳条家具，由树枝或藤蔓编织而成，通常重量较轻，休闲随意。藤条是一种特殊植物的茎，可以弯曲成各种形状用来建造家具。藤制家具由薄的条状植物材料编织而成，主要用于椅座，以代替软垫。灯芯草是另一种用于椅座和其他家具的编织材料。这些材料可以保持自然状态或涂漆处理。制造商还开发出了这种风格的合成乙烯基家具。

历史上，用草类制造的家具通常用于较温暖气候条件下的室内和室外门廊上。近几十年来设计的草制家具能够在不同气候和地区一年四季使用，各种风格的住宅和商业产品纷纷涌现，从休闲风到更正式的风格，不一而足。使用树脂涂层可以使草制家具更耐用，并可用于服务业设施（图8.25）。

塑料 作为一种合成材料，塑料的用途十分广泛，可以通过实验和技术进行改造（和再循环）。塑料可以进行模塑、铸造或与其他材料结合，例如树脂和玻璃纤维。塑料制品重量轻，价格低廉，耐用且易清洗。非住宅环境中可以使用折叠塑料椅来节省空间。常见形式是多个或串列座椅，例如等候区域。

20世纪30年代，塑料被认为是一种迷人的现代材料，由璐彩特（Lucite®）（一种透明塑料）制成的家具和配饰曾风靡一时。这种材料现在有多种颜色。

图8.25

草编椅子（作者提供）

菲利普·斯塔克（Philippe Starck）将其运用到卡特尔（Kartell）（意大利家具品牌）设计中，再次将这种材料推向市场（图8.26）。

塑料仍然是许多非住宅项目中常用的产品，包括学校、公共设施、医疗保健和休闲酒店设施。塑料与树脂结合时会变成半透明，使得光、纹理和颜色相映成趣。塑料的另一个优点是颜色选择范围广，包括金属色塑料。

然而，塑料生态成本太高是制造商、供应商和设计师面临的难题。虽然塑料的化学特性使其用途广泛，但是也带来了环境问题。塑料制品的不断回收利用在一定程度上帮助塑料摆脱了非环保产品的恶名。

容易刮伤是塑料的另一个缺点。

其他材料 世界各地的几家制造商正在试验将天然材料与合成材料相结合，并应用到家具生产中。

图8.26

咖啡店里橙色塑料聚丙烯材质的椅子，属于菲利普·斯塔克（Philippe Starck）“玩具”系列（rednapper/阿拉米素材图片库）

固体表面更常用作台面（详见第9章），但也可以制成家具。把其他砖石材料，尤其是混凝土，应用到台面、水槽、独立式和固定式家具生产中的技术也在不断探索当中。

在维多利亚时代，纸张以混凝纸浆的形式被用作家具生产的材料（在第9章中进一步讨论）。硬纸板家具已成为可持续、廉价的替代品。此外，一些创意公司正在探索牛皮纸的使用，例如莫洛（Molo）。这是一家位于温哥华的合作工作室，在国际上获奖无数，专门进行材料和空间的实验。其产品之一就是由可回收牛皮纸制成的适应性强且灵活多变的座椅系统（图8.27）。

软体家具

在本书中，“室内装潢”一词曾用来描述墙壁、隔板的覆盖层以及窗户的顶部处理。许多适用于装饰这些部件的原则也适用于家具。软体家具通常由木质骨架构成，用纺织品加以覆盖和填充。可以选择几种不同的材料和构造方法。在选择家具的过程中，室内设计师的作用至关重要。

虽然许多软体家具（例如椅子和沙发）有标准尺寸或现货，但选择定制家具时可能会需要室内设计师的参与，尤其是在高端项目中。这意味着有更多的因素需要考量，包括与舒适度相关的人的因素。定制家具的优点在于能够调整家具的尺寸，并改变超出标准范围之外的尺寸。这些基于人体测量数据（详见第2章）的标准测量值，在“座椅的标准尺寸”中列出并举例说明。

图8.27
Molo牛皮纸现代座椅（图片由Molo设计工作室提供）

装饰家具的工厂或工作场所称为工作室。做工和材料的质量以及对众多细节的关注，决定了这些高价商品的舒适性和美观性。定制的数量也有一定的范围。有些工作室会使用由同一种木材构造的同样大小的标准化骨架，然后用很多染色剂或纹理完成饰面处理。然而，靠垫、座椅、靠背、扶手和头靠的填充可能只有几种选择。而定制家具，从骨架到镶边，几乎没有任何限制，这意味着设计师需要做出更多的选择。图8.28说明了用于制造定制家具的一些材料和工具。

制造流程 由于制造流程包括骨架搭造、填充和座垫制造等诸多环节，特别是对于定制商品而言，沙发的制造过程可能耗时三个多月之久。在外层布艺缝制之前，专业工作室会邀请设计师和客户在用平纹细布包覆的软垫椅子上试坐，以便在成品交付前对形状和填料进行调整。许多制造商和工作室根据客户的需求缩短了这些产品的生产时间。

骨架 高端家具的骨架主要是由结实耐用的硬木制成，如白蜡木或枫木。木材经过烘干处理以防止翘曲，用榫销和胶水（不用钉）连接，并使用三角木加固。座面指的是支撑座垫的平台、钢弹簧和填充物结构。软体家具传统的装饰方法是采用手工绕制的八向螺旋弹簧结构，用绳索串编或打结来固定家具的结构（图8.28 c）。餐椅和休闲椅通常不使用这种结构，而是在填充物上覆以弹性绷带。

“软填料”一词指的是填充材料。过去使用马鬃或猪毛，而现代的软填料通常是用各种聚酯纤维混合而成。为防止弹簧穿透软填料，通常在弹簧上铺一层方平组织的粗麻布绷带。

座垫和靠垫可以作为骨架的一部分，称为紧背式，也可以是可拆卸的和松散的。现代风格的座椅或商业空间中使用的座椅更常采用紧背式结构，因为不需要太多维护（例如抖松以保持靠垫原有的形状或轮廓）。

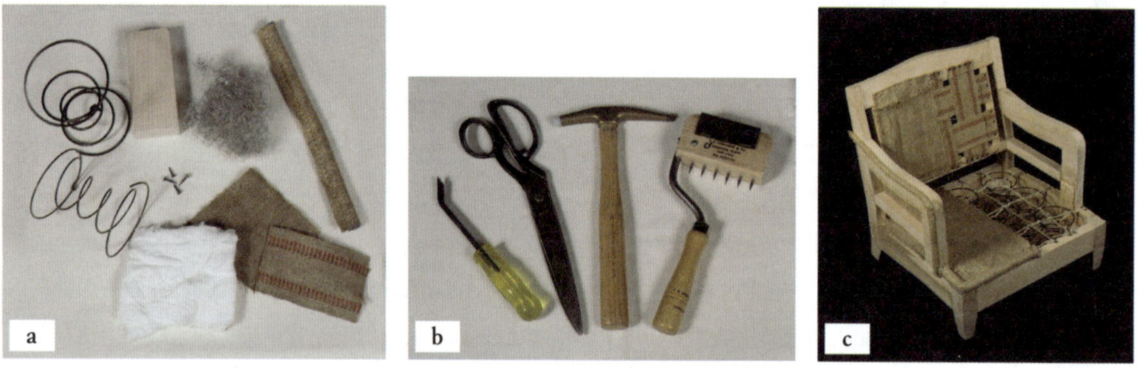

图8.28 a–c

a.家居装饰材料，如马鬃、绷带、麻绳和一些专门的工具；b.装潢师专用工具；c.装潢过程（*加里·巴克斯鲍姆提供*）

就地老化设计的小贴士（1英寸≈ 25.4毫米）

沙发

- 靠背高度：30至34英寸
- 斜度: 5至7英寸
- 整体深度：36至40英寸
- 内部深度：22至25英寸
- 座椅深度：23至26英寸
- 座垫高：18英寸
- 坐高（座垫顶部到地面距离）：18到20英寸
- 扶手高度（距地面）：23至25英寸
- 整体长度：54英寸（双人坐椅）；72、84和90英寸（两个或三个座位）

椅子

- 座宽（俱乐部用）：30至34英寸
- 座宽（就餐或其他用途，用于重量轻、可移动的家具）：18到24英寸

扶手沙发：带有单个宽松座垫的紧背式沙发，木腿裸露。

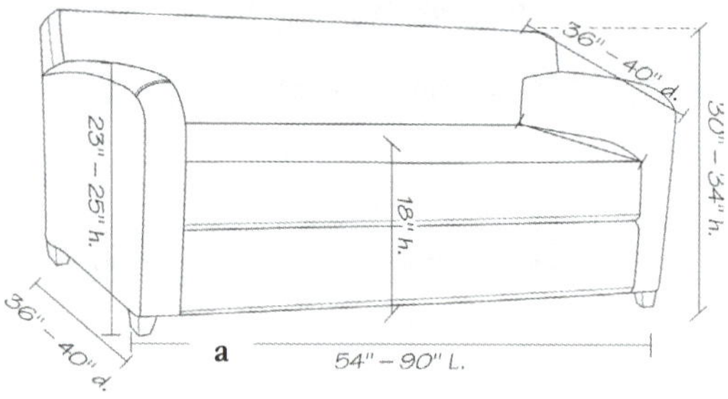

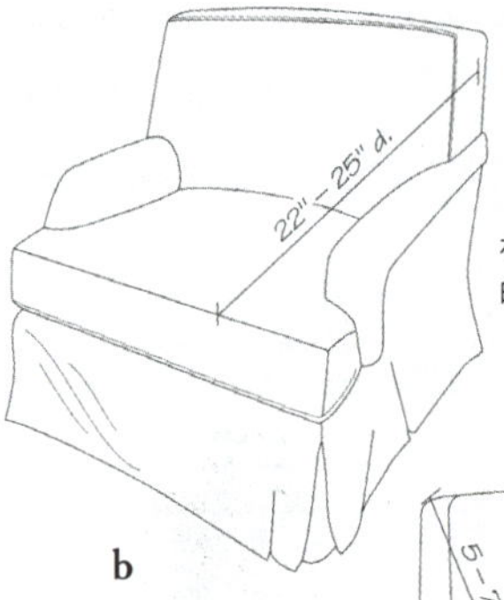

布里奇沃特扶手椅：带有宽松的座垫、靠垫和下垂裙边。

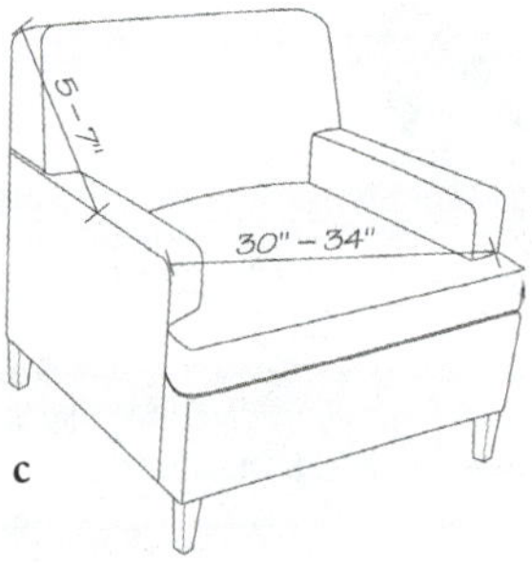

扶手椅：带有宽松座垫的紧背式座椅，木腿裸露。

图a–c

座椅标准尺寸。a.紧背式单座沙发，分体座垫，木腿裸露；b.分体座垫座椅、分体靠垫，带裙边；c.分体座垫座椅、紧靠背结构，木腿裸露（Bloomsbury）

填充物的纤维含量必须在制造商提供的标签上标明。座垫填充物的选择取决于用户的预算、是否致敏以及对弹性和维护的偏好。绒毛是最蓬松，最柔软，最昂贵的填充材料，是水禽（通常是鹅）最里层的羽毛。绒毛通常与其他羽毛混合，既可降低成本，又有助于保持座垫的形状。

高端优质座椅的靠垫通常使用50%绒毛、50%羽毛的组合（即50/50比例），将绒毛的柔软度和羽毛的弹性结合在一起。绒毛羽毛比为75/25或80/20的枕头和座垫则更昂贵，需要经常抖松才能保持形状。许多人对羽绒和羽毛过敏，对于这些客户来说，可以使用泡沫橡胶作为内芯制作座垫。座垫外层用平纹细布或的确良（聚酯）和泡沫包覆，更加有助于保持其形状。对于现代和时尚风格以及商业用途的产品来说，标准的座垫由50%的泡沫和50%的绒毛组成。在此基础上，泡沫占比越大，羽绒或羽毛占比越小，座垫就越硬挺。

种类和款式 软垫产品通常被归类为座椅。商用和住宅用的软垫座椅包括不同的款式和配置。例如，双座和三座沙发、俱乐部椅、躺椅、摇椅、转椅（高低背）、组合沙发、双人坐椅或长靠椅、睡椅、贵妃长椅或坐卧两用长椅、搁脚凳或脚垫、长凳、休闲椅（或餐椅或办公椅）、板凳和宴席长椅（即嵌入式餐椅）。软装座椅包括带扶手和不带扶手两种款式（图8.29 a–f）。

制造商会用非常具体的名称来描述软体家具的类型，同时也会使用一些通用术语。以下术语分别代表座椅的三种基本类型：劳森型的扶手低于靠背高度，而塔克西多型的扶手和靠背同高。切斯特菲尔德型是塔克西多型的一种，通常为皮革材质，靠背和扶手内侧成簇状，也就是有衍缝并配有纽扣（流行于维多利亚时期，详见第9章）。

软垫座椅的扶手、腿和框架多种多样。外扩卷边的扶手会增加座椅的整体长度（座位面积不变）。卷

图8.29 a–f

软垫座椅的风格和细节。a.躺椅；b. 组合沙发；c.三座沙发；d.双人坐椅；e.贵妃长椅；f.坐卧两用长椅（a–d: 盖蒂图片社；e: 盖蒂图片社/Glow RM；f: 盖蒂图片社/Fotosearch创意图片库&影音素材库）

边或外扩的程度可小可大。选择扶手类型时不仅要考虑其美观性，还要考虑扶手的风格对功能性的影响。座椅的框架或腿可能不做任何装饰处理，也有可能两者同时保持原貌。这种情况下，金属或木制框架通常用染色、涂漆或镀金等方式进行表面处理。腿的类型包括锥型、蹄型和织物覆盖型。

装饰细部处理阶段对座椅进行个性化设计或精装饰（如窗户处理）。这一阶段涉及许多设计决策，通常会因为工人和材料的选择而大大增加商品的成本。一些常见的装饰细节有镶边、滚边（包括自贴边、撞色贴边和双贴边）、绗缝（包括沟槽线迹和回纹型线迹）、平片和裙边（包括抽褶和工字褶）。“裁缝细节”有时用来描述如服装行业般注重装饰细节。

第五节　固定装置、设备和家用电器

这类产品中的很大一部分还涉及厨房、浴室和洗衣房。许多艺术家和设计师与卫浴和厨房产品制造商合作，生产出各种各样的标准和定制的产品及系统，兼具艺术性和科学性。这些产品大多在设计时都考虑到了能源效率问题，因为无论是用于住宅项目还是非住宅项目，其都要消耗大量能源。建立家用电器能源之星标签体系是美国推行的一项重要的政府项目（图8.30）。该项目由美国环境保护署（EPA）和美国能源部共同参与。标签可使消费者对能源使用情况与相关成本进行比对。自该项目启动以来，温室气体排放量已大幅减少，同时节约了成本，包括企业和房主的税收也得到了抵免。

厨房

厨房在设计中要规划的基本功能包括食物准备、食物和补给品的储存、烹饪、冷藏、清洗和清理、垃圾处理和通风。此外，许多家庭的厨房十分宽敞，有足够的空间用来上菜和用餐、家务（或至少菜单）管理、视听娱乐和储存葡萄酒。

一间基本住宅厨房所需的基本固定装置和设施包括水槽、洗碗机、墙柜和地柜、操作台、冰箱、冰柜、废物处理装置、烤箱（传统烤炉、光波炉、微波炉）、炉灶（用电或用气）以及排气系统。许多社区陆续出台了垃圾回收管理条例，因此住宅厨房内垃圾回收单元的设计也逐渐成为室内设计的一个分支专业。厨房电器电源插座的位置和数量也是重要的考虑因素。

如今的住宅厨房也可能会有商用厨房或饭店厨房的许多装备，如多个烤箱和各种备餐台。厨房设计还可以对标准化固定装置的使用和布局进行调整，使其符合人体工程学原理（图8.31）。与宽敞的、商用化的家庭厨房相反，或许面积虽小却能最大化利用空间的高效厨房才是未来的发展趋势。甚至高档电器的制造商也推出了精品系列的缩小版来响应这一更加高效规划空间的趋势（图8.32）。用于冷藏和储存葡萄酒的电器不再只有超大的室内空间才能装得下，普通大小的空间内也能见到它们的身影。户外厨房是厨房发展的另一个趋势。户外厨房不再仅限于进行烧烤，从大型户外空间到小型庭院现在也可用于烹饪和娱乐（图8.33）。

除了家用厨房和服务业的商用厨房（见后面的讨论），室内设计师也要负责小型厨房和商业空间中员工用餐区的设计。

浴室

一些最基本的人类活动是在浴室里进行的。沐浴区域，根据个人的生活方式不同，也可能包括与身心放松和恢复活力有关的活动。盆浴艺术是日本的传统文化，现代人受其影响将浴室视为一处减压的静谧之地（图8.34）。

无障碍设计和可持续性，是设计师在设计家庭浴室及公共浴室时所考虑的重要问题。精心设计的浴室配有符合人体工程学的设备，具有节水功能的马桶和水槽，控制水温的安全措施以及无障碍沐浴区（图8.35）。

能效指南标签使用方法

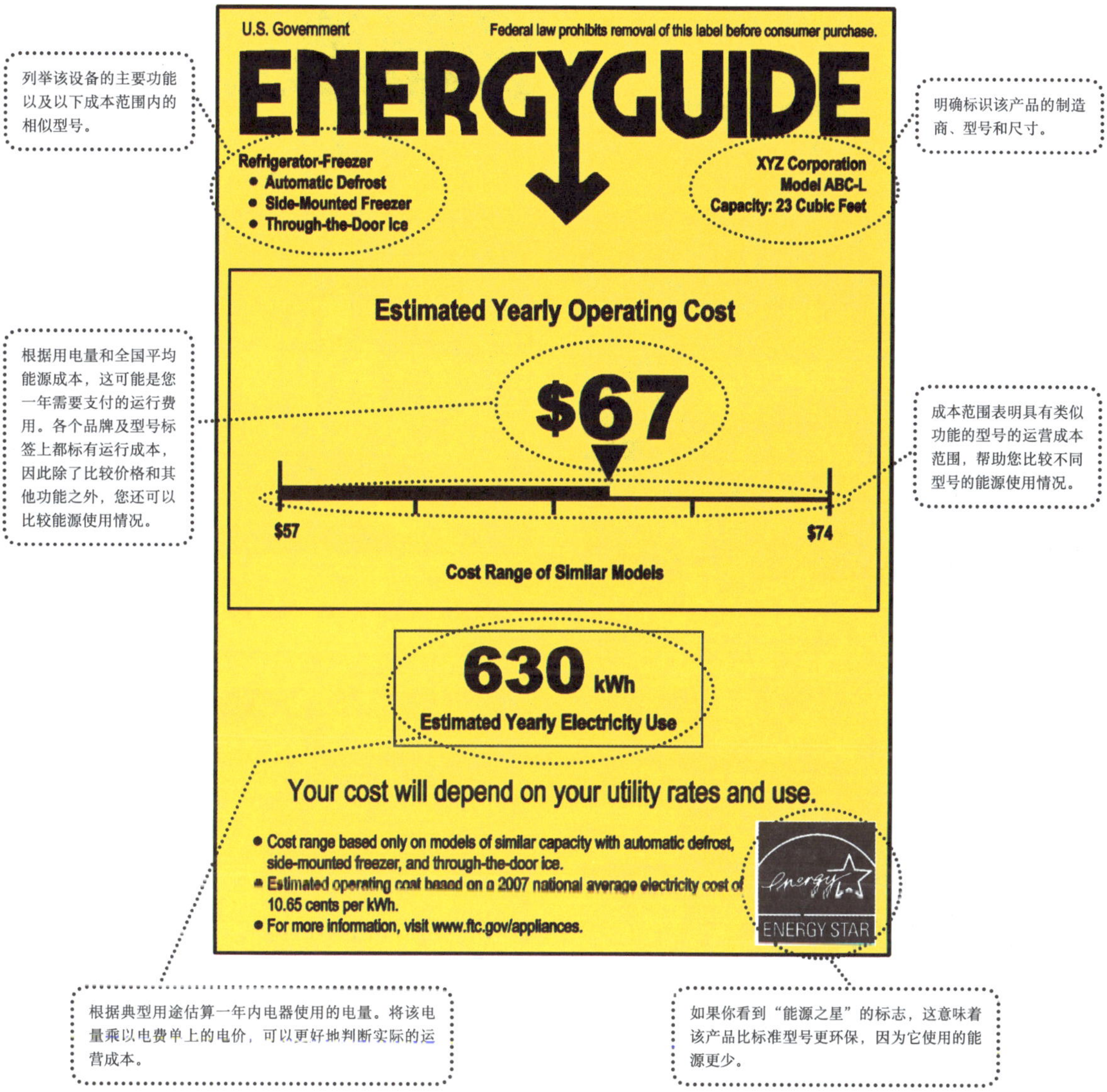

图8.30
家用电器的能源之星标签指南，供消费者参考（能源之星/美国环境保护署）

不少浴室固定装置的制造商开始逐渐意识到节约用水的重要性。全球重要管道制造商TOTO认为，马桶消耗的水资源占家庭用水量的26%以上。美国的四口之家平均每天冲水超过16次。双冲洗系统可满足不同排泄物的处理需求。其他高科技马桶安装了加热座椅和坐浴盆附件等功能。

图8.33

户外厨房（马克·特纳/盖蒂图片社）

图8.31

设有多个备餐台的住宅厨房（大卫·L.瑞恩/《波士顿环球报》经由盖蒂图片社）

图8.34

日式设计风格的浴室好似一处世外桃源（伊丽莎白怀宁设计公司/阿拉米素材图片库）

图8.32

有效利用空间的豪华二字形厨房（情绪板/阿拉米素材图片库）

图8.35

一间精心设计的无障碍浴室也可同时兼顾美观性（作者提供）

第六节　特殊非住宅设计的注意事项

办公室

商业办公室的室内设计极具挑战性，通常被认为是一个特殊专业领域。

许多现代企业将办公空间为造成开放式景观，室内陈设包括嵌板、屏风、隔断、排架、储物柜和配饰。大部分隔间系统在设计时要注重布局的灵活性，使其能够满足不同工种以及计算机和通信设备大量布线的需要。工作场所的空间设计需要进行大量的统筹规划。包括个人工作、团队合作、会议和培训以及企业文化、等级地位等因素都需考虑进去，这些都会影响空间开放和封闭的程度（图8.36）。视听设备和相关支持系统是设计领域的另一个专业方向。

尽管包括云数据存储在内的计算机化已蔚然成风，但“无纸化办公室”对于大多数企业来说仍未实现。因此，对于室内设计师来说，纸质文件的归档和存储依然是至关重要的问题。标准化的横式和立式文件柜可满足这些储物需求。

许多办公室仍在使用不同的封闭空间进行某些活动，特别是行政办公室，召开会议、接待以及后勤工作（收发邮件、设备维护等）。办公室设计中使用的一种特殊家具是书柜。与住宅用餐空间中的操作台或餐台类似，办公室书柜既可用作工作台面，也可作储物之用。特别是木制书柜，可成为行政办公家具套组的一部分。除一张大型办公桌和一把符合人体工程学的转椅外，行政办公室通常还配有其他桌椅甚至沙发，供至少两位访客使用。这些家具可独立使用，或以模块化方式与其他家具组合使用（图8.37）。

零售业

零售商需要一系列设备和家具，包括用于商品展示的固定装置与用于收银、包装的柜台。从小型精品店到大型购物中心，零售店的规模将影响设计师对许多家具陈设的选择。设计师不仅要了解店铺的客流量、库存、照明需求等信息，还要考虑消费者在空间中的整体体验感。通常，要突出产品以及提高品牌知名度需要定制展示装置。

不同于传统的实体商店，设计快闪式零售店和贸易展会并非一件易事。虽然这些空间可能会在几天内消失，但企业仍然会在设计和安装上进行投资，以积极促销（图8.38）。

医疗保健

医疗保健环境要求纺织品和其他材料的表面处理安全卫生。这些设施还需要特殊的家具、器具和设备，包括护士站的设备和家具，医疗、牙科、外科和实验设备，医用废弃物处理，洗衣和配套设施以及存储设施。

病人健康与康复环境的一个重点在于给来访者和

图8.36

组合式办公桌（赫尔曼·米勒提供）

图8.37

这种传统的标准配置的木制家具包括书桌、书柜、书架、文件盒和储物柜（诺尔家具公司提供）

护理人员提供舒适和便利。员工福祉在医疗保健行业中至关重要。护理人员，尤其是护士，往往承受着高强度的工作压力。事实证明，患者的治疗效果可能与医护人员所承受的压力水平息息相关。因此，能让医护人员有机会从繁忙的、身心俱疲的日常工作中抽身休息十分重要。根据不同的工作模式进行灵活设计，可以提高员工的幸福感和工作水平。创造具有视觉连接和交互机会的空间，可促进知识共享、增进团队合作并方便随时召开会议。与护士站相邻的透明的团队活动室是鼓励集中协作的工作空间（图8.39 a–c）。

图8.38

传统男装店的固定装置和家具（盖蒂图片社/Moment Open）

服务业

餐厅设计的一个重要方面是商用厨房的设置。由于操作过程十分复杂，因此需要非常专业的知识，既要遵守安全和卫生法规相关的要求，还要了解设备的适用范围，设计师不仅要与餐厅老板合作，还要与厨师合作。餐厅或就餐设施的性质决定了专业分工部门的数量。典型餐饮服务门类有热食、沙拉和甜点、烘焙、宴席和快餐。每一门类都有专门的工作台，例如用于油煎炸和烧烤的工作台（图8.40）。

与零售业一样，餐厅顾客的体验很大程度上受空间设计以及家具、照明和音响选择的影响。休闲而随意的用餐氛围显然与高档浪漫餐厅的体验截然不同。

住宿行业包括不同的住宿类型，从类似家装设计的久住民宿，到度假胜地水疗中心等，不一而足。家具和设施的选择与确定取决于住所的性质。例如，参与度假村水疗项目的室内设计师，可能还需要为项目内的美容院、按摩理疗室和健身中心配备家具。小型精品酒店所需的设计方案与大型连锁酒店不同。胶囊旅馆是东京等人口密集城市的另一种住宿类型，也需要其他的解决方案（图8.41 a–c）。

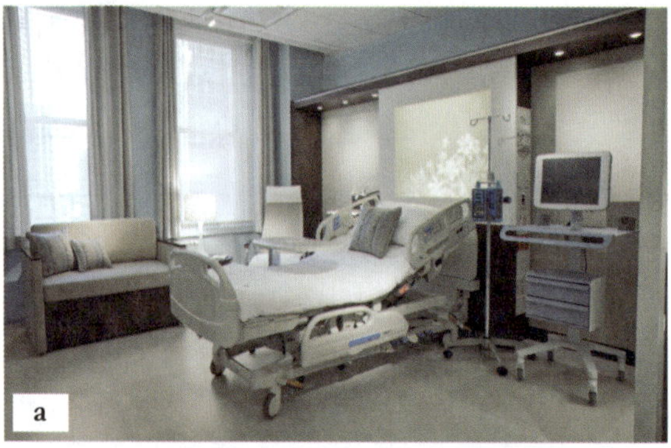

a

b

c

图8.39 a–c

a.住院病房； b.临时休息室； c.与护士工作站相邻的透明的团队活动室，哈利法克斯医疗中心，代托纳比奇，佛罗里达州（a和b：Steelcase家具公司提供；c：www.mcgowanofficeequipment.com提供）

图8.40
商用厨房（观影图片有限公司/UIG图片集团经由盖蒂图片社）

图8.41 a–c
酒店客房类型。a.穷游客的精品酒店，豆荚旅馆，纽约市，纽约州；b.圣潘克拉斯酒店大堂；c.胶囊酒店（a：豆荚旅馆提供；b：（© 观影图片有限公司/阿拉米素材图片库；c：观影图片有限公司/UIG图片集团经由盖蒂图片社）

第七节　储物、硬件和标识

储物

需要存放的物品包括书籍、视听设备、电脑设备、办公和桌面用品、玩具、运动器材和爱好设备、艺术和音乐活动材料、洗漱用品以及桌布和浴巾等。存储这些物品的家具可以使用现有存货，也可由室内设计师按需定制。

储物柜和衣柜设计是与室内设计相关的行业。室内设计学院的学生或毕业生从事这方面的工作并不罕见。除了对人体测量学、人体工程学和空间规划有敏锐的组织意识和知识之外，他们知晓设计的艺术性和技术工艺。这些都是住宅和非住宅设计师的宝贵财富。图8.42展示了一些创意十足、颇具创新精神的存储方法。

设计师可能会想到用大量的木制品作为壁橱或其他物品。儿童空间的设计者经常能够想出各种巧妙的方式来存放孩子的玩具、手工用品、书籍和其他“宝物”。为孩子设计空间时，适应性也很重要，因为即使他们原地不动，需求也有可能发生变化。为有特殊需求用户群体设计时，如轮椅使用者和有弯腰或伸手困难的用户，要考虑储物空间的可达性，例如高度等。

硬件

硬件有时被认为是建筑方案的一部分（参见第6章）。该行业不断探索创新型设计，旨在提供通用的设计解决方案，以及一系列装饰风格和新材料。硬件包括门、抽屉和橱柜的拉手或把手、控制杆、锁、毛巾杆、扶手杆和衣帽钩等其他物品。

即使在批量生产条件下，制造商也能制造出既实用又美观的产品。其他公司生产的半定制或定制硬件也称为家用珠宝，有很多不同的饰面（图8.43）。厂家重视工艺细节和人体工程学，建立了用户友好型的产品机制。

窗帘硬件（图8.44）是这类产品的另一个主要部分，壁炉设备也是如此。

标识

一般来说，标识设计属于非住宅室内设计师而不是住宅设计师的工作范围。这类附件包括一系列图形，用于识别空间、逃生路线图、出口、位置、方向、路径和其他指示的图形。标识应与空间的建筑理念和形式整合在一起。还要注意，凸起的文本、盲文以及安装要求等问题要符合《美国残疾人法》的标准。标识的位置取决于空间内的循环模式以及入口和出口。选择标识产品时也要考虑消防安全的规定，以确保在紧急情况下有效疏散。

图8.42

定制衣橱作为当代室间的设计元素

（黛博拉马丁设计公司提供/蒂姆·威廉姆斯摄影）

图8.43

S.A.巴克斯特设计的硬件珠宝（S.A.巴克斯特提供）

引导居民和居住者寻路的重要性已在第2章有所讨论。象形图（称为通用符号）即属此类产品。尽管我们认为全世界的人都认识象形图，但地理和文化的差异确实影响着人们对象形图的理解。比较图8.45a–j和8.46。

此外，室内设计师可能会被要求与平面设计师合作，来设计企业标识或品牌，然后通过企业宣传册、文具、徽标、菜单等方式加以宣传。

图8.44
窗帘硬件（洲际窗饰提供）

图8.46
或许不太“通用”的标识。蒂卡尔，危地马拉，玛雅遗址标识（作者提供）

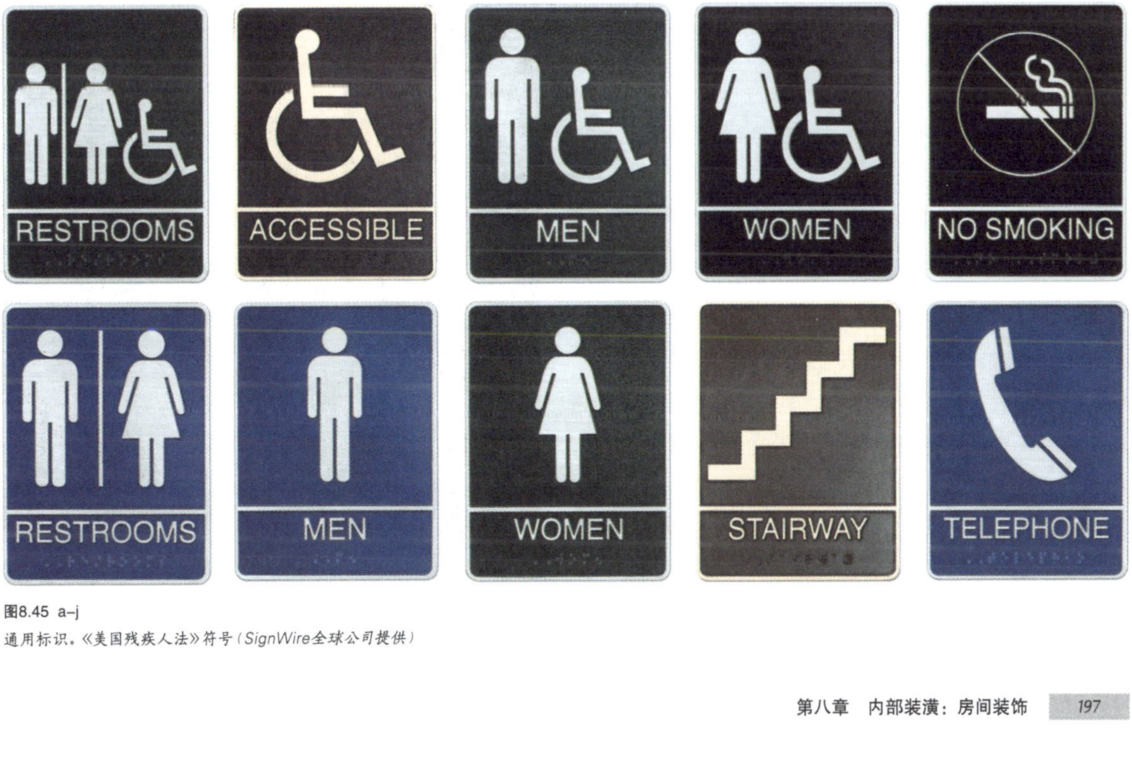

图8.45 a–j
通用标识。《美国残疾人法》符号（SignWire全球公司提供）

第八节　配饰

虽然人们往往在项目结束之后才会选择配饰，但这或许是整个设计过程中最令人满意的步骤。当客户摆上或价值连城、或饱含情感价值的个人收藏品以及照片和其他纪念品时，的确会感到心满意足。设计包括形式和功能的设计，尽管配饰不属于空间内的必需实用品，但却能够满足其他需求，特别是情感的培养以及被美和心爱之物包围的渴望。

配饰物品可作为单独的焦点，或提升整体设计，支撑设计理念。通常来讲，配饰物品是一组或一批收藏品的一部分。室内设计师可以利用学到的设计概念（见第3章），将各种元素完美地联系在一起。

室内设计师的作用可能仅仅是对艺术品和客户以前的藏品加以摆放。有时，客户也会要求设计师设计一整套配饰来体现整体的设计理念。有些项目，特别是那些涉及公司总部或接待行业的项目，可能会要求设计师与艺术顾问合作，共同购买、租赁、设计配饰或安装原创艺术品。许多大公司会收购艺术收藏品，这个过程可能需要室内设计师的参与。

配饰一般是古董、仿古制品或现代物品，机器或手工制作皆可。家具及其饰面也可以被认为是配饰，包括主要用于重点照明的灯具；木制品，如护墙板；以及墙壁和天花板上的人造涂饰技术；马赛克瓷砖作品；以及软体家具和窗帘上的镶边。

绘画和雕塑之类的配饰，可能纯粹是为了装饰和美观，其他类型的配饰同时具有实用功能。

艺术品

艺术品有二维和三维之分。二维艺术品有各种各样的表现形式，特别是绘画、素描、版画和照片，这些通常都是挂在墙上的（图8.47）。虽然绘画作品和素描作品是独一无二的作品，但版画和照片就像原作的复制品一样，通常大量生产。尽管如此，对于室内装饰而言，艺术品的装饰价值才是决定性因素，而非其表现形式或独特性（布置墙面艺术品的技巧）。

- 绘画指的是用颜料在平面上绘制而成作品。作画表面可以是抻平的帆布、墙壁（壁画）、纤维板、木材、玻璃或纺织品。颜料和介质可以是油彩、水彩、丙烯酸或水粉（一种由蛋和水混合而成的蛋彩画颜料）。
- 根据使用的介质、作画表面和画法的不同，可以将素描分为不同的类型。纸是最常用的作画表面，墨水、铅笔和炭笔是常用的作画工具。素描可以是黑白的，也可以包含其他色彩。有些作品是绘画或速写的习作，其他的则是成品。
- 版画是一种对原始图片进行多份复制或多个版本复制的技术。复制的数量取决于所使用的具体技术。然而，为了保留原作的价值，印刷品的复制数量是有限的，而不是采用摄影成像工艺无限次复制。
- 浅浮雕是一种使形状或人物从平坦的背景中凸显出来雕塑形式。
- 其他类型的墙面艺术包括纤维艺术和纺织艺术，如挂毯、被子、折纸和剪纸、瓷砖和拼贴艺术，即一种以纸为媒介的混合表现形式。

图8.47
住宅内使用摄影作品作为焦点（菲利普·埃尼斯摄）

布置墙面艺术品的技巧

- 布置墙面艺术品时，要遵循均衡、协调、对比度、节奏及和谐的设计原则。
- 照明的位置应避免眩光。照明应突出艺术品。若作品配有画框，则可使用有机玻璃代替玻璃，虽然有可能会刮花，但不会引起眩光。
- 图片的摆放要至少有一个相对统一的水平和垂直平面。
- 空间的大小应与各部分构成比例。
- 避免图片间距过大或缺乏凝聚力、不够和谐。留出足够的空间（通常是2英寸）让画作在视觉上有呼吸的空间。另一方面，间隔太小可能让人产生拥挤、窒息的感觉。
- 使用视觉上分量重的深框或华丽的画框、深色的图像和带有较浅元素的深色垫子，以达到均衡。使用中心垂直轴和水平轴来规划布局以实现平衡。
- 对于主题明确或有特定含义的正式、对称性组图，可灵活摆放或制造对比效果。混搭不同形状的画框或使图像和框架之间产生对比。
- 分组能够体现空间的建筑特点，即墙体的形状和尺寸。无论是使用一组艺术品还是单独的一件艺术品，都应在艺术与建筑之间建立一种联系。空间决定了艺术布局的规模，同样，衬边和画框由画作而定。
- 原则上讲，一般将艺术品悬挂在标准地平线高度或视角高度附近，大约距地面5英尺的高度。但在以坐姿为主的区域（例如餐厅），这可能需要改变。由于用餐者就坐时视线高度较低，因此将艺术品悬挂在较低的位置通常会更好。
- 在分组的时候，尺寸较大的画作一般挂在尺寸较小画作的上方。
- 为防止画作歪斜，最好每幅画使用两根钉子固定。
- 虽然室内设计师可能很乐意亲自上墙挂画，但仍建议您请艺术品安装人员进行操作。他们不仅了解墙体结构、懂得使用适当硬件和工具，而且还能保证不会损坏艺术品和墙壁。

图a

由室内设计师格伦·吉斯勒（Glenn Gissler）设计的艺术作品。（*设计：格伦·吉斯勒；摄影：格罗斯和戴利*）

三维艺术

雕塑是最常见的三维艺术。与二维艺术一样，作品风格的确定离不开所选择的材料和技术。真实的（具象的）、非写实的或抽象的形式可以用金属、石材、玻璃、纸、塑料、树脂、纤维、木材或混合材料来呈现。

根据大小与用途，雕塑可以放置在架子上、基座上、地板上，或固定在墙壁和天花板上。

现成品，通常是建筑遗迹，也可以用作三维艺术品。家具常常是艺术家、设计师或建筑师表达设计理念或发展方向的一种方式（图8.48）。有时，家具会以艺术家创作出的家具艺术品为原型进行生产。

有用的物品

设计师可以通过选择添加、放置、展示和存储某些有用的物品，极大地改善空间的外观和功能性，这些物品是大多数室内环境都具备的元素。

陈列 人们在花心思处理配饰时，一个重要的考虑因素是陈列方式。陈列物品的方式有很多，其中之一便是被称为古董柜（curio cabinet）的家具。curio（古董）这个词是curiosity（珍奇物品）的缩写，起源于19世纪中叶维多利亚时代的英格兰。当时，去遥远的地方旅行对中上层阶级来说是一件稀松平常的事。人们会带回一些罕见的或充满异国情调的物品作为他们旅行的纪念品，这就需要家具来展示这些物品。带有玻璃的展示家具称为玻璃橱窗，可以确保这些藏品无落灰和破损之虞。对于许多人来说，收藏是当代生活方式的一部分。

图8.48
罗恩·阿拉德设计的家具艺术品（作者提供）

镜子 最初被称为玻璃镜子，镜子（除用于映照人物形象外）通常用于放大室内空间和扩大视野，与在窗框内安装镜子的作用类似。镜子种类丰富，包括瓷镜、带框镜、骑士镜、斜面镜、复古（有纹理的）镜和威尼斯挂镜。镜子可以突出时尚，与现代的室内设计风格或与传统风格相映成辉。

钟表 钟表除报时外，还能成为家具，例如落地钟（有时根据高度不同，会戏称为爷爷钟或奶奶钟）。其他的还有装饰性的座钟或趣味性的布谷鸟钟。

屏风 屏风既可以是装饰性的，也可以有具体的功用（图8.49）。其分隔空间的作用以及与门窗处理之间的关系在第6章已有所讨论。障子屏风透光性好，并具有隔离私密空间和分区等其他优点。科罗曼德式屏风是另一种屏风，用印度孟买沿海地区的一种

图8.49
阿尔瓦·阿尔托屏风（阿尔瓦·阿尔托设计的Screen 100屏风。阿泰克家具公司提供）

同名乌木制成。这种木质屏风表面进行漆面涂装，并装饰有东方图案和场景，不仅可用来分隔空间，同时也是一种雕塑类配饰。

装饰艺术

“装饰艺术”是一个笼统的术语，类似于应用艺术或工艺，通常与美术对应。古往今来，工匠、手工艺人和设计师练就了一身本事，可以使用一种或多种材料制作既实用又美观的器物，供家庭使用。机器批量生产的日常物品，一旦经过手工打造就成为了奢侈品。

“民间艺术”一词指的是没有受过太多正规培训的艺术家创作的作品。工艺美术技艺代代相传，而不是在学校习得。同样，“局外人艺术”一词表示由艺术家圈外的人创作的艺术，这些人天赋异禀，表达方式特立独行。随着人们对民间艺术和局外人艺术了解的深入，作品的价格也日渐攀升。

装饰艺术品主要可分为由陶瓷、玻璃、金属、木材和纺织品制成的物品。

陶瓷制品 陶瓷制品是用陶土制成的器物的统称，可纯粹作装饰用，还可有具体的功用，或两者兼而有之，例如餐具和花瓶（图8.50）。陶瓷器皿可以手工制作，例如捏塑成型和泥条成型、模塑成型、或使用拉胚成型。根据烧制方法、坯体和釉料的不同，可分为不同种类。

- 艺术陶器指的是手工打造的精美的、极具装饰性的陶器。
- 素瓷是指一次烧制成型且不上釉的陶器。
- 瓷器，也被称为硬质瓷或纯瓷，是半透明的，像玻璃一样的瓷器，含有高岭土。软质瓷含有玻璃粉末。
- 骨瓷是一种将骨灰和粘土混合制成的瓷器。
- 硬陶是一种厚重的白色陶土器皿，含有长石（一种矿物）以增加强度。
- 粗陶器含有粉末状岩石，耐用且防水。常用于制作瓦罐和壶。最典型的是食盐釉粗陶，产品煅烧至高温时，向窑内投入食盐制成。
- 泥釉是一种不透明的釉料，黏土用水稀释之后，用手滴在工件上进行装饰。
- 锡釉陶用锡上釉，并饰有五颜六色的图案。
- 彩陶是用锡基泥釉上釉的陶器，通常用手绘图案装饰。

玻璃 兼具装饰性和实用性的玻璃可以追溯到几千年前（图8.51）。玻璃体可能由多种矿物质组成，例如硅酸盐、熔剂（金属）、碳酸钾、燧石、铅和锡氧化物。玻璃可以用多种方式制造、加工或装饰。最主要的两种方法是无模人工吹制和模制（压制）。古今玻璃器皿主要类型如下。

- 水晶是一种重而透明的玻璃，含有大量的铅。通常经过切割或刻面，被称为刻花玻璃或铅晶质玻璃。
- 无光玻璃和雕花玻璃是经过装饰的玻璃，像版画一样，使用工具在玻璃外层雕刻图案。
- 含铅玻璃通常用作窗户玻璃，或将玻璃部件与铅熔

图8.50
当代白陶制品（作者提供）

图8.51
当代彩色玻璃制品（作者提供）

合在一起用作装饰物。玻璃染色后通常被称为彩色玻璃，如教堂的窗户。

- 压制玻璃指的是机器制造的玻璃，以及一种款式多样的老式玻璃。
- 艺术玻璃，类似于艺术陶瓷，是由艺术家或设计师手工创作的美轮美奂的作品。
- 穆拉诺玻璃（威尼斯玻璃）因产于意大利同名城市而闻名，该地区1000多年来一直在生产高品质的吹制玻璃。

金属 与其他金属相比，银更常用于制造精美的正式餐具、烛台和其他上菜用的器具。其他金属，如锡、铜、铬、铝和黄铜，则常用于桌上用品、洗漱用品和其他生活用品。除上述金属外，还有铅和铁也可用于制造其他家居饰品，包括壁炉设备，例如壁炉柴架、烧火工具和壁炉屏风。采用不同的工艺对金属进行加工和表面处理，可以生产出既美观又实用的物品。这些金属物品可以由手工锻造而成、机器铸造制成、通过焊接或软钎焊等高温处理方法熔合而成，也可以采用铆接法制作。同时，如前所述，许多金属材料被用作家具设计的主要或重要特色。

与版画复制和陶瓷器皿一样，金属器物也可以通过蚀刻或雕刻工艺等装饰技术进行表面处理。可通过抛光、锉磨、雕刻或氧化处理来改变其外观效果。可在金属基材上镀上另一种金属或与其他金属熔炼铸成合金（图8.52）。与金属相关的常见术语定义如下。

图8.52
迈克尔·格雷夫斯为阿莱西公司创作的“鸟鸣水壶”，1985年（迈克尔·格雷夫斯设计公司提供）

- 标准纯银是一种结合了高比例的纯银和少量铜的优质金属。英国对标准纯银的定义是925份纯银配比75份铜。
- 镀银器物也可以将纯银与铜混合，但成本较低。铜和银通常熔合在一起。
- 锤铸金属是一种适用于铜、黄铜和铝的装饰工艺，通过使用锤子敲打产生凹陷效果。
- 雕花金属和镂刻金属类似。例如，凸纹金属即是一种具有压花浮雕图案的金属。
- 涂瓷釉是指在金属表面施以彩色毛玻璃粉末加以装饰之后再进行烧制。景泰蓝是一种精美的陶瓷器具。
- 花岗石纹珐琅器（搪瓷器具）是将铁制品或钢制品浸入由石英、硼砂和长石混合而成的釉料中，然后烧制而成。在19世纪和20世纪早期，用这种工艺生产出来的产品可谓是瓷器的平价替代品。

木器 木材不仅是建筑、木制品和家具的重要原材料，还可用于制作装饰物，包括烛台、花瓶、音乐盒和餐具。木材经过雕刻或切削，可以加工成雕塑和工具，也可以用来打造美观实用的物品，如碗，然后进行涂色或染色。下面列举了一些更具收藏价值的艺术品和有用的物品。

- 流浪汉艺术是一种木工技术，可以追溯到19世纪，由欧洲移民带入美国和加拿大。这是一种民间艺术形式，其特点是以木材边角料和废旧木制雪茄盒为原料，使用简单的工具（如小刀）进行分层、切片雕刻和锯齿状的装饰（图8.53）。
- 镶嵌细工是一门木工手艺，将各种稀有木材的薄片制成设计图案，贴在木制品表面。其外观类似于拼花地板（详见第7章）。
- 树疤是木材表面的一种扭曲的纹理，可用作饰面板或实木装饰品。其蜿蜒的图案本身具有装饰效果。

图8.53

流浪汉艺术是一种民间艺术，现在已成为珍贵的收藏品，不再具有最初的实用功能（照片来自史密森尼美国艺术博物馆/斯卡拉，佛罗伦萨）

床上、卫浴和桌上用品 无论是住宅项目还是非住宅项目，床上、卫浴和桌上用品都是室内装修的重要组成部分，在很大程度上体现了客户的生活品质。

这些产品中许多既属于纺织品类，也属于装饰艺术领域。尤其是公共机构和酒店行业，对这些成品有极高的品质要求。在指定这些产品时，应充分考虑安全性、舒适性、洗涤方式和生命周期成本。然而，室内设计师需要在这些考虑因素与审美目标之间找好平衡，他们需要权衡物品的装饰属性。市场上的产品琳琅满目，种类繁多。完全定制的产品，特别是纺织产品，可满足客户高度个性化需求和品味。这些纺织产品通常由定制窗帘布艺和软体家具的工作室生产。一些制造商还提供配套产品（图8.55）。设计师也有可能参与到配套商品的定制过程中，例如设计寝具。

并非所有室内设计师都会事无巨细地参与到这些配饰的购买过程中。然而，考虑到市场上此类生活必需品浩如烟海，家装设计师即使并不直接参与购买，也可以通过自己的服务帮助客户进行筛选。

纤维 纺织品是浴室和餐桌用布的主要材料。无论是古代纺织品文物还是当代纺织品，都是表达思想的万能工具。此类别包括织物和纸张，以及两者的结合，其中一些用作墙壁艺术。纤维编织的篮子虽然实用，但也可用于墙壁布置，如图8.54 a中的酒店墙面所示。尽管挂毯和地毯传统上是用来隔热和减震的，但毫无疑问，它们也属于装饰艺术（图8.54 b）。另一种南非搁脚凳则是由回收利用的碎布制成（图8.54 c）。

a

b

c

图8.54 a–c

a.南非室内设计斯蒂芬·福尔克用当地的篮子为撒克逊酒店布置的墙面；b.位于南非开普敦的Mielie工作室，创始人是阿迪特·舒兹；c.在南非开普敦，由回收的废旧布料制成的纤维艺术（a: © 美国国家地理图片集/阿拉米素材图片库； b: Mielie工作室提供；c: 爱德华·阿德约。版权所有）

图8.55
几种大小不同的配套定制床品，包括不同类型的枕头和床罩（© 奥尔加·迪纳/德鲁·索尔/阿拉米素材图片库）

花卉、绿植和其他天然产品 设计过程中，住宅客户和非住宅客户往往会要求设计师用这些东西装饰室内环境，举办特殊活动，甚至一些特定的日子（例如特定节日或其他年度庆典）也会如此。这些天然产品除给人带来大自然的视觉享受外，还通过沁人心脾的花香、舒缓的潺潺流水声，以及假山庭院的触感等来增强人的其他感官体验。

人与自然的融合对身心健康也大有裨益，如酒店大堂的瀑布、养老院的鸟类观赏区、行政办公室的鱼缸、屋顶和厨房里的小花圃等都是例证。芳香疗法常以在室内燃烧蜡烛的方法进行，其益处在第2章中已有所涉及。鲜花和蜡烛的摆放极具美学吸引力，其所带来的体验价值为住宅环境和商业环境增添了几分色彩。接待养老院居民、餐馆的用餐者、商店的顾客以及博物馆或办公室等的访客时，人们往往会用鲜花大面积地装点环境，或单独送上捧花。此外，鲜活的植物和花卉会给空间带来氧气和水分，从而改善室内空气质量。住宅和非住宅环境中的花卉和蜡烛布置示例（图8.56 a和b）。

图8.56 a和b
a.住宅内壁炉架的布置；b.零售店内的布置（《花卉与蜡烛的布置》，来自纽约花艺和香氛品牌 Belle Fleur）

毛毡的魅力：过去与现在

毛毡是一种由羊毛加工而成的非机织面料，历史可追溯到数千年前，被认为是人类最早使用的面料。游牧部落，尤其是中亚地区的游牧部落，用这种材料扎帐篷、做衣服、铺地面。时至今日，很多当时的技术仍在中亚和世界其他地区使用。当代艺术家也为毛毡的绿色环保和多功能性而感到满意。毛毡易于染色，不起皱，不开散，并且具有羊毛产品固有的阻燃性和拒水性。许多艺术家和工匠仍使用古法制作毛毡，也有人用现代方法生产，还有许多人将新旧技术结合进行生产。无论采用何种方法，生产出的毛毡总是令人着迷。

传统毛毡主要采用湿法制作。经过高温、加湿和高压处理，使羊毛纤维相互交织缠结，从而制成厚实的毛毡材料。虽然最初都是手工制作，但现在常用机器辅助进行大批量生产，特别是生产工业毡板（图a和b）。

现代毛毡生产主要用于以下领域。

- 服装和流行饰品
- 工业用隔离材料
- 乐器、玩具和台球桌部件

很多毛毡产品已不再由100%天然羊毛制成，而是与合成纤维或其他天然材料（如丝绸）混合制作，以增加毛毡的光泽度。

2009年，纽约市史密森尼学会的库珀休伊特博物馆举办了一场名为“时尚毛毡”的展览。该展览展示了从古到今毛毡制作的特点和演变。工作人员现场动手演示了毛毡的制作过程，极具教育意义。

美国人詹尼斯·阿诺德（Janice Arnold）设计的蒙古包宫殿是毡布与建筑环境相结合的一个重要例子。第8章提到，蒙古包是一种帐篷结构，是游牧民族传统的可移动住宅。传统的蒙古包是在木框架上覆盖或包裹毛毡搭建而成的。毛毡艺术家阿诺德在博物馆的中央天井处建造了一个装饰华丽的皇家帐篷，这一作品由羊毛、天丝®和丝绸制成。

从事毛毡艺术创作的当代艺术家还有安娜·克尤·奎恩（Anne Kyyro Quinn），她在伦敦的工作室专为住宅和非住宅项目生产各种手工制作的天然纺织品。她的作品常安装在集声学价值、艺术之美和雕塑特征为一体的大型商业空间内（图c）。

罗尼尔·乔达安（Ronel Jordaan）是一位来自南非开普敦的纺织品设计师，创立了一家名叫“创造就业”（Job Creation）的公司。该公司的目标是对该国城乡地区的妇女进行培训，并为她们提供相应的工作。她的作品在全球都有展出和销售（图d）。

a

b

热点聚焦

c

d

图 a–d

a.毛毡制作展示；b.珍妮丝阿诺德的蒙古包宫殿的内景；c.安娜·克尤·奎恩的毛毡铺装方式； d.罗尼尔·乔达安用毛毡制作的装饰性多肉植物雕塑（*新材料图书馆提供*）

本章小结

用于室内装修装饰的材料和工艺越来越多，设计师也获得了更加丰富的体验。设计师的设计选择对空间的影响很大，这就要求设计师在这一领域不断加强学习。

在设计的这个阶段使用纺织品，不仅需要了解纹理、颜色和图案，还需要熟悉不同纤维的特性，包括它们的结构以及制造和精加工所涉及的步骤。纺织品的品质标准是重要的考虑因素，特别是对于医疗保健设施和酒店行业等非住宅项目更是如此。

窗户的处理方式和风格多种多样，通常分为硬窗饰或软窗饰。窗帘、帘子、遮光帘、百叶窗、纱窗、外百叶窗等都属于这一范畴。

高端定制商品的装饰，特别是座椅的装饰，是一个复杂的、劳动密集型的加工过程，主要由工作室的工匠操作完成。无论是搭造框架，还是最后的外观处理，都需要很多设计构思，其中包括填充料的选择、外层织物包装和包括使用镶边的细节处理环节。厨房和浴室以及各类商业空间都有专用的家具、设备和器具。对设计师决策来说，不同种类的硬件和标识产品意味着进一步的市场细分。对于住宅和非住宅设计师而言，个性化的设计理念与配饰的选择和安装息息相关。除增加装饰效果，许多配饰还有实用功能。

词汇表

Association of Contract Textiles (ACT) 合同纺织品协会
batik 蜡染
batting 软填料
burlap 粗麻布
cane 藤条
case good 装箱产品
casework 内阁
Chesterfield 切斯特菲尔德型
chintz 印花棉布
corn fiber 玉米纤维
cornice 檐板
Coromandel 科罗曼德式
credenza 书柜
curio cabinet 古董柜
damask 锦缎
deck 座面
double rubs 双重摩擦
draping 垂褶
eight-way hand-tied coil spring construction 八向螺旋弹簧结构
flokati 弗洛卡蒂毯
fullness 饱满度
greige (gray) good本色布（胚布）
hand 手工
ikat 扎染
indigo 靛蓝
jabot (cascade) 褶皱花饰（瀑布状花饰）
Jacquard loom 提花织机
Jute 黄麻
lead time 交付周期
lambrequin 垂帷
Lawson 罗森型
passementerie 镶边
pelmet 窗帘盒
plain weave 平纹织物
plantation shutters 透气窗
puddling 拖地安装
railroading 条形斜纹
rattan 藤条
repeat 重复
return 翻边
rush 灯芯草
satin weave 缎纹织物
stackback 窗帘打开时占用的空间量
swag (festoon) 垂幔（花彩）
textile 纺织品
tufted 呈簇状
Tunnel test 隧道测试
Tuxedo 塔克西多型
twill weave 斜纹织物
underdrapery 内层窗帘
upholstery 室内装潢
valance 短帷幔
venetian blind 软百叶窗
vitrine 玻璃橱窗
webbing 绷带
wet process 湿法
wicker 柳条
workroom 工作室
Wyzenbeek test 威士伯试验
Xenon test 氙气测试

练习：寻宝游戏——用创新装点爱巢

本练习旨在寻找新产品、新生产工艺或室内空间装潢的新应用。您的列表中应该包含那些真正“炙手可热”的产品，而不是本文中描述过的产品或产品用途。

您可以使用多种研究方法，例如参观陈列室、生产地、项目地点、贸易或工艺展览，也可以查看产品目录、贸易和住房出版物、文章、新闻简报和书籍。登录网站，特别是那些由政府或公共机构、教育资源或专业协会的网站，可能会为您提供大量信息。当然，亲自体验产品，通过感受它们的质地和颜色来获得第一手资料是非常有价值的。

分别寻找至少一种新产品或新应用适用于下列表面处理：地板、墙壁和天花板。并以文字说明和插图的形式总结每种产品。请仔细考虑产品与美学、可持续性、通用设计、人体工程学和生命周期成本等因素的关系。

第九章

时代设计风格

第9章介绍了19世纪前25年的设计风格。这一时期发生了许多重大事件，其中发生在英国的两件大事十分引人瞩目。首先是布莱顿英国皇家行宫的对外开放。它由设计师约翰·纳什（John Nash）于1815年至1821年间建造而成。其个人主义设计理念集东方奢华艺术风格于一身，为折衷主义运动埋下了种子。另一件大事就是工业革命。促进工业化进程发展的关键发明将影响未来几代人的建筑、设计和品味。

铸铁和平板玻璃在工程、制造、运输、建筑和装饰中发挥着重要的作用。1840年后，随着大型平板玻璃投入生产以及对玻璃和窗户的征税取消，建筑内外的面貌都发生了改变。水晶宫是由约瑟夫·帕克斯顿爵士（Joseph Paxton，1801－1865）为1851年的万国博览会建造而成的。虽以玻璃暖房为基础，但其预制的铁玻璃结构使其成为首座具有现代风格的建筑（图9.1）。在这次万国博览会上，迈克尔·索耐特（Michael Thonet，1796－1871）展示了他的夹层曲木家具，在制造工艺方面，家具的表层机械化工艺得到了改进。

图9.1
水晶宫，由约瑟夫·帕克斯顿爵士为1951年伦敦万国博览会设计（*科学与社会图片库/盖蒂图片社*）

20世纪上半叶，中产阶级人数猛增，他们对住房的需求也随之大幅增长。这一时期，城市和郊区的人口数量增长迅速。拥有大量的农耕土地不再是财富的唯一象征。炫耀性消费，即“越多越好”的理念，促使人们纷纷从世界各地购买和收集家具和收藏品，并将其装饰在室内。看到英国凭借铁路、银行和工业的发展实现了繁荣，美国对未来也充满了信心。在现代社会，机械化生产能够快速地为民众提供丰富而精美的产品。

舒适和方便的理念决定了19世纪末所建住房的诸多特点。在英国和后来的美国，许多住宅都是在新兴的商业中心或火车站附近建造的联排房屋或联排别墅。虽然这些附加或半附加结构在使用建筑材料和布局上十分相似，然而在建筑装饰细节方面却独具匠心。这通常体现在精心设计的外观上，如用砖、石和铁打造经典的建筑细节。在外部装饰中，铸铁立柱是按照古典大理石立柱的样式雕刻而成的（图9.2）。

在房屋内部，精美的木制品、托架和起绒粗呢织物构建了客厅的装饰风格。这些房间对于客人来说属于过渡空间，给人的第一印象仿佛置身于维多利亚时代的豪宅之内（图9.3）。

这一时期室内设计的一个显著特点是，具体用途和日常活动不同的房间日趋独立。孩子们有自己的儿童室，仆人们也有自己的房间。客厅和餐厅是家人朋友相聚的地方，也是家中珍宝的展示之地。尤其在美国，随着管道系统的升级改造，分区浴室变得更为普遍。

当时正值维多利亚女王摄政时期，各种配饰的巧妙应用成为了时代的标志。这种风格后来被称为复兴风格，其给人以一种杂乱、过于拥挤的感觉，陈设的物品种类繁多，尤以织物为甚。织物、艺术品、瓷器以及地毯都是从世界各地（尤其是一些东方国家）直

图9.2

位于曼哈顿下城的这座铸铁外饰是工业革命时期艺术与商业融合的例证（作者提供）

图9.3

图9.4

位于缅因州波特兰市的维多利亚大厦，由赫特兄弟（Herter Brothers）于1858年至1860年建造（由维多利亚大厦提供）

接运回或在航海过程中带回。无论是风格还是产品，都由国外引入。

在19世纪中期，复兴主义通过一种折衷的方式将先前的时代风格重新呈现给世人。这和早期风格中采用的历史主义不同，例如新古典主义，会更加严谨地参考需要复制的时代风格。在维多利亚时期，不同类型的房间多少都会体现不同的时代风格。线条流畅的洛可可风格可能适用于卧室，而哥特式风格则被认为更适合图书馆。一些专用房间，如吸烟室、台球室或浴室，可采用基于摩尔风格、土耳其风格或印度风格的异国元素进行装饰。

这一时期人们的怀旧情绪空前高涨，虽进行了折衷的变化，并带有不同时代风格的烙印，但往往由于缺乏纯粹主义者对于准确性的追求导致了一些错误的解读。最终，在19世纪末触发了一场改良运动。对于理想主义者而言，唾手可得的历史参考显得过于平庸。而对其他人来说，由于批量生产的兴起和质量标准的降低，经典比例公式和设计的谐之美被人们抛之脑后，这是工业化发展所酿成的苦果。名为折衷主义的风格借鉴了多种风格的设计理念，这使得一些批评家认为这种设计风格不伦不类。

在19纪的后半叶，来自日本的一种更为简约的美学设计理念吸引了一些设计师，他们愿意打破传统，进行一次不同的尝试。于是在欧洲、英国和美国涌现出了大量具有现代主义特征的设计风格。颇具讽刺意味的是，现代运动的种子恰好播种在19世纪的历史复兴时期。

第一节　复兴风格（约1830年-1880年）

不同地区在室内设计的时代风格的应用方面表现出了不同的特征，但我们还是可以从中发现一些共同的主题，尤其是工业化带来的影响、中产阶级的增长以及人们对于舒适度的重视。

英格兰（约1830年-1880年）

维多利亚女王于1837年至1901年间统治着大英帝国。她在位期间，帝国版图扩张至世界各大洲。

“维多利亚时代”这一名称，不仅经常用于指她的统治时期，同时也用于指代这一时期，尤其在英国和美国常见的折衷主义风格和复兴主义风格。将这一漫长时期按照主流的风格、影响和社会运动进行细分会有助于理解。通常我们将其分为三个阶段：维多利亚初期（1837－1860）、维多利亚中期（1860－1880）和维多利亚末期（1880－1901），前两个阶段被归类为复兴风格，后一阶段是一个快速而剧烈的变革时期，包括一些改良主义。虽然复兴风格一直在英国和美国流行，而改良运动却在全世界的前卫派艺术圈子中不断发展、壮大。

1851年在伦敦举办的万国博览会标志着维多利亚女王统治时期的大规模生产达到了高峰，同时也成为了复兴风格的标杆。哥特式复兴风格的灵感源自奥古斯塔斯·普金（Augustus W. N. Pugin，1812－1852）专为万国博览会建造的中世纪法庭（图9.5）。皈依天主教后，普金对中世纪时期的教会建筑和家具陈设进行了精心改造。普金是一名纯粹的、充满热情的历史主义者。相比之下，许多这一时期曾取得过成就的复兴主义者并不能像普金一样对自己的风格做出精准的诠释。

虽然哥特式风格影响了这一时期建筑的外部结构，然而室内设计却更具有法国风情，尤其受到了国王路易十五世的影响。路易十五世统治时期的洛可可风格以其注重舒适度和形式而著称。在19世纪晚期，洛可可风格被用于英国中产阶级的家具设计，其强烈凸显了女性的品味，例如在客厅的座椅设计方面。除座椅外，玄关桌和镜子也体现着洛可可风格。在室内装潢上，这种洛可可风格，也就是洛可可复兴风格，相比于最初的洛可可风格雕刻图案更加明显，使用更多的衬垫。簇绒是一种软垫织物的经纱起球织法，常用于这一时期英国和美国的复兴款家具（图9.6）。另一种流行的复兴风格是文艺复兴风格。伊丽莎白时代的风格习惯于在室内融合不同的风格元素，因此被认为是中性风格，适用于餐厅。

技术的革新和新材料的引入对于这一时期的装饰发展起到了促进作用。例如，自19世纪30年代起，混凝纸（一种由压缩纸浆制成的材料）开始用于商用家具制造。这种介质的特性使其能够被倒入刻有蜿蜒曲线的模具中。成品通常漆成黑色，然后镶嵌珍珠母，再通过镀金或染色打造出精美且实用的产品。迈克·索耐特（Michael Thonet）是一名奥地利人，这里提到他是因为他的作品出现在了1851年的万国博览会上。他于1849年在维也纳建立了自己的工厂，在这里他能够制造出价格低廉、轻质但结实耐用的曲木家具。他开发了一种制造方法（蒸汽的新用途），非常适合大规模生产（图9.7）。

除了用于建筑外饰和室外花园家具等所需元素的生产外，铸铁凭借其出色的耐用性，也常为室内装饰采用，尤其是一些公共场所，例如餐厅和酒吧。

带有铸铁或黄铜制床头及床尾板的金属床逐渐受到人们的青睐，取代了传统的四柱木制床。这一时期突然出现了大量的机械家具，其中包括旋转式书架、转椅和摇椅等。

许多新型家具的灵感来自于一些东方国家，特别是土耳其。其中之一是搁脚凳（在法国称之为蒲团），其是一种低矮的软垫座椅，有些样式一直流行至今。除搁脚凳之外，还有舒适的转角椅，一种类似火车车厢内的长椅，以及在万国博览会上展出的伴侣椅。

衣帽架（也称为门厅衣帽架，用于悬挂大衣、帽子和雨伞）、植物架、茶几和工作台等也是常用家具。随着大英帝国向热带地区不断扩张，轻质材料逐

图9.5

约1837年，普金的中世纪法院，早期哥特式复兴风格的缩影（Arcaid图片社/UIG图片集团经由盖蒂图片社）

图9.6

1856年，一款贝尔特层压紫檀木沙发，以簇绒装饰为特色（伦敦维多利亚和阿尔伯特博物馆图片/艺术资源，纽约）

图9.7

索耐特曲木摇椅（© 索耐特家具股份有限公司，弗兰肯伯格，德国）

渐盛行起来。柳条家具和用于地板覆盖物的夏季材料（例如剑麻）在有些地区常年受到欢迎，或在气候较冷地区季节性使用。

先进的生产工艺使得窗户的高度更高，这意味着需要更多的织物来做窗饰。窗帘通常按照现代标准采用多层的、丰富或稍显赘饰的处理方式（图9.8）。许多室内窗户都装饰着透明的蕾丝镶板、天鹅绒镶板或精雕细琢的短帷幔，还有许多错综复杂的流苏、穗子和其他镶边（详见第8章）。窗户和家具的面料经常会随季节变化而更换。因此，在温暖的季节里，轻薄纱或棉布可铺在厚重的天鹅绒沙发套上，带给人一种凉爽的感觉。现在我们将其称为新怀旧风格设计。

地面通常采用木制镶板铺成。在这一时期，油毡首次投入生产（详见第7章），主要用于19世纪后半叶。各种图案的小地毯，有些来自东方的朝拜毯或来自印度的披肩，可铺设在木制地板上或者覆于家具上。其中一种名为佩斯利的印花织物成为了维多利亚女王的最爱。佩斯利的图案的灵感来源于印度（女王帝国的一部分）生产的羊毛织品上的植物，且名字来自苏格兰的一个小镇，在英帝国统治时期，羊毛织物正是在这里开始了加工生产。

这种风格的另一个标志就是配饰的巧妙应用。跻身中产阶级的英国人根据自身经济状况进行了海外之旅，当他们回来后，许多人开始热衷于收藏。不少珍奇物品（后来称为古董、古玩或小摆设）起初都是有趣的科学或自然发现，例如来自世界遥远角落的岩石、贝壳和化石等。收藏剪贴簿、压花素材和采集大自然标本，这些都是促进许多新装备诞生的活动。中产阶级的这种消遣活动逐渐发展成为对于瓷器和其他小摆设的收藏热情。古董架是一种搁架装置（图9.9），用于展示这些收藏品，分为开放性古董架（étagère）和玻璃陈列柜（详见第8章）。

图9.8
1869年，英国维多利亚女王的火车车厢里精美的窗帘布艺（科学与社会图片库/盖蒂图片社）

受哥特式复兴方案的影响，与复兴风格相关的颜色包括红色和绿色。正是在这一时期的英国，第一次人工合成了紫色（图9.10）。“淡紫色”一词出现于1859年，用于描述这种新染料物质产生的颜色。在此之前，紫色很少被使用，因为生产这种染料的天然来源非常昂贵。然而，随着大规模生产的到来，出现了各种各样的紫色，从而极大地改变了该时期及未来的配色方案。

美国（约1830年－1880年）

美国19世纪中期至末期的风格，尤其是室内风格，在很大程度上受到了英式品味的影响。对新材料的发明和实验的热衷以及大规模生产产品的能力，对于不断壮大的美国中产阶级和英国中产阶级同样重要。

美国的哥特式复兴风格更多用于公共建筑和教堂的建筑设计。这一时期的美国建筑还体现了法国和意大利的影响，特别是文艺复兴风格的使用，有时也被称为意大利风格。

在当时的美国家具大多以洛可可复兴风格（路易十五世时）创作。到19世纪80年代中后期，纽约已经成为一些新德国移民者的居住地，这些人中不少都具有家具制造背景，其中就包括约翰·亨利·贝尔特（John Henry Belter，1804－1863），他于1858年在纽约市建立了工厂。贝尔特曾申请了一项层压工艺专利，该技术将数片薄层的紫檀木通过交叉纹理的方式粘在一起，从而得到出色的抗拉强度。经过压制和蒸

图9.9

用维多利亚时代的书架来展示古玩（© 英国利兹博物馆和美术馆[罗瑟顿大厅]/布里奇曼艺术图书馆）

图9.10

维多利亚时期的淡紫色女装（科学与社会图片库/盖蒂图片社）

汽处理后，机器将层压板雕刻成洛可可风格。这种风格的家具特别适合摆放在客厅或各个套间，是美国家庭陈设的典型特征（图9.11）。

随着以英国水晶宫为代表的时代落幕，1876年在费城举办的百年展览会上，土耳其集市的脱颖而出，使得许多美国和法国室内装饰企业开始纷纷效仿东方的异域风情（图9.12）。

法国（约1830年－1871年）

法国的复兴年代对应于路易·菲利普国王（1830－1848）和拿破仑三世（1852－1870）统治时期，后者被称为第二帝国。埃菲尔铁塔（图9.13）于1889年为巴黎世界博览会而建，它是工业化的产物，是法国的象征。

而在英国和美国，公寓大楼的出现是为了容纳不断壮大的中产阶级。大楼的一层通常作为商用，一层以上均配有阳台。

拿破仑三世的妻子尤金妮皇后曾对玛丽·安托瓦内特皇后（法王路易十六的王后）的住所陈设十分感兴趣。新古典主义风格（又称路易十六世复兴风格）也广泛地用于重要公共建筑的室内装饰和法国私人住宅的室内装饰。家具会加装软垫并搭配簇绒地毯，以满足对舒适度的需求。这种内敛低调的历史形式和臃肿的装饰手段相结合，会使家具看起来有些不协调。

在第二帝国时期，洛可可风格也十分突出。诸如混凝纸等新材料也投入使用。家具通常采用塞夫勒工厂的嵌入式陶瓷板进行装饰。仿金铜裱画纸变得更薄，更为廉价的材料可用于镶嵌装饰。帝国风格的图

图9.11
位于纽约州纽约市阿斯多里的一间客厅里的一套贝尔特家具（大都会艺术博物馆/艺术资源/斯卡拉，佛罗伦萨）

图9.12
土耳其复兴风格的室内环境（埃里希·莱辛/艺术资源，纽约）

图9.13
埃菲尔铁塔（作者提供）

案，例如海豚和竖琴，有时会用作家具扶手的支撑。一体式沙发或会客沙发，源自拿破仑三世统治时期（图9.14）。

计·祖伯（Jean Zuber，1773－1853）的作品是这一时期法国对室内装饰做出的重要贡献。连续不断的壁纸使他的公司能够无缝地打印出具有风景和海港特色的全景风景图案（图9.15）。许多面板都包括数以千计的手工雕刻木块和数百种颜色。

图9.14
拿破仑三世时期公寓里典型的一体式沙发（DEA图片库/C.POSTEL/德阿戈斯蒂尼出版社/盖蒂图片社）

图9.15
祖伯全景墙板（DEA图片库/G.DAGLI ORTI/盖蒂图片社）

第二节　唯美主义运动（约1868年-1900年）

唯美主义运动通常被视为一种改良运动，旨在反对维多利亚女王摄政后期所盛行的风格。有时这一运动也被认为是复兴风格的延伸。唯美主义运动之后，又相继出现了几次改革运动，其中包括与之非常相似的工艺美术运动，后者奠定了现代主义风格的基石。

英格兰（约1868年-1900年）

查尔斯·洛克·伊斯特莱克（Charles Locke Eastlake）在其著作《提升家居品味》（Hints on Household Taste，首次出版于1868年）中反对家庭装饰商业化，他认为个性化的传统手工制品更加重要。伊斯特莱克在书中用“美学”一词指代那些颜色较浅、形式和雕刻风格简洁明了的装饰风格。受到其著作（包括在美国出版的数个版本）的影响，伊斯特莱克风格有时用来指代这一流派下生产的英式和美式家具。

图9.16
伊斯特莱克风格的家具（© Mytopshelf/阿拉米素材图片库）

与同类复兴风格的家具相比，伊斯特莱克风格的家具更突显直线型结构，并具有独特的浅表雕刻或镶嵌艺术（图9.16）。伊斯特莱克主张家具在结构上要“诚实”，不必伪装或模仿古董家具。

1854年，美国海军上将威廉·佩里（William Perry）开启了日本的贸易大门，这大大促进了日式设计对英国改革者艺术品味的影响。日本的艺术和设计因其自然简约的风格和干净清晰的线条而闻名。这种风格的爱好者包括设计师E.W.戈德温（E. W. Godwin，1833－1886）、建筑师托马斯·杰基尔（Thomas Jeckyll，1827－1881）、作家奥斯卡·王尔德（Oscar Wilde，1854－1900）以及画家詹姆斯·惠斯勒（James Whistler，1834－1903），后两者分别是爱尔兰人和美国人，但他们都生活在伦敦。

戈德温善用色彩，曾是一名家具、墙面壁纸和纺织品设计师。戈德温的唯美主义理想受到了伊斯特莱克的启发，他认为家具应作为一种艺术形式来打造，因此提出了“艺术家具”这一术语。唯美主义的改良者主张，日常生活的方方面面都应通过艺术得到美化。他的家具设计灵感受到了日本艺术的影响。图9.17为1877年前后的一个由桃花心木和黄铜制成的乌木色餐边柜。

图9.17
由威廉·沃特制作的戈德温餐边柜，由作乌木处理的桃花心木制成，带有黄铜把手和铰链，以及玻璃镶板（DEA图片库/A.C.COOPER/德阿戈斯蒂尼出版社/盖蒂图片社）

孔雀厅由建筑师杰基尔和惠斯勒在1877年合作设计完成。杰基尔像戈德温一样采用日式的室内装饰设计，而惠斯勒则担任装饰师的角色。孔雀厅目前收藏在华盛顿的弗里尔美术馆（Freer Gallery）。孔雀厅因孔雀（象征着美丽）而得名，除此之外，室内还有镀金的皮革和胡桃网格板，用来展示东方瓷器（图9.18）。

1888年，亚瑟·西尔弗（Arthur Silver）为伦敦的“自由商店”（Liberty Shop）所设计的织物上也使用了孔雀的图案，这家商店以唯美主义运动中的家具，尤其是日式家具为特色。

唯美主义运动结合了中世纪同业工会的概念和对日式设计的兴趣，有时被称为英日风格。关于日本文化和美学对西方现代主义风格产生的影响将在本章和“热点聚焦：日本对西方现代主义的影响”部分进一步探讨。

朱尔斯·克劳蒂（Jules Claretie）在1872年出版的《法国艺术》（*L'art français*）一书中首次使用了“和风”（或日本风）一词，即日本艺术产生的影响。人们普遍认为日本艺术不太讲究对称性，与希腊-罗马艺术形成鲜明对比，其艺术理念为早期现代改良者所推崇，他们渴望摆脱西方的艺术惯例。日本的版画技术和风格极大地影响了欧洲和美国的印象派画家，后来还影响了弗兰克·劳埃德·赖特和查尔斯·雷尼·麦金托什的作品。

图9.18

孔雀厅是唯美主义运动高潮的缩影（蓝色与金色的和谐：孔雀厅，由詹姆斯·麦克尼尔·惠斯勒[1834–1903]于1876至1877年间设计完成[照片]/弗里尔美术馆，史密森尼学会，美国/查尔斯·朗·弗里尔的礼物/布里奇曼图片）

美国（约1868年–1900年）

伊斯特莱克的著作发行之后，奥斯卡·王尔德在1882年的美国巡回演讲中，进一步阐述了唯美主义运动的优点。纽约的赫特兄弟开办了他们的工厂，专门生产这一风格的高档家具。费城的丹尼尔·帕布斯特（Daniel Pabst）也是如此，像戈德温一样，赫特兄弟也采用英日风格设计作品（图9.19）。

在1876年于费城举办的百年展览会上，一位重要的与会者是英国的进步设计师克里斯多夫·德莱塞（Christopher Dresser，1834–1904）。受日本美学的影响，他将形式简化到保证基本的结构需要。对于银器独具匠心的设计和制造，使其成为第一位将艺术与工业完美结合的独立设计师（图9.20）。他也影响了美国的唯美主义运动。

图9.19

赫特兄弟公司创作的英日风格的桌子，纽约，1877-1878（伦敦佳士得拍卖行图片/斯卡拉，佛罗伦萨）

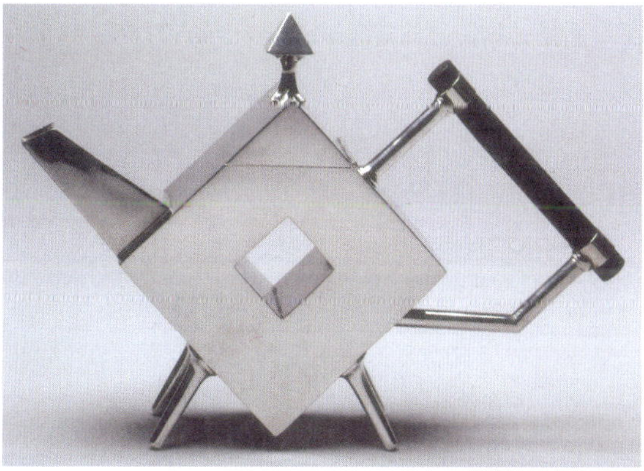

图9.20

这个由克里斯多夫·德莱塞设计的茶壶，是早期现代设计运动的标志（库珀休伊特国立设计博物馆，史密森尼学会/艺术资源，纽约）

第三节 工艺美术运动（约1880年–1915年）

和唯美主义运动一样，工艺美术运动的改良者也对中世纪时期工艺特征的诚实性表示欣赏。然而，工艺美术风格的拥护者与其他人的区别在于他们坚决反对机器制造。

这一运动的乌托邦式愿景，即设计精良的产品应该更广泛的应用，从来未曾实现过。要制造出高品质的产品，势必要采用精湛的工艺，这种方法成本高昂。如果不使用机器，这种风格无法成功地应用于大规模生产。然而，这一理想始终在这些人心头萦绕，他们渴望更为简单的生活，更加平等的社会。在这一理想环境下，无论是手工劳动、工艺技术还是机械化发明，都受到了高度的尊重。

英格兰（约1880年–1910年）

英国的工艺美术运动不仅是一项设计运动，还提出了一套道德准则和美好愿景。该项运动最初的支持者是哲学家约翰·拉斯金教授（John Ruskin，1819–1900）。作为英国本土风格的倡导者，正如通过中世纪行会制度所表达的那样，拉斯金认为忠于手工技艺可摆脱工业化的弊害。

他的徒弟威廉·莫里斯（William Morris，1834–1896）竭力创造一种平衡，使得拉斯金的理想更容易被人接受、更切合实际，从而具有更广泛的吸引力。莫里斯是一家工厂的老板，受过良好的教育，事业有成。莫里斯既是诗人又是作家，除此之外，他还不断追求完美的工艺技术。他精通许多艺术技能，其中包括纺织、墙饰和书籍设计。

手工编织之所以流行，是因为人们认为手织品是一种值得尊敬的艺术形式。与此风格相关的纺织品和墙纸采用非写实的天然图案设计，通常是对于花和叶的二维平面描绘，类似于中世纪的挂毯（图9.21）。

图9.21
威廉·莫里斯的纺织品设计（印花布/盖蒂图片社）

家具一般由橡木制成，极少雕刻。细木工技能，例如燕尾榫、楔子、卯榫等构造方法（在第8章中讨论）即使暴露在外也很美观。装饰主要局限于金属铰链、抽屉和门把手以及装饰钉。椅座大多采用灯芯草作为原料，或仅用皮革覆盖。室内装潢尽可能减到最低限度。两种起源于中世纪的家具类型——餐边柜或送餐桌以及有背长椅（带有靠背和扶手的木制长椅）是这一时期的典型家具。

美国（约1890年–1915年）

截至1890年，工艺美术运动已经传播到了美国，人们按照莫里斯的理想创建了各种手工艺社区。位于纽约东奥罗拉的罗伊克罗夫特社区便是其中之一。古斯塔夫·斯蒂克利（Gus-tav Stickley，1858–1942）创建的工作室最为成功，他从国外归来后成为了莫里斯和拉斯金的徒弟。1901年，斯蒂克利创办了《工匠》（*The Craftsman*）杂志，旨在向更小的社区宣传这场运动。正是在这本书中，他的橡木家具设计得到了很好的体现。他设计的斜靠扶手椅被称为莫里斯椅，正是在向威廉莫里斯致敬（图9.22）。

其他支持手工艺运动的杰出美国人包括来自加利福尼亚的查尔斯·格林（Charles Greene）和亨利·格林（Henry Greene），他们都受到了人们的认可。他们针对室内和室外的建筑设计，也被称为木瓦或平房风格，集日式的美观性和美式的实用性于一身（图9.23）。这一时期生产的家具也被称为教会风格，以旧金山的圣方济教会命名，格林兄弟正是在那里开办了自己的工厂。

弗兰克·劳埃德·赖特（1867–1959）的早期作品也采用了类似的美学设计。他早期的作品，例如位于伊利诺伊州芝加哥城外橡树公园内的温斯洛别墅，是草原风格的代表。赖特对其第一位雇主路易斯·沙利文（Louis Suuivan，1856–1924）的名言深信不疑，他坚信整体环境设计这一理念。后来，这一理念被称为“有机建筑”（详见第6章）。虽然芝加哥在摩天大楼兴起的技术方面功不可没，在工艺美术运动中也发挥了不可或缺的作用。与拉斯金的狂热信仰不同，在芝加哥，机器存在的目的就是将最精美的设计带给美国的普通百姓赖特20世纪早期的美国风住宅，尽管从

图9.22
古斯塔夫·斯蒂克利设计的威廉莫里斯椅（Bloomsbury提供）

图9.23
格林兄弟设计的赌博之家便是典型的木瓦或平房风格（Buyen-large/盖蒂图片社）

未建造过，却代表了中产阶级对未来的设想——使用机器建造价格低廉却美观的建筑。像这一时期的大多数人一样，赖特自1905年从日本学习艺术归来之后，深受日本设计风格的影响，在罗宾别墅的室内装饰中可见一斑（图9.24）。赖特采用了传统材料与技术相结合的方式，尤其是细木工技术，然而他对于空间的使用却非常具有冒险精神。他的设计理念就是打破传统的束缚，彰显美国式的自由。

许多装饰艺术形式都与这一时期密不可分，其中就包括陶瓷艺术。用于瓷砖和器皿的釉料与中世纪时期行会采用的釉料相似。暗哑绿色是非常受欢迎的一种釉料颜色。采用像日本陶瓷艺术一样简单的、类似植物的形式。铜和含铅彩色玻璃制品会使人联想到中世纪的工艺品，也是这种风格的一部分（图9.25）。配饰的颜色主要采用柔和的土红色和绿色，这两种是室内装饰的主流颜色。

美国有一个独特的群体，人们可以从中感受到与工艺美术运动相似的氛围，尽管真正意义上来说其并不是工艺美术运动的一部分。这是一群来自英国的信徒，定居于东北地区，他们崇尚美学并且在精神上严格自律。震教徒们摒弃了世俗的物品，转而投入到群居的生活方式，他们遵循严苛的规则，用诚信和自我约束来确保家具制造和装饰工艺趋于完美。整套家具通常由枫木和松木制成，采用基础而简洁的线条，与室内的简约装饰风格相得益彰。由于震教徒不生育，因此该群体最终消失了，为世人留下了极其有限却异常珍贵的震教徒风格的家具。

震教徒们注重洁净和谦卑。清洁地板时，将椅子挂在固定在墙上的配挂板上，用于存储物品的橱柜是震教徒风格的标志（图9.26）。

这一时期美国其他地区或省份的独特风格包括一些民间设计，设计者是除英国外的一些国家的移民，主要是居住于东部的来自荷兰和德国的定居者，以及

图9.24
古斯塔夫·斯蒂克利设计的威廉莫里斯椅（Bloomsbury提供）

图9.25
德克·凡·埃尔普制造的铜灯（伦敦佳士得拍卖行图片/斯卡拉，佛罗伦萨）

图9.26
震教徒风格的枫木和松木家具（教育图片/通环球图片库/盖蒂图片社）

居住在中西部地区的斯堪的纳维亚人。这些乡村家具的制造者通常模仿18世纪的装饰细节和风格，采用人造木香技术（详见第7章）或色彩鲜明的花卉或具有象征意义的图案为简单的物品陈设增添生气（图9.27）。他们采用蜡纸而不是昂贵的进口墙纸来装扮窗户和墙壁。19世纪期间，在这些移民群体中诞生了一项工艺，名为流浪汉艺术（详见第8章），这项艺术以当时主要定居在纽约和宾夕法尼亚的四处奔波的德国和斯堪的纳维亚人而命名。

另一种美国区域性风格具有与工艺美术运动相似的特点，被称为纯朴的阿迪朗达克风格。虽然在世纪之交建造的许多住宅仍然保留了欧洲大陆的复兴风格，如罗德岛州的纽波特别墅，但区域性的表达在其他地区开始兴起。许多来自纽约市的中上层阶级和一些富人有能力在夏季的数月里前往凉爽的地区避暑。萨拉托加是十分受欢迎的避暑胜地，位于上纽约州的阿第伦达克山脉。这里的小屋古朴典雅，又相当坚固耐用，是人们暂时逃离工业化城市生活的理想去处。人们用树枝制成的家具（称为树枝家具）和角类家具装点陈设（图9.28）。

图9.28

窗户处理与外露的窗帘杆（摄影师：梅拉比·M.米勒；设计师：南茜·布朗，美国室内设计师协会成员）

图9.27

这个彩色的箱子是宾夕法尼亚荷兰和斯堪的纳维亚民间家具的典型例子（© 建成图像/阿拉米素材图片库）

第四节　新艺术运动（约1880年-1910年）

与英国和美国的工艺美术运动并驾齐驱并且持续受到复兴风格影响的一种风格，被称为新艺术运动或新艺术。其目标是摆脱对于先前风格的依赖。

就像在工艺美术运动中一样，艺术家和设计师们对于来自日本的符号和风格进行了解读。然而，这两种风格的本质区别值得注意。工艺美术运动依赖于本土常见材料的使用，例如橡木；而新艺术风格则更青睐于外来的昂贵材料，如从贝壳获取的珍珠母、珐琅和黄金等。工艺美术的风格体现家庭式的温馨，而新艺术风格趋于高雅，常常借鉴异国风情，并且引入情色主题作为新的元素，其也能与现代技术很好地融会贯通。尽管新艺术风格昙花一现，但其影响深远，尤其是在装饰艺术方面。

法国、比利时、苏格兰、奥地利、德国以及美国出现了几种截然不同但又相互关联的新艺术风格。法国人和比利时人创造了一种曲线式新艺术风格。另外一个重要的版本是更加克制的直线型风格，源自苏格兰的格拉斯哥，被称为格拉斯哥风格。维也纳出现了一种相似的风格，是维也纳分离派，后称维也纳生产同盟（Werkstätte）的一部分，在德国与之相应的风格被称为青年风格派（Jugendstil）。在美国，新艺术风格的展示空间非常有限，主要通过路易斯·康福特·蒂凡尼（Louis Comfort Tiffany, 1848－1933）的玻璃和珠宝作品得以呈现。

法国和比利时（约1880年－1905年）

新艺术风格在法国和比利时的兴起几乎完全依赖其对大自然的借鉴，采用曲线、感性、流动的有机形式将艺术和自然和谐统一。这种风格的特点是如鞭子曲线般蜿蜒的细线条，装饰图案包括蜻蜓和其他昆虫以及植物的卷须等。在许多方面，其形式更接近于洛可可风格，而不是欧洲其他地区改革运动的风格。画家阿尔丰斯·慕夏（Alphonse Mucha，1860－1939）出生在摩拉维亚（现捷克共和国的一部分），生活在维也纳，最终于1887年定居在巴黎。他最著名的作品是广告和戏剧海报，以女性为主题，着重突出了鞭索曲线运动（图9.29）。

新艺术风格是一种在社会政治背景下产生的优雅风格。比利时建筑师和设计师维克多·奥尔塔（Victor Horta, 1861－1947）的作品便体现了这种分歧。在比利时，新艺术风格与社会主义政治之间的联系非常牢固，所以这场运动被认为是人民的艺术。奥尔塔作为当时的改革派建筑师，受托创作一份具有鲜明新艺术风格特征的重要作品。他的人民之家（Maison du Peuple）建于1895年至1899年之间，后来被大火烧毁，曾是比利时实用装饰艺术民主化的纪念碑。

这种新风格得名于1895年由齐格弗里德·宾（Siegfried Bing，1838－1905年）在巴黎开设的一家商店，这位德国企业家对远东文化一直心存好感。这家名为“新艺术之家”（Maison de l'Art Nouveau）的店铺是一间画廊，除了风格新颖的有趣画作之外，宾还经营日式家具。他曾赞助了几位艺术家的工作，其中包括尤金·盖拉德（Eugene Gaillard, 1862－1933），在1900年的巴黎世界博览会（Paris World Exposition）上，宾为他建造了一间套房用作展馆。正是在那里，盖拉德获得了成功。

建筑设计师赫克托·吉马尔（Hector Guimard, 1861－1942）的作品是法国新艺术运动时期留下的瑰宝。他所设计的铁制品工艺复杂，造型宛如蜿蜒曲折的植物藤蔓，曾用于装饰巴黎地铁（即地下铁道系统）的入口处，有些一直保留至今（图9.30）。这些设计作品在巴黎世界博览会上都有展出。

吉马尔的设计态度给这一时期的室内设计风格带来了深远的影响。他设计的房间的形状就像植物的生

图9.29
Job品牌薄棉纸的广告海报，1896年艺术家：阿尔芬斯·玛丽·穆哈（Alfonse Marie Mucha，1860年-1939）（*遗产图片/盖蒂图片社*）

长方式一样自由蔓延。他还运用了整体设计的理念，即无论是彩色玻璃还是锁片，所有的室内细节都需要进行设计，以强调整体一致感。与工艺美术运动时期的艺术家和设计师一样，新艺术风格的设计师也将室内环境视为一个整体。

除法国之外，比利时设计师亨利·范·德·维尔德（Henri van de Velde, 1863–1957）也关注整体的室内环境。宾委托亨利·范·德·维尔德为他的店铺设计了四个房间。

在1900年的巴黎世界博览会上，电影和新风格作品一同问世，强化了新艺术运动的理念。与以往一样，艺术和机器之间的关系决定了大众讨论的话题以及大众品味的生命力。服饰风格的巨大变化也体现出新艺术思想对于自由的追求，这一时期的现代女性服装没有衬垫，宽松飘逸。

除巴黎的新艺术运动，法国的南锡省对新艺术风格的蓬勃发展也做出了突出的贡献。艾米尔·盖勒（Émile Gallé，1846–1904）在1901年创立了“南锡学校”，这是一个工业艺术联盟。在他的指导下，人们开始使用各种各样的果木和其他异国树种，奢华的镶嵌工艺重新焕发了生机。设计灵感来源于植物和动物，再次显示了日本艺术的影响之深远。虽然盖勒是一名细木工匠，但他的强项是玻璃制品。图9.31所示为雷内·拉利克（Rene Lalique，1860–1945）在南锡生活期间所创作的最精美的玻璃艺术品。拉利克完成了从新艺术风格到装饰艺术风格的转变，而且拉利克公司今天依旧继续营业。

路易斯·梅杰列（Louis Majorelle，1859–1926）是这一时期最重要的家具设计师（图9.32）。虽然他早期的职业生涯是为自己的家族企业生产路易十五风

图9.30

巴黎地铁太子门站入口，由赫克托·吉马尔设计，约1900年（雅克·德玛松/盖蒂图片社）

图9.31

艺术玻璃。盖勒设计的灯具，约1900年（照片来自德阿戈斯蒂尼出版社/盖蒂图片社）

图9.32
路易斯·梅杰列设计的餐厅（埃里克·皮尔蒙特/法新社/特约记者/盖蒂图片社）

格的家具，但他最终还是追随了盖勒的脚步。然而，南锡出品的家具太贵，不适合工厂大批量生产。再加上造型怪异，使得许多批评家认为新艺术风格的作品更注重的是风格样式，而非实际功能。因此，新艺术风格很快便在南锡烟消云散。

苏格兰（约1880年－1905年）

作为英国工艺美术运动的一部分，和新艺术风格的变体，格拉斯哥风格因“格拉斯哥四人团”而得名。该团体的领袖人物是查尔斯·麦金托什（Charles Rennie Mackintosh，1868–1928)，其他成员包括他的妻子玛格丽特·麦克唐纳（Margaret Macdonald）、妻妹弗朗西丝·麦克唐纳（Frances Macdonald）以及她的丈夫。J.赫伯特·麦克奈尔（J. Herbert MacNair）创作了大量独具特色的作品。

麦金托什不仅是一名受过专业培训的建筑师，还是一位出色的艺术家。他在格拉斯哥艺术学院（Glasgow School of Art）就读后，便开始了自己的建筑生涯，从事公共建筑方面的工作，包括改造自己的母校。随后，他开始承接改造私人住宅的任务，包括改造希尔公寓（Hill House，1902–1904）和凯特·克兰斯顿（Kate Cranston）的几间茶室，这些茶室也成为了他的代表作。麦金托什的建筑具有浓郁的苏格兰传统韵味，在此基础上，维也纳之行又为他的职业生涯注入了新的活力。格拉斯哥四人团曾受邀参加1900年的维也纳分离派展览。他们为分离派展览而设计的白色房间受到了前卫建筑师霍夫曼（Hoffmann）、瓦格纳（Wagner）和奥尔布里希（Olbrich）的高度评价（稍后讨论）。格拉斯哥四人团的设计风格集功能主义、内敛和优雅于一体，吸引了维也纳人的眼球。他们在相互尊重的同时彼此也有利益收获。惺惺相惜，各自引领着法国和比利时的新艺术运动迈向新的方向。

与唯美主义运动和工艺美术运动的艺术家设计师的作品一样，麦金托什的室内环境采用风格统一、精雕细琢的设计元素。墙壁、天花板、地板和家具的细节与窗户、灯具、壁炉和地毯的细节同样重要。格拉斯哥风格的标志性元素是垂直的线条、网格和非写实的玫瑰花图案。麦金托什的配色方案以白色为主，并配有少许粉色、紫色、黑色和银色细节处理（图9.33）。

图9.33
艺术玻璃。盖勒设计的灯具，约1900年（照片来自德阿戈斯蒂尼出版社/盖蒂图片社）

奥地利和德国（约1890年－1905年）

维也纳分离派成立于1897年，旨在开创一种新的风格，打破维也纳根深蒂固的保守主义，从而走向现代主义。该运动的创始人包括建筑师奥托·瓦格纳（Otto Wagner, 1841–1918）、约瑟夫·玛丽亚·奥尔布里希（Joseph Maria Olbrich, 1870–1908）、约瑟夫·霍夫曼（Josef Hoffmann, 1870–1956）、艺术家古斯塔夫·克里姆特（Gustav Klimt, 1862–1918）和科洛曼·莫泽（Koloman Moser, 1868–1918）。分离派的口号是“为时代的艺术，为艺术的自由”。1903年，分离派发展成为一个新的艺术群体，即由霍夫曼和莫泽创立的维也纳生产同盟（Wiener Werkst · tte）。分离派主义者十分欣赏麦金托什对垂直性的强调，以及他对墙面分区的重视。维也纳生产同盟出品的作品具有非常典型的几何特征。

分离派成员设计的作品覆盖面十分广泛，涉及各个领域，包含建筑物、家具、珐琅制品、玻璃、图形和珠宝（图9.34 a和b）。

维也纳生产同盟承接的最重要的工作是设计位于布鲁塞尔的斯托克莱宫。为此，霍夫曼准备了大量的材料，包括大理石、黄金和玻璃。克里姆特按照要求完成了餐厅里的马赛克横条装饰工作，用珐琅、黄金、白银和次级宝石打造出极尽奢华的室内空间（图9.35 a和b）。

德国的新艺术运动，尤其是慕尼黑的新艺术运动，被称为“青年风格派”（Jugendstil），意思是“年轻的风格”，因《青年》（*Jugend*）杂志而得名，该杂志介绍了在巴黎展览会上展出的艺术家作品。德国的这种风格源于比利时建筑师范·德·维尔德的作品。1899年，在多次完成新风格委托任务后，范·德·维尔德移居到了德国。

到1906年，大多数分离派团体形成了一个独立的设计协会，通常称为德意志制造联盟（Werkbund）。这一运动传播到了荷兰和斯堪的纳维亚半岛，并为德国包豪斯建筑学派奠定了基础，同时也真正地推动了现代主义运动。

图9.34 a和b

a：Sitzmaschine斜靠扶手椅，型号：670，约1905年（山毛榉材，黄铜和织物），约瑟夫·霍夫曼（1870-1956）；b：奥托·普鲁特舍设计的带盖的酒杯，约1907年（*照片来自德阿戈斯蒂尼出版社/盖蒂图片社*）

图9.35 a和b

a.斯托克莱宫餐厅，由约瑟夫·霍夫曼设计，约1910年；b.古斯塔夫·克里姆特设计的马赛克特写（a：格兰杰图集，纽约市。版权所有；b：DEA/E.莱辛/盖蒂图片社）

西班牙（约1890年-1910年）

1900年，巴塞罗那成为西班牙加泰罗尼亚地区的首都和工业经济中心。安东尼·高迪（Antoni Gaudí，1852-1926）是一位备受争议的改革派建筑师，他与该时期的巴塞罗那的复兴息息相关。在他为数不多的作品中，室外建筑设计作品多于室内建筑设计作品，而这些作品成为了新艺术运动的独特的表现形式（图9.36）。他的创作手法包括雕刻、曲线设计和有机形态，彰显了前所未有的独立风格。新艺术风格在西班牙语中为Modernisme。

图9.36

新艺术流派，巴塞罗那风格：巴塞罗那巴特罗公寓的正面细节图，由安东尼·高迪设计，1907-1910年（西吉·桑切斯/Moment Mobile/盖蒂图片社）

美国（约1890年-1910年）

建筑师路易斯·沙利文（1856-1924）被誉为“美国现代摩天大楼风格之父”，他也提出“形式服务功能”的口号。然而，他却创造出许多纷繁复杂、美轮美奂的装饰元素，如建于1899年的芝加哥斯科特百货公司（Carson Pirie Scott）的铸铁立面，其设计灵感来自于新艺术风格（图9.37）。

图9.37

位于伊利诺伊州芝加哥的斯科特百货商店，由建筑师路易斯·亨利·沙利文设计，富丽堂皇（芝加哥历史博物馆/盖蒂图片社）

在美国，新艺术风格的贡献者寥寥无几。美国的新艺术风格没有完全统一的内部装饰，而是更加注重装饰艺术的独立性。特别值得一提的是，路易·康福特·蒂芙尼工厂出品的彩色玻璃制品色彩丰富，造型独特，其设计和生产工艺一直流传至今（图9.38）。

图9.38
美国新艺术风格。彩色玻璃窗和镶板，由路易斯·康福特·蒂芙尼设计（DEA图片库/德阿戈斯蒂尼出版社/盖蒂图片社）

第五节　国际主义风格（约1917年-1940年）

两次世界大战期间，现代主义风格发展起来。现代主义风格由风靡欧洲大陆的德意志制造联盟派逐渐过渡到德国的包豪斯建筑学派。这种风格主张简约抽象的设计方法，摆脱过去建筑传统的束缚。目的是让美术和应用艺术融为一体，协调机械与设计的关系并提高大规模生产的标准。然而，现代主义的影响并不十分广泛，因为当时除了一小批精英先锋派人士之外，鲜有人能理解这种风格的精髓所在。

然而包括装饰艺术运动在内，这些运动为工业设计的到来营造了艺术氛围，也为艺术和工业大规模生产相结合奠定了坚实的基础。许多建筑师和产品设计师都积极倡导现代主义风格设计。

荷兰（约 1917 年 - 1928 年）

荷兰语为De Stijl，意为“风格派”，因同名先锋杂志而得名，指的是一群在阿姆斯特丹的荷兰艺术家。风格派运动深受艺术家彼埃·蒙德里安（Piet Mondrian，1872–1944）的影响。蒙德里安的抽象理论是把艺术简化为最纯粹的二维形式和原始形式。色彩搭配选用基本的红黄蓝三原色。垂直和水平线条呈直角排列。赫里特·里特费尔德（Gerrit Rietveld，1888–1964）在1918年加入了风格派，同年制作了迄

图9.39 a–c
国际主义风格的椅子。a.赫里特·里特费尔德的红蓝椅，1917年；b.密斯·凡·德罗为巴塞罗那世界博览会德国馆设计的巴塞罗那椅子，1929年；c.马歇·布劳耶设计的瓦西里椅子，由钢管焊接而成，1925年-1926年（a：红蓝椅，1917年（木质），赫里特·里特费尔德（1888年-1964年）/舍温图集，利兹市，英国/布里奇曼图片社;b：诺尔家具公司提供；c：浏览图片/通环球图片库/盖蒂图片社）

今为止他个人最著名的作品——红蓝椅。当时，这种椅子并没有大批量生产，只是里特菲尔德设计哲学的表现形式（图9.39 a）。

德国（约1919年－1933年）

1919年，沃尔特·格罗皮乌斯（Walter Gropius, 1883–1969）在德国魏玛创立了包豪斯学校，这是一所设计艺术院校。其主要的三个研究领域是建筑、绘画和雕塑。然而，该学院也教授许多其他的工艺和技能，其中包括砌石、木雕、编织、制陶术、金属加工、舞台设计、室内设计和景观园艺设计。学校的目标是将艺术设计与工业设计、新材料和新工艺相结合。包豪斯学校的基础课程成为了美国设计教育发展的基石。

1925年，包豪斯学校搬到了德绍，这是德国一个高度工业化的小镇。1930年，路德维希·密斯·凡·德罗（Ludwig Mies van der Rohe）（1886–1969）成为该校第二任校长。作为第一次世界大战期间技术进步的产物，钢管和玻璃对包豪斯风格有着重要意义。1933年，纳粹政府迫使学校关闭，许多设计师被迫离开了德国。其中一些人移民到了美国，如格罗皮乌斯、凡·德罗和马歇·布劳耶（Marcel Breuer，1902–1981）。他们的许多设计作品都是现代主义风格的经典之作，包括图9.39 b和c中的椅子。

法国（约1920年－1940年）

艾琳·格雷（Eileen Gray, 1878–1976）出生于爱尔兰，1902年移居巴黎，她可能是唯一一位与国际主义风格相关的女性建筑设计师。她经常被归为法国装饰艺术风格的设计师，当时也是国际主义风格流行的时期。艾琳·格雷最著名的作品当属她设计的钢管家具、在1917年设计的必比登椅（图9.40 a），以及部落艺术品。

勒·柯布西耶不属于包豪斯学派，他追求的是现代主义综合的建筑思想。他出生于瑞士，原名查尔斯·爱德华·杰内雷（Charles- Edouard Jeanneret, 1887–1965），自称勒·柯布西耶，与弗兰克·劳埃

图9.40 a和b

a.艾琳·格雷的室内设计，1917年；b.勒·柯布西耶，贝里安和让纳雷共同设计的躺椅“小马椅”，1928年（*a：埃里克·皮尔蒙特/法新社/盖蒂图片社；b：作者提供*）

德·赖特是同时代的人，他们二人对现代主义有着相似的看法。只不过勒·柯布西耶（有时也称为科尔布）的视角更加极端，在材料使用方面更加简洁。他的作品在1925年的巴黎博览会上备受争议。然而如今，他的家具设计大放异彩，尤其是皮革和铬合金制品，成为了现代风格产品的典型代表，既可用于住宅室内环境，也可见于商业室内环境。夏洛特·贝里安（Charlotte Perriand，1903–1999）与勒·柯布西耶和皮埃尔·让纳雷（Pierre Jeanneret）一同设计了如图9.40 b所示的椅子。本章结尾的“热点聚焦：日本对西方现代主义的影响”部分将从另一个角度来介绍夏洛特·贝里安。

斯堪的纳维亚（约1920年－1940年）

到了20世纪20年代末，包豪斯设计师们所追求的功能主义已经在斯堪的纳维亚半岛扎根立足。斯堪的纳维亚从未受过上个世纪流行于其他地方的折衷复兴

图9.41 a和b

a.活动茶几 型号98，阿尔瓦·阿尔托（芬兰人，1898-1976）1936-1937；b. 阿尔瓦·阿尔托，玛丽亚别墅，诺尔马库，芬兰（a：数字图像，现代艺术博物馆，纽约/斯卡拉，佛罗伦萨；b：©安娜·沃森/阿拉米素材图片库）

风格的影响，这使得设计师和艺术家们更容易接纳现代主义美学思想。这种影响在1930年的斯德哥尔摩博览会上表现得非常明显。斯堪的那维亚人在遵循现代主义风格的同时，仍然致力于使用天然材料，尤其是木材，并将其与现代技术和新材料（如钢管）相结合。与包豪斯设计师所使用的材料相比，斯堪的纳维亚设计更倾向于选择有机形式的传统材料。这在美国接受现代主义的过程中起了重要作用。

这一时期的一位关键人物是芬兰的阿尔瓦·阿尔托（Alvar Aalto，1898–1976），他用钢管进行试验，将其与胶合板（一种更柔软、更天然的材料）结合在一起使用（图9.41 a和b）。

20世纪30年代，斯堪的纳维亚国家在装饰艺术和家具方面取得巨大成就，采用大规模机器生产方式生产出高品质产品，实现了包豪斯现代主义的愿景。

第六节　装饰艺术运动（约1920年–1940年）

人们认为“装饰艺术”诞生于1925年的巴黎博览会，但在此十余年前，这种风格就已经出现并发展起来。原定于1912年举办的巴黎博览会因第一次世界大战的爆发而延期，如此一来，装饰艺术运动风格也包括了更广泛的内容。装饰艺术（Art Deco）这个名称来源于巴黎博览会的全称，即“现代工业装饰艺术国际博览会”（Exposition Internationale des Arts Dé coratifs et Industriels Modernes）。虽得名如此，但是该展览更主要面向法国本土，而不是国际社会。虽然其目的是展示现代风格，也不乏少量具有代表性的作品，但大多数展品都是对怀旧风格的诠释。尽管倾向于展示传统作品，但是一些现代技术和外来材料都被纳入其中。可以说，先锋派现代主义者所推崇的形式上的简洁却因昂贵材料的使用而变得奢华无比。传统（和豪华）的室内设计备受赞誉，而那些更加简朴的包豪斯风格展品却遭到人们的冷嘲热讽。

法国（约1920年–1935年）

1925年巴黎博览会之前，设计风格对法国的影响主要体现在戏剧、电影、芭蕾舞、时装和绘画等方面。其中包括里昂·巴克斯特（Leon Bakst, 1861– 1924）为俄罗斯芭蕾舞团设计的舞台和服装。这些舞台和服装都带有典型的巴黎设计风格，以浓郁的色彩、东方的幻想和饱满的宝石色调为标志。这种自由主义和异国情调也在保罗·波烈（Paul Poiret，1879–1944）设计的服装上体现得淋漓尽致。他不仅将女性从束身衣的束缚中解放出来，还以“一千零一夜”故事为灵感，设计出了头巾和灯笼裤等服装（图9.42 a–c）。

埃米尔·雅克·鲁尔曼（Emile–Jacques Ruhlmann，1879–1933）曾是一位著名的艺术家，后转行从事家具制造。他在1925年巴黎博览会上参展的室内设计作品非常具有自己的标志性特色（图9.43）。在18世纪新古典主义设计风格的基础上，鲁尔曼的作品以纤细为特色，以黑檀木等外国木材为制作原料，并以象牙镶嵌，制造对比效果。他的作品精美绝伦，更加注重艺术性而非实用功能。鲁尔曼的工作室雇佣了大量的设计师和工匠，他们生产的家具价格昂贵却独一无二。1935年，他与勒内·拉利克（Rene Lalique）等人一起，负责“诺曼底号”（SS Normandie）客厅部分的设计工作。这艘远洋班轮常被人们描述为一座海上宫殿。

法国装饰艺术风格以异国原材料和工艺为特色（图9.44 a–c）。这一时期，人们常用鲨革，也就是黄貂鱼皮，制作家具和较小的装饰物。而漆器的广泛使用则反映出人们对东方文化的热爱。珍珠母和青金石也被镶嵌于木制家具中。生于瑞士的金属工人让·杜南（Jean Dunand, 1877–1942）发明出一种名为Dinanderie的技术，用碎蛋壳为镶嵌材料来制作金属装饰品，然后再上漆处理。

巴勃罗·毕加索（1881–1973）和乔治·布拉克（George Braque，1882–1963）是著名的立体派画家和雕塑家，他们的几何和抽象艺术风格，以及野兽派风格的大胆配色也影响了法国人的品味。

另外，法国的现代主义风格，尤其是在巴黎，还受到非洲文化的影响。那时，人们认为非洲文化富有异域神秘色彩。一些非洲裔美国人选择住在巴黎，因为在那里他们比在美国受到的歧视要少。在这些著名的移民者中，有一位传奇巨星约瑟芬·贝克（Josephine Baker，1906–1975），她曾在巴黎的时尚圈内风靡一时。法国人还对哈莱姆文艺复兴运动（Harlem Renaissance）非常着迷，这场文化运动发生

a

b

c

图9.42 a–c

a.里昂·巴克斯特的画作；b.巴勃罗·毕加索的立体派艺术作品；阿维尼翁小姐；c.波烈绘制的插图（*a：艺术媒体/印刷收藏图集/盖蒂图片社；b：STAN HONDA/法新社/盖蒂图片社；c：Imagno网站/盖蒂图片社*）

在20世纪20年代和30年代之间的纽约市哈莱姆区，那里有许多黑人艺术家和表演者，也是新音乐“爵士乐”的发源地。

图9.43

1925年巴黎博览会上，埃米尔·雅克·鲁尔曼为其“收藏家酒店”（Hotel du Collectionneur pavilion）展馆设计的餐厅（*DEA图片库/G.达格里·奥蒂/德阿戈斯蒂尼出版社/盖蒂图片社*）

b

a

c

图9.44 a–c

采用异国材料的装饰艺术风格作品。a.埃米尔·雅克·鲁尔曼设计的梳妆台，黑檀木材质并镶有象牙和鲨革装饰，约1932年；b.鲨革洗脸台，1925年；c.杜南设计的蛋壳漆器作品（*a：DEA图片库/G.达格里·奥蒂/德阿戈斯蒂尼出版社/盖蒂图片社；b：DEA图片库/G.达格里·奥蒂/德阿戈斯蒂尼出版社/盖蒂图片社；c：图像版权©大都会艺术博物馆。图片来源：艺术资源，纽约*）

图9.45

埃德加·勃兰特设计的立面，纽约市（作者提供）

对埃及主题的嗜爱可以归因于1922年发现的图坦卡蒙法老的陵墓。非写实图案不仅用于石雕立面和浮雕上，也被像埃德加·勃兰特（Edgar Brandt，1880–1960）等大师用于铁器作品和装饰配件（图9.45）。

装饰艺术运动大受巴黎主要百货公司的追捧，如好商佳百货公司（Bon Marche），其豪华的室内装饰风格堪比1925年的巴黎博览会。巴黎博览会之后，装饰艺术风格的室内设计传入了美国，一些大型百货商店也纷纷效仿，如梅西百货和罗德与泰勒百货。

美国（约1925年–1940年）

19世纪20–40年代，美国引领了摩天大楼的发展。许多建筑的外立面都采用了法国装饰艺术风格的非写实特点。克莱斯勒大厦于1928年至1930年建于纽约市，由威廉·凡·艾伦（William Van Alen）设计，是美国装饰艺术风格建筑的结晶。其采用了阿兹特克（Aztec）图案和基于金字形神塔（ziggurat）的建筑设计形式，即阶梯式金字塔结构（图9.46）。

唐纳德·德斯基（Donald Deskey，1894–1989）是这一时期一位重要的设计师，他在1932年和1933年为纽约市无线电城音乐厅（Radio City Music Hall）设计室内空间，并因此而闻名。他的工作还包括家具设计。另一位设计师是埃利埃尔·沙里宁（Eliel Saarinen，1873–1950），他在赢得芝加哥论坛报大楼设计竞赛后，于1922年从芬兰移民到了美国。沙里宁受托建造了克兰布鲁克艺术学院（Cranbrook Academy of Art），这是一所致力于发展整体设计的综合性艺术教育院校，位于密歇根州底特律市的郊外（图9.47）。

在1929年股市崩盘后的经济萧条时期，为了吸引更广泛的受众，企业需要进一步降低产品的成本。在家具设计中，塑料和金属取代了一些较为奢华、昂贵的材料，从而使家具的价格更容易为人们所接受。大萧条带来的另一个影响是强调大规模生产，最终形成了彰显了速度和效率的所谓流线型设计。采用空气动力学外形是美式建筑和家具设计的一大特色，包括汽车设计、铁路内饰（图9.48）和家居产品，如收音机等。流线型设计在公共建筑的立面设计和室内设计中也体现得很明显。

对美国来说，1933年在芝加哥和1939年在纽约举行的两场大型世界博览会可以说是艺术和工业发展的巅峰。荧光灯是这些展览中引入的众多创新作品之一，展示了艺术家、建筑师、科学家和设计师之间的密切协作。

包豪斯运动的功能主义思想也影响了美国装饰派艺术设计，而正是1934年在纽约市大都会艺术博物馆（Metropolitan Museum of Art）举办的一场展览推动了

图9.46

灵感来自阿兹特克的装饰艺术风格设计作品：克莱斯勒大厦，纽约市（戴夫·金/英国多林金德斯利出版公司/盖蒂图片社）

包豪斯运动的发展。20世纪30年代建造的政府和民用建筑（如联邦邮局等）都展现了这一时期的美学设计，即艺术和工业相结合。罗斯福新政时期的大部分艺术作品都借鉴了乡村和城市设计元素，融合了普通人、劳动者和机器时代的非写实象征，与当时深奥的抽象艺术（如图9.49所示的青铜板）形成了鲜明对比。

新政时期的一些艺术家还肩负起了社会责任——揭露大萧条时期普通人的困境。墨西哥壁画家迭戈·里韦拉（Diego Rivera, 1886–1957）的作品就体现了这一主题，他受托创作美国公共艺术作品。

虽然我们也可以在美国和古巴等其他国家看到装饰艺术对建筑的影响，但可以发现明显的地区差异。佛罗里达州迈阿密海滩的南海滩地区就是一个例子，那里曾经年久失修的装饰派艺术建筑现已得到修复。为了保护这些建筑，人们以美国装饰艺术运动风格和迈阿密海滩风格对其进行了翻新（图9.50）。

图9.47

由埃利埃尔·沙里宁（Eliel Saarinen）设计的克兰布鲁克学院餐厅（版权所有，巴尔萨扎科拉布有限公司）

图9.49

纽约章宁大厦的装饰艺术运动风格图案，由雅克戴麦纳于1929年设计（麦克帕义/E+/盖蒂图片社

图9.48

明信片上的Streamliner 400型火车，由芝加哥和西北铁路局运营，往返于芝加哥和明尼阿波利斯，经停密尔沃基。美国装饰艺术运动风格，约1939年（图片由莱克县博物馆拍摄/盖蒂图片社）

图9.50

热带装饰艺术风格，南海滩，迈阿密海滩，佛罗里达（视觉美国/UIG，由盖蒂图片社提供）

第七节　中世纪现代主义（约1940年-1960年）

战时的研究推动了新产品的生产和应用，其中包括用于室内装潢的泡沫橡胶、注塑塑料、玻璃纤维和聚酯树脂。这一时期的特征是采用了点焊、胶合板和叠板等新技术，并开始广泛地使用轻质铝制品。

美国（约1940年－1960年）

第二次世界大战初期，包括很多包豪斯学派在内的大批才华横溢的设计师前往美国。其中一些设计师在美国现代建筑的发展中起到了重要作用。另一些设计师在家用和办公家具设计融合、办公设计模块化发展以及办公室隔间设计等方面发挥了重要作用。

办公家具公司诺尔联合公司（Knoll Associates）成立于1946年。同年，弗洛伦斯·施特（Florence Schust）和汉斯·诺尔（Hans Knoll）宣布结婚。施特在克兰布鲁克学院（Cranbrook Academy）学习，师从密斯·凡·德罗（Mies van der Rohe），曾为格罗皮乌斯和布鲁尔工作过，她将包豪斯风格引入了自己的家具设计。诺尔公司在全球范围内招募有才华的设计师，并通过委以重任和提升知名度来打造明星设计师。其中的设计师包括詹斯·里森（Jens Risom，1916-2016）、埃罗·沙里宁（Eero Saarinen，1910-1961）、野口勇（Isamu Noguchi，1904-1988）和哈里·贝尔托亚（Harry Bertoia，1915-1978）。诺尔公司的另一个影响深远的举措就是成立了规划部门，该部门与客户密切合作，明确他们的需求，进而制定合适的解决方案。这种为企业提供整体室内设计的方法沿用至今。

图9.51
由层压红木、阳极化铝和皮革制成的躺椅和土耳其凳，伊姆斯为赫尔曼米勒设计于1956年（© V&A图像/阿拉米素材图片库）

查尔斯·伊姆斯（Charles Eames，1907-1978）与其妻子蕾（Ray，1912-1988）的作品代表了美国对欧洲现代主义的独特诠释。他们的作品体现了技术、创新和设计的完美结合。伊姆斯夫妇不仅是杰出的家具设计师，还是优秀的发明家、玩具制造家、电影制作人和摄影师。图9.51展示了他们创作的由层压红木、阳极化铝和皮革制成的躺椅和土耳其凳。这款躺椅于1956年为赫尔曼米勒而设计，非常契合人体轮廓和运动变化，集舒适与革命性风格于一体，使其成为了符合人体工学的原型设计（详见第2章）。

第二次世界大战后，社会逐渐恢复繁荣，人们能够再次建造和装修新房。然而，与大萧条前的中产阶级有所不同，多数新中产阶级无力支付佣人们打磨银器、准备正式晚餐或帮助打理家务的费用。许多妇女在战争期间不得不去工作，而战后还要继续工作。因此，家庭生活效率的提高变得更加重要。这种生活方式的改变也要求现代家具需精心设计。价格便宜且维护费用低。在20世纪60年代装饰风格较为随意的美国家庭中，会客区和分段式座椅成为了共同的特征。

拉塞尔·莱特（Russel Wright，1904-1976）是一名美国工业设计师，其作品在与自然保持和谐共处的同时，还融合了现代设计和休闲生活等元素。莱特的室内产品系列主要诞生于20世纪30年代到50年代，包括由塑料、陶瓷和纺铝制成的家庭用品（图9.52 a和b），他的家具d设计代表了战后现代休闲的生活方式。

斯堪的纳维亚（约1940年－1960年）

尽管美国在二战后的设计中扮演了重要的角色，但在过去的几十年里，最主要的贡献仍然来自斯堪的纳维亚半岛。在战争结束后的数年里，该地区的影响力依旧存在，同时每个斯堪的纳维亚国家都有其独特的风格。

图9.52 a和b

拉塞尔·莱特的闲适生活设计：a.纺铝器皿；b.拉塞尔·莱特设计的餐具（© V&A图像/阿拉米素材图片库）

20世纪50年代，美国和加拿大的公众对斯堪的纳维亚的设计有了更多的了解，因为人们可以在一些展览中欣赏到来自这些国家的获奖作品。总体而言，他们的设计基于功能主义和人文主义，创造性地将优秀的设计与经济实惠的特性结合起来。阿纳·雅各布森（Arne Jacobsen，1902–1971）和汉斯韦格纳（Hans Wegner，1914–2007）（图9.53 a和b）二人为家具领域做出了突出贡献。阿尔瓦·阿尔托既从事层压板木材设计，同时也从事模制塑料设计。

第二次世界大战后，丹麦的家具出口到了世界各地。起初，这些家具采用当地浅色的桦木制做而成。后来开始使用从东方进口的深色柚木。

图9.53 a和b

斯堪的纳维亚座椅。a.阿纳·雅各布森设计的蚂蚁椅，采用木材、钢材和橡胶压制而成，由弗里茨汉森公司于约1952年制作于哥本哈根；汉斯韦格纳设计的胡桃木藤条扶手椅，由约翰内斯·汉森公司制作于约1949年（a：数字图像 ©博物馆协会/洛杉矶郡艺术博物馆。由纽约艺术资源公司授权；b：塞林阿勒达尔/盖蒂图片社）

图9.54
20世纪60年代的斯堪的纳维亚装饰艺术。a.玛丽麦高公司生产的印花棉布丝绸，约1961年产于赫尔辛基（薇薇安基里利亚/盖蒂图片娱乐/盖蒂图片社）

斯堪的那维亚的设计师们也因他们对材料的创新使用以及在诸多装饰艺术方面的成就而广受赞誉。纺织品印花，如玛丽麦高公司（Marimekko）生产的印花，具有造型前卫、个性张扬和色彩鲜艳等特点。目前，该公司又重回公众关注的焦点，继续生产极具竞争力的图形设计产品（图9.54）。玻璃、珐琅、银器、木器、锡器和陶瓷制品的制作风格在全球范围内深受欢迎。这些设计师以一种全新的方式将材料和机械融合起来。

第八节　当代风格（约1960年-现在）

从20世纪60年代开始，全球市场开始蓬勃发展，世界也因此变得更小。如今，互联网能够让全世界实时互通信息，再用国家来定义流行趋势已失去了意义。

在美国，随着人们生活水平的提高，再加上20世纪40年代中期至60年代中期婴儿潮的出现，使得20世纪的后十年对年轻人的重视程度有所增加。儿童和青少年专用家具的出现足以证明其对设计的影响。这个以年轻人为导向的新市场具有更强的销售潜力，并催生了零售业这个全新的理念。随着消费者不再期望优质的产品能够代代相传，在许多工业化国家，产品的可弃性成为一种实用的制造理念。由设计师特伦斯·康兰（Terence Conran，生于1931年）打造的英国家居精品商店因其廉价的家具而大获成功，其中多数家具都属于组合的待装类家具。到了20世纪80年代，邮递购物和电视购物为室内装修提供了便利的渠道。20世纪90年代，随着电子商务和电子零售业的兴起，加上操作便捷性的大幅提升，这一想法得到了进一步的实施，购物的便利性达到了前所未有的高度。“消费狂热”和对即时满足感的期待便是这些销售趋势所带来的结果。正如第1章所讨论的，在21世纪，DIY（自己动手做）消费者仍然占据主导地位。

20 世纪 60 年代

在20世纪60年代，许多消费者的室内设计方案受限于空间，这促进了家具系统的发展。模块化家具指的是灵活、便携、多功能的家具，可以更好地满足

图9.55
塑料，通用的语言。由乔·科伦坡（Joe Colombo）设计的堆叠椅，椅子编号4867
意大利，卡特尔，1968年（© 安吉拉比恩/阿拉米素材图片库）

居住空间较小的人们的需求（图9.55）。需要注意的是，模块化的多功能家具得以重新流行，是因为它的占地空间更小。在20世纪60年代，塑料更适用于模块化的设计理念，因此成为不同形状家具的通用选材。当时，环保设计和可持续性并不是人们关注的焦点。

流行文化，例如由披头士（Beatles）引领的音乐大爆炸，安迪·沃霍尔（Andy Warhol）的波普艺术，以及上世纪60年代末的反战抗议，都不可低估其对婴儿潮一代主流和反主流文化设计意识的影响。

美国建筑师罗伯特·文丘里（Robert Venturi, 1925—2018）于1966年出版的《建筑的复杂性与矛盾性》（*Complexity and Contradiction in Architecture*）重新开启了现代主义与历史决定论之间的辩论。后现代建筑风格在20世纪70年代得到发展。其依靠的是现代元素的组合，但常常与历史参照不协调地并列在一起。如图9.56 a所示，由菲利普·约翰逊（Philip Johnson，1906-2005年）设计的纽约AT&T大厦（现索尼大厦）是一座摩天大楼，因其顶部有一个破损的山形墙而名声大作，该山形墙是参考了18世纪的家具设计而来。文丘里如图9.56 b中通过古怪的椅子展示了后现代主义风格。

20 世纪 70 年代

工业风格开始出现，其特点是供暖、通风和空调（HVAC）系统暴露在外、采用室内楼梯和电梯、使用商用不锈钢厨房电器以及家庭办公家具。这种风格开始成为许多城市地区室内空间的标准配置，首先为艺术家采用，后来年轻专业人士也逐渐加入其中。随着这些大型的开放式阁楼空间将住宅、商业和工业等元素纳入相对原始的空间内，高科技风格也逐渐成为了时尚。人们继续创造了许多阁楼类型的空间，包括新的建筑、改造性再利用住宅和合约项目等。

图9.56 a和b

后现代主义风格。a.建筑类型：菲利普·约翰逊设计的AT&T大厦上的开口三角墙，位于纽约；b.罗伯特·文丘里（Robert Venturi）为诺尔国际公司（Knoll International）设计的后现代座椅，该座椅讽刺了安妮女王（a：比尔·皮尔斯/生命图集/盖蒂图片社；b：费城艺术博物馆/艺术资源/斯卡拉，佛罗伦萨）

图9.57
卡尔顿书柜，由孟菲斯集团创始人埃托雷索特萨斯于1981年设计（*大都会艺术博物馆/艺术资源/斯卡拉，佛罗伦萨*）

图9.58
20世纪80年代精致华丽的风格（*版权所有：提姆李摄影*）

20 世纪 80 年代

一种被称为孟菲斯的家具风格始于意大利，由埃托·索特萨斯（Ettore Sottsass，1917–2007）所倡导。他的公司孟菲斯（Memphis）引入了许多戏剧性、讽刺性和非现实的元素（图9.57）。更典型的是，时尚引领着建筑和家具的设计潮流。然而，在过去的十年里，许多大胆的、色彩丰富的孟菲斯风格设计图案在全球高级时装的T台上昂首阔步。

同样在20世纪80年代，兴起了一种非同寻常的风格，确切说是先前风格的再度出现。这种风格装饰华丽，很好地结合了室内设计与时尚元素。由于这种结合深受顾客的喜爱，因此再一次引领了一种拥抱历史风格的、宣扬财富与获取的潮流（图9.58）。

一种不太正式且价格低廉的杂乱风格，起源于维多利亚时代的英国，以破旧却别致的折衷主义风格为特色，同时采用不同颜色和层次的棉花印花。

20 世纪 90 年代

20世纪80年代末的经济衰退之后，以华丽为特色的风格不再像从前一样受到欢迎。由于预算变得更少，设计回归于自然材料，同时人们开始诋毁人造材料。设计师们再一次从日本寻找灵感，于是极简主义设计日趋流行，这种设计更注重简单、干净的线条和个人反思（图9.59）。这一点将在本章结尾中提及的《聚焦:日本对西方现代主义的影响》中做进一步的探讨。

21 世纪

本世纪迄今为止依旧可以引起共鸣的风格是中世纪的现代主义风格，其简洁的线条受到千禧一代的推崇。很多原创设计师和公司的经典作品价格之高令人艳羡，而其他类型的设计作品则正以更低的价格投入生产。

在本世纪早期的经济衰退期间，人们转而采用折衷的现代元素，全球装饰元素将新旧元素混搭，把机器和手工制作结合起来，将新旧元素、机器与

图9.59
20世纪90年代的极简主义风格（*空间图片/盖蒂图片社*）

手工制造有机结合，如图9.60所示的室内设计。当前，用来描述建筑环境空间和家具的术语有定制、真实、手工、新豪华和新传统等。高科技与传统技术的融合是这种折衷主义风格的部分特征。20世纪80年代的一种破旧而别致的风格变体依旧流行至今，其通常被称为波西米亚风格（Bohemian Style或Boho Chic）。在工业革命期间，维多利亚复兴折衷主义风格的其他体现有工业乡村风格和蒸汽朋克风格。这些折衷主义风格结合了手工和机械制造，兼具当地和全球产品的诸多特点。

21世纪新兴国家的经济成就影响了风格的变化。尤其在被称为“金砖四国”的国家（巴西、俄罗斯、印度和中国），传统的装饰风格依旧是庆典风格，因而这些国家正在推动一种反极简主义的流行趋势。非洲设计对其本土艺术及其设计师的现代设计理念产生了影响（详见第2章），而这种影响也正在引起人们对可持续性的讨论。

图9.60
21世纪设计。弗罗里达的一个家庭娱乐室，它综合了东西方、新与旧、手工与机械制造设计的风格特点（*作者设计的室内设计；图片由安迪福莱姆摄影提供*）

国际化风格的女性

在本章中，我们已经介绍过建筑设计师艾琳格·雷和家具设计师夏洛特佩·里安德在历史上的重要地位。接下来，我们将讲述另外三位女性的生活、她们对现代运动的贡献，及其对建筑产生的影响。三位设计师颇为相似，例如她们都接受过良好的教育，来自富裕的欧洲家庭，有强烈的社会和政治意识形态，对建筑的形式和功能坚持不懈，都享有长寿而卓越的生活。

玛丽安·里贝·勃兰特（1893-1983）

玛丽安·里比（Marianne Liebe），生于德国开姆尼茨（Chemnitz），是少数几位在包豪斯建筑学派中脱颖而出的女性之一，她在纺织、织造和陶器等与女性不相关的设计领域享有盛名。她于20世纪20年代设计生产的金属制品茶具（图a）和灯具已广为人知，其中一些产品由意大利阿莱西（Alessi）公司于80年代中期授权生产。

1919年，她与挪威画家埃里克勃朗结婚后，在挪威和法国旅居。在1923年加入包豪斯学派之前，她曾接受过绘画方面的训练。那时，她师从匈牙利拉兹洛·莫霍利纳吉，在一家金属工作室就职。1928年，她晋升为设计总监。1929年，离开包豪斯后，勃兰特在柏林瓦尔特·格罗皮乌斯的工作室担任室内设计师工作，负责大批量生产家具和组合家具的设计工作。她还是一位具有开创性的摄影师，创作了实验静物构图，尤为引人注目的是她的系列自画像。

图a

勃兰特茶壶（图片版权归大都会艺术博物馆/艺术资源/斯卡拉，佛罗伦萨）

玛格丽特·舒特·里奥茨基(1897-2000)

玛格丽特·舒特（Margarete Schutte），1897年生于维也纳，在分离派杰出领袖约瑟夫·霍夫曼（Joseph Hoffman）的带领下学习建筑。后来与现代标志性建筑师阿道夫·卢斯（Adolf Loos）和恩斯特·梅（Ernst May）合作。她毕生致力于通过有效的规划来改善一战后欧洲家庭的生活条件，特别是改善家庭主妇的日常工作环境。

作为一名建筑师，她与梅一起为德国法兰克福市政房屋署工作，领导开发了一种安装在10,000个住房单元楼中的标准化厨房。厨房的设计灵感来自铁路餐车，这种厨房后来也被称为“装配厨房”、“高效厨房”或“二字形厨房”（详见第4章）。在重点研究人们准备食物的过程后，玛格丽特将对人体工程学的理解结合到了她的设计作品中。这些厨房

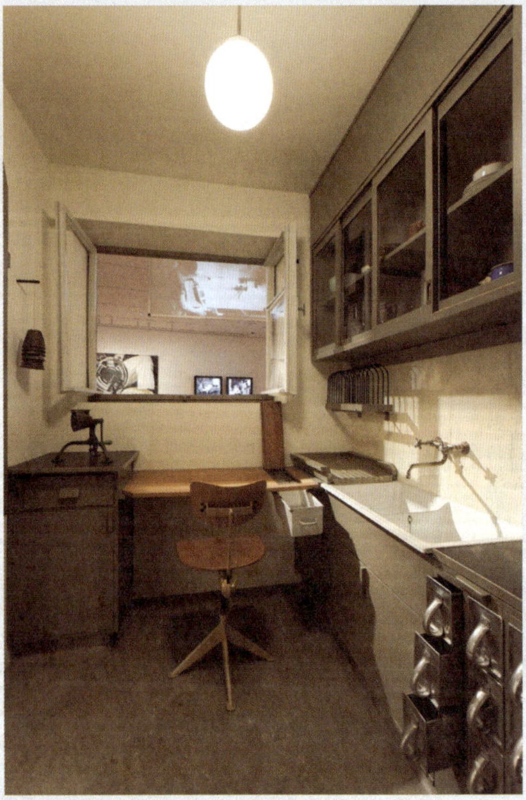

图b

1926年格丽特·舒特·里奥茨基设计的法兰克福厨房（现代艺术博物馆，纽约，斯卡拉，佛罗伦萨）

还配有预制夹具。由于政治原因，她被禁止从事建筑工作。那时她在国际上担任厨房和幼儿园空间设计顾问，活到了103岁。

2010年9月15日至2011年3月14日在纽约现代艺术博物馆举行了一场名为“柜台空间：设计和现代厨房”的展览。舒特·里奥茨基于1926-1927年设计的标志性法兰克福厨房（图b）得以参展，并大获得瞩目。第一次世界大战后，成千上万这样的厨房制造出来，为德国法兰克福市周边建造的公共住房所用。舒特·里奥茨基紧凑和符合人体工程学的设计及其集存储、电器和工作表面一体化的方法，反映了一个致力于改变普通人生活的雄心勃勃的承诺。以前隐藏在地下室或附楼中的厨房，现今成为国内领域现代思维的桥头堡——新材料、新技术和新动力源的试验场，也成为用于合理重组家庭空间和家务劳动的跳板。

伊娃·斯特里克·泽塞尔（1906-2011）

1906年生于布达佩斯的伊娃·斯特里克是当代最受尊敬的陶瓷艺术家和工业设计师之一。虽然她已是百岁老人，但仍活跃在设计领域，为当代陶艺家和制造商提供形式和技术专长。她近期为美国Crate and Barrel公司以及地毯The Rug Company公司设计作品（图c），也为世界各地家居公司设计作品。除大都会博物馆外，现代艺术博物馆还发行了一些早期由泽赛尔参与指导的新釉料和色彩作品。

她在17岁时开始接受传统陶器技术培训，那时她认为，对于女人来说，陶器是比建筑更易于接受的行业。后来，她搬到了德国，在那里她获得了工业生产各个阶段的技能，成为最早将陶瓷艺术转变为现代大规模生产的设计师，她为日常生活创造了美丽、实用的物品。1939年，她在布鲁克林的普拉特学院创建了陶瓷艺术与工业设计系并任教至1952年。在她的众多奖项中，2005年荣获的库珀·休伊特国家设计奖是终身成就奖。2007年，普拉特学院美术馆为庆祝她的百年诞辰，举办了她的作品展。

在欧洲和美国几个世纪以来的西方设计主题中，我们注意到了显著的区域差异。同样，不同时期东部的不同地区也有所不同。我们已经确定了东亚，从近东到远东对亚洲和非洲大陆的影响。我们也注意到埃及、摩洛哥、伊朗、土耳其、印度、中国和日本等国家产生的影响。

图c

泽塞尔早期的陶瓷作品，化身为Crate and Barrel公司的经典餐具（印第安纳波利斯艺术博物馆/盖蒂图像）

日本对西方现代主义的影响

下面将重点介绍日本文化和设计对西方现代和当代设计产生的影响。

尽管大多数复兴风格和审美运动都可能被描述为一种怀旧风格，但日本的审美观念开始出现一系列改革，一种更为克制的设计方法，这种设计方法深深地吸引了一些设计师的注意，引导设计师们走向不同的发展方向。如文中所述，美学运动有时也被认为具有英日风格。

许多设计师和艺术家都受到了工艺美术运动的影响，其中包括1905年在日本学习艺术的弗兰克・劳埃德・赖特。他在制作细木产品时，将传统材料和技术进行了组合，然而他对空间的利用却具有一定的风险。他的设计方法打破了传统的壁垒，表达出了美国式自由。

1876年，另一位参加费城百年画展的人是来自俄亥俄州辛辛那提的玛丽亚・朗沃斯（1849–1932），她是一位陶器爱好者。日本的陶瓷展览给她留下了深刻的印象，她回国后在洛克伍德开了一家工厂（或者也可以说是艺术工作室），一群艺术家在那里探索新的传统上釉技术和图案。这个花瓶（图a）的菊花图案便受到了日本的影响，菊花是一种极具象征意义的自然图形。

国际风格与装饰艺术（1917 年 – 1940 年）

艾琳・格雷（Eileen Gray）是一位国际化风格的建筑设计师，她于1906年师从日本漆匠西佐・杉原（Seizo Sugawara），1913年展出了她设计的漆木家具、屏风和物体。

夏洛特・佩里安德（Charlotte Perriand，1903–1999）在东京的帝国酒店生活，该酒店由弗兰克・劳埃德・赖特建造。在那里，她与勒・柯布西耶和和皮埃尔・珍妮尔（Pierre Jeanneret）合作设计出躺椅，日本当地工匠用木材和竹子这些土生土长的原材料进行精心制作。

17世纪建于日本京都的桂离宫影响了20世纪著名的现代主义建筑师，其中包括1953年访问日本的沃尔特・格罗皮乌斯（Walter Gropius），他在最小设计和正交设计中找到了灵感。人们认为桂离宫堪称是传统与现代的结合。

野口勇（Isamu Noguchi，1904–1988）的母亲是美国人，父亲是日本人。他于1947年开始为赫尔曼・米勒（Herman Miller）设计家具和灯具。与其同名的桌子——野口勇，是1944年他为诺尔设计的，这款桌子将这两种文化进行了完美的融合（图d）。

中岛康介（George Nakashima，1905–1990）是一位日裔美国建筑师，后来转行做木工。他出生在华盛顿州的斯波坎，也曾在法国和东京学习、工作和生活。中岛逝世后，他的女儿米拉接管了他著名的手工木制家具生意，继续着他的经营理念。米拉使用上好的木材制造实用的物品来满足人类生活，这引导了一种自律的设计趋势——设计应像一棵树或一朵花自然生长那样进行。中岛在最根本的层面上阐释了他所坚信的木材应表达的东西。2010年，米拉推出了Keisho系列作品，保留了她父亲制造家具的方法和技术。Keisho，一个日语单词，意为延续或继承。

现代风格（约 1960 年至今）

在消费减少的经济低迷期，日本一直在寻找极简主义的设计灵感。这种设计理念崇尚简洁朴素、线条清晰和个人反思。日本的城市人口密集，因此紧凑性成为设计的关键。禅宗佛教、有机建筑、城市花园、避难所和冥想对人们的吸引力已经渗透到住宅和酒店的空间设计中。包括克洛达赫在内的设计师都深受这些主题的影响。

日本美学崇尚自然的超越、自然的不完美，以及日常事物和生活仪式中的美。Wabi sabi一词在第12章有进一步的讨论，大致译为“不完美之美”和“冥想对建筑环境的重要性”。

资料来源：改编自中岛的网站“哲学”部分
http://www.nakashimawoodworker.com/philosophy

热点聚焦

图 a–d

a.菊花是日本设计中的象征性图案，于1905年在卢克伍德艺术陶瓷展中展出。b. 让·杜南设计的漆器。杜南是出生于瑞士的巴黎设计师，曾师从菅原。c. 17世纪日本京都的桂离宫：一个激发当代设计师灵感的室内设计作品。d. 赫尔曼·米勒的野口桌至今仍是经典之作（*a：数字图像博物馆协会/洛杉矶艺术博物馆/纽约艺术资源/斯卡拉，佛罗伦萨；b：图片版权属大都会艺术博物馆/艺术资源/斯卡拉，佛罗伦萨，约1925年，图像来源：图片版权©大都会艺术博物馆。图像来源：纽约艺术资源；c：沃纳·福曼/通用图像组/盖蒂图片库；d：图像由赫尔曼·米勒提供*）

本章小结

这一章不仅介绍了工业革命时期（维多利亚时代和复兴时期）的风格，还介绍了由此产生的改革运动，特别是现代主义早期的萌芽。

工业革命时期的重要亮点包括铸铁、平板玻璃以及合成染料的发明、生产大规模化、中产阶级的增加、农村人口的大量涌入导致城市和郊区的扩张。这些变化引起人们生活方式的改变，同时也体现在室内设计的变化之中。

机器制造技术的出现也促进了复兴风格，尤其是哥特式、文艺复兴式和洛可可式的发展。然而不久之后质量被抛诸脑后，人们将低成本、快速地大规模生产放在首位。最终导致了复兴时代的消亡，并种下了现代主义的种子。

早期现代主义注于回归手工和自然，包括唯美主义运动、英日运动、艺术和工艺美术运动，这点在英国和美国尤其突出。源自法国和比利时的新艺术运动也以手工制作而闻名，但其使用的材料比上述其他改革运动更奇特、更昂贵。个人主义的新艺术风格主要出现在西班牙，意大利、美国和其他地方并不常见。

这一时期的其他运动都属于国际主义风格，尤其是在奥地利、德国和荷兰出现的维也纳分离派、风格派和包豪斯学派。

在第二次世界大战中，欧洲的包豪斯派建筑师、艺术家和设计师大量涌入其他地区，对现代设计产生了巨大的影响，以美国为甚。这些早期现代主义者的贡献起初并不为人所看好，后来却成为大多数工业化国家的传世珍宝。

斯堪的纳维亚工匠做出了巨大的贡献，特别是他们在设计过程中对新材料和传统材料的创造性使用，以及对良好设计的可承受性和功能性的关注。

现代风格的主要设计焦点包括形式与功能的关系，历史风格与创新的关系；传统理想与新材料和制造技术的相互作用；手工制作的和机器制造的关系；以及设计创新、设计改良和为广泛大众所接受的程度。虽然这些主题因历史运动、时间和地域而有所不同，但均通过复兴风格、唯美主义运动、工艺美术运动、新艺术运动、装饰艺术运动、国际主义风格以及后来的现代和后现代运动得以展现。如本章开篇所述，21世纪，机器生产与手工制作的共存所产生的影响力更甚于19世纪早期的现代主义风格。只有时间才能够告诉我们21世纪还会有什么新的变化。

词汇表

Adirondack style 阿迪朗达克风格

Anglo-Japanese 英-日

art furniture 艺术家具

Bauhaus 包豪斯建筑学派

British Raj (Anglo-Raj, Anglo-Indian) 英属印度

companion chair 伴侣椅

cozy (cosy) corner 舒适的转角椅

curiosities 古董，古玩

De Stijl 风格派

é tag è re 古董架

historicism 历史主义

indiscret 一体式沙发

industrial design 工业设计

japanning 涂漆

Japonism (Japonisme) 和风（日本风）

Jugendstil 青年风格派

mauve 淡紫色

modular furniture 组合式家具

ottoman (pouf) 搁脚凳（蒲团）

paisley 佩斯利图案

revivalism (eclecticism) 复兴主义（折衷主义）

shagreen 鲨革

streamlined design 流线型设计

tufting 簇绒

twig furniture 树枝家具

Victorian 维多利亚时代

vitrine 玻璃陈列柜

whatnot 古董架

whiplash curve 鞭状曲线

ziggurat古代亚述及巴比伦之金字形神塔

练习：现代主义的特征

创建一个草图日志来记录本章中描述的八种主要风格，记录每一种风格的两种关键特征，包括各个时期和风格典型的建筑特征、家具、织物、色彩或图案。例如，就新艺术风格而言，可以画出高迪建筑中大胆的曲线，或勾勒出一个麦金托什风格房屋的插图，包括墙壁处理。新艺术风格图案包括格拉斯哥风格的非写实玫瑰草图、法国风格的鞭状曲线或分离主义装饰艺术品中使用的网格形式。给这些图画和特征贴上标签，巩固本章探讨的词汇和概念。